PAULO E A LINGUAGEM DA FÉ

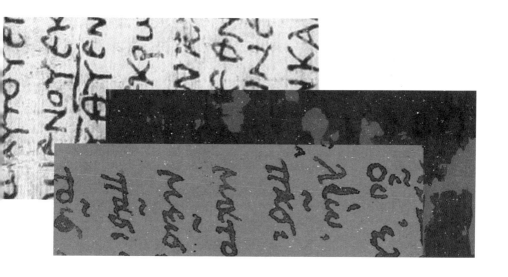

PAULO E A LINGUAGEM DA FÉ

NIJAY K. GUPTA

Prefácio de
JAMES D.G. DUNN

Tradução
DANIEL H. KROKER

THOMAS NELSON
BRASIL

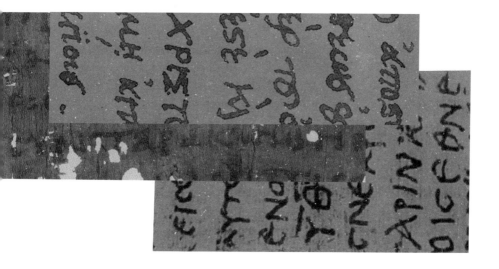

Título original: *Paul and the languagem of faith*
Copyright ©2020, de Nijay K. Gupta
Edição original de William B. Eerdmans Publishing Co.
Todos os direitos reservados.

Copyright da tradução ©2023, de Vida Melhor Editora LTDA.
Todos os direitos desta publicação são reservados por Vida Melhor Editora LTDA.

As citações bíblicas sem indicação da versão *in loco* foram extraídas da Nova Versão Internacional (NVI). As citações com indicação da versão foram traduzidas diretamente das versões listadas na seção de "Reduções".

Os pontos de vista desta obra são de responsabilidade de seus autores e colaboradores diretos, não refletindo necessariamente a posição da Thomas Nelson Brasil, da HarperCollins Christian Publishing ou de sua equipe editorial.

Publisher	*Samuel Coto*
Editor	*André Lodos Tangerino*
Produção editorial	*Fabiano Silveira Medeiros*
Preparação	*Leonardo Bianchi*
Revisão	*Virginia Neumann* e *Rosa Maria Ferreira*
Índices	*Iago B. Medeiros*
Capa	*Jonatas Belan*
Diagramação	*Sonia Peticov*

Catalogação na Publicação (CIP)
(BENITEZ CATALOGAÇÃO ASS. EDITORIAL, MS, BRASIL)

G941p Gupta, Nijay

1.ed.   Paulo e a linguagem da fé / Nijay Gupta; tradutor Daniel H. Kroker. – 1.ed. – Rio de Janeiro : Thomas Nelson Brasil, 2023.
272 p.; il.; 15,5 x 23 cm.

Título original: Paul and the language of faith.
ISBN 978-65-5689-693-9

1. Bíblia. N. T. Epístola de Paulo. 2. Bíblia. N. T. Epístola de Paulo – Comentários. 3. Bíblia. N. T. Epístola de Paulo – Crítica e interpretação. 4. Fé (Cristianismo). I. Kroker, Daniel H. II. Título.

04-2023/126   CDD 227.06

Índice para catálogo sistemático
1. Epístolas Paulinas : Interpretação e crítica   227.06

Bibliotecária responsável: Aline Graziele Benitez CRB-1/3129

Proibida a reprodução por quaisquer meios,
salvo em breves citações, com indicação da fonte.
Todos os direitos reservados a Pilgrim Serviços e Aplicações, LTDA.

Alameda Santos, 1000, Andar 10, Sala 102-A
São Paulo, SP, CEP: 01418-100
www.thepilgrim.com.br

SUMÁRIO

Prefácio, James D. G. Dunn — 9
Agradecimentos — 11
Reduções — 13

1. Além da crença: — 15
a dinâmica linguagem da fé de Paulo

A fé como opinião — 16
A fé como doutrina — 17
A fé como algo passivo — 18
O fundamento veterotestamentário do uso paulino de πίστις — 19
Fé ou fidelidade? — 21
Este livro é sobre o debate da Πίστις Χριστοῦ (de Cristo)? — 29
Πίστις e a agência divina e humana no debate paulino — 30
Uma questão de método — 34
Olhando para a frente — 36
Como navegar por este livro: uma mensagem para diferentes leitores — 37

2. "Fé" em Paulo: — 38
uma breve história

Uso primitivo e depois medieval da linguagem da fé — 39
Lutero e Calvino sobre a fé — 42
O estudo acadêmico moderno sobre Paulo e a fé cristã — 46
Roman faith and Christian faith [Fé romana e fé cristã], de Teresa Morgan — 52
Conclusão — 57

3. Πίστισ na literatura antiga não judaica e judaica: 58
a linguagem da fé na Antiguidade

Literatura helenística pagã   59
Literatura judaica helenística: Septuaginta e pseudepigráficos   66
Literatura judaica helenística: Filo   70
Literatura judaica helenística: Josefo   73
Conclusão   78

4. Ele encontrará fé na terra?   79
A linguagem da fé na tradição de Jesus

Arrependam-se e creiam: a linguagem da fé em Marcos   80
Busquem, confiem e obedeçam: a linguagem da fé em Mateus   82
O Filho do Homem encontrará fé na terra? O Evangelho de Lucas   94
O ato de crer como retratado no Evangelho de João   96
Conclusão   99

5. A fidelidade é melhor: 101
πίστισ em 1Tessalonicenses e em Filipenses

Plutarco e os amigos silenciosos de Odisseu   101
Primeira Tessalonicenses   105
Filipenses   111
Apocalipse   118
Conclusão   120

6. Sabedoria estranha: 122
a sabedoria da cruz e a loucura humilde da fé em 1Coríntios

A linguagem da fé em 1Coríntios   123
Sabedoria estranha, fé humilde (2:5)   124
Paulo e o dom da πίστις (12:9; 13:2)   137
Fé, esperança, amor: a fé é eterna? (13:13)   140
Conclusão   145

7. Sobre fé e formas: — 146
πίστισ e o ministério genuíno em 2Coríntios
Segunda Coríntios e a situação coríntia — 147
A teologia da idolatria — 151
A passsagem de 2Coríntios 4:1—5:10 — 154
Conclusão — 166

8. "Pistismo" aliancístico: — 168
πίστισ e a questão da agência em Gálatas
Πίστις e a investigação da soteriologia paulina — 168
Nomismo da aliança ou "pistismo" aliancístico? — 175
Πίστις em Gálatas — 178
A Cristo-relação em Gálatas — 183
Pistismo aliancístico e o debate em torno da agência — 189
Conclusão — 191

9. E o justo viverá pela confiança: — 193
a linguagem da fé em Romanos 1:16,17
Romanos 1:16,17: breve análise exegética — 196
O texto de Habacuque 2:4 como texto original e
  sua recepção inicial — 198
Πίστις de quem? — 201
Confiança, fé ou fidelidade? Traduzindo e interpretando
  אמונה e πίστις — 203
De πίστις em πίστις — 206
Conclusão — 208

10. Revisitando a fé de Cristo: — 209
πίστισ Χριστοῦ e a Cristo-relação em Paulo
Outras interpretações possíveis de πίστις Χριστοῦ — 211
Πίστις Χριστοῦ e a centralidade da Cristo-relação — 213
A questão da tradução — 214
A importância da fé humana na Cristo-relação — 214

11. Fé além da crença: **216**
síntese e conclusão
   A fé que obedece   217
   A fé que crê   217
   A fé que confia   218
   Πίστις como símbolo tensivo no discurso cristão inicial   219
   Influências sobre a linguagem paulina de πίστις   222
   Que relação têm as obras com a fé?   223
   Agência divina e humana: crer, confiar e fazer   226
   Como os cristãos passaram a ser chamados de crentes?   232

Bibliografia   235
Índice de passagens bíblicas e outros textos antigos   261
Índice remissivo   267

PREFÁCIO

Este é um estudo fascinante que começa com uma análise estimulante de πίστις e da linguagem da fé,[1] questionando se a fé é ativa ou passiva, se o leitor deve traduzir πίστις por "fé" ou "fidelidade" e a relação que há entre as duas palavras. No seu panorama da história da linguagem da fé, Nijay K. Gupta observa que o movimento na direção de um uso doutrinário da linguagem da fé ("fé cristã", "confissão de fé") já era evidente em Agostinho. Uma atenção fundamental é dada apropriadamente à ênfase de Lutero na "fé como dependência na Cristo-relação", como "uma dependência de Cristo".

Gupta observa em especial a riqueza da linguagem da fé em Mateus — fé que busca, fé que confia, fidelidade/fé leal — e apresenta algumas reflexões interessantes sobre a razão de João usar o verbo πιστεύω com frequência (eu diria até com muita frequência!), mas não o substantivo πίστις. Ao explorar um material relacionado da literatura contemporânea e da reflexão cristã posterior sobre os textos do Novo Testamento, Gupta extrai com êxito a profundidade e a amplitude do conceito de πίστις de uma maneira extraordinariamente rica. Assim, por exemplo, em 1Tessalonicenses e Filipenses, o termo deve ser traduzido de modo regular por "lealdade" ou "fidelidade". E ele apresenta uma reflexão desafiadora sobre a relação entre a fé e a sabedoria em 1Coríntios 1—4, a "dádiva da fé tola".

---

[1] "Linguagem da fé", por toda a presente obra, não significa que a fé tenha uma linguagem, mas refere-se ao vocabulário bíblico ou à terminologia presente nas Escrituras e empregada para expressar o sentido de "fé" e suas nuanças. Essa "linguagem" ora vai significar um termo (ou termos), ora vai apontar para a forma que determinada passagem relativa à fé está redigida nos diferentes autores bíblicos para expressar todas as dimensões do conceito. (N. E.)

Com respeito a Gálatas, ele propõe substituir o "nomismo da aliança" pelo "'pistismo' da aliança", assim resumindo a reação de Paulo ao primeiro e sua promoção do segundo. É bom constatar esse tipo de objeção firme à ideia de πίστις como "não obra, um tipo de dependência passiva de Cristo" e a alternativa de uma "dinâmica relacional da aliança [...] que pressupõe fidelidade e mutualidade com confiança como seu cerne" — uma interpretação estimulante e provocativa de Gálatas.

O capítulo 9 apresenta mais uma análise interessante sobre se πίστις deve ser traduzido por "fé" ou "fidelidade" — ilustrando o perigo de uma abordagem exclusivista dos conceitos, enquanto no grego há uma fusão entre eles. O último capítulo apresenta esclarecimentos úteis da natureza do contraste paulino entre fé e obras e da melhor tradução de πίστις Χριστοῦ ("fé em Cristo" ou "a fé de Cristo"). A síntese e conclusão final aprofunda a questão, recordando a análise inicial e sugerindo uma variedade de traduções — fé, confiança e fidelidade/lealdade — mas todas unidas em πίστις.

Este é um estudo claro do conceito bíblico e especialmente paulino da fé, sua amplitude e suas especificidades. Lê-lo com cuidado fortalecerá e talvez corrigirá o entendimento que o leitor tem da fé. O que mais poderíamos querer?

JAMES D. G. GUNN
Outubro de 2018

AGRADECIMENTOS

Antes de tudo, sou grato à opinião e à amizade de Michael Thomson. Nós já somos amigos há muitos anos, e sou profundamente grato pelo seu apoio a este projeto literário. Também sou grato a Chuck Conniry e Roger Nam pela liderança no Portland Seminary e apoio interminável à minha pesquisa. Fragmentos deste livro foram apresentados no programa de Ética Bíblica do encontro anual da Sociedade de Literatura Bíblica, na Regent College, na conferência de verão de Tyndale House e em um seminário de doutorado no Southern Baptist Seminary conduzido por Jonathan Pennington. Em todas essas ocasiões, perguntas e comentários afiaram e alguma vezes corrigiram meu modo de pensar. E várias pessoas graciosamente leram partes do manuscrito e contribuíram com feedbacks inestimáveis: Matt Bates, James D. G. Dunn, Michael Gorman, Patrick Schreiner e Kent Yinger. Por último, mas não menos importante, este livro teria sido impossível sem o encorajamento da minha família, em especial de minha esposa, Amy. E meus filhos constantemente dizem que me amam para ver seus nomes no livro; assim, também o dedico a vocês: Simryn, Aidan e Libby, meus pequenos tesouros.

Este livro é dedicado ao professor James D. G. Dunn (também conhecido como Jimmy). Há muitos anos, candidatei-me para estudar com Jimmy em meu doutorado. Ele me informou que havia se aposentado, de forma que uma supervisão formal não seria uma possibilidade. Ainda assim, fui para Durham e tive dois supervisores excelentes, Stephen Barton e John Barclay. Mas Jimmy concordou em ter encontros regulares comigo para tomar café e falar sobre tudo relacionado a Paulo. É desnecessário dizer que fui abençoado ricamente por todas as minhas interações com Jimmy e com sua esposa, Meta. Jimmy, li suas monografias e seus comentários no seminário com admiração e apreço profundos — ninguém me inspirou mais como teólogo do Novo Testamento do que você. Você é um gentleman, um mentor gracioso, um parceiro de diálogo incisivo e mais uma pessoa que, como eu, tem dedicado sua vida inteira à figura enigmática chamada Paulo. Estou esperando ansiosamente ler mais livros de JDGD, mas também estou esperançoso de que meu trabalho seja capaz de continuar seu legado de estudo acadêmico paulino cuidadoso e perspicaz.

REDUÇÕES

ASV American Standard Version
BDAG BAUER, Walter; DANKER, Frederick W.; ARNDT, William F.; GINGRICH, F. Wilbur. *Greek-English lexicon of the New Testament and other early Christian literature*. 3. ed. (Chicago: University of Chicago Press, 2000).
CEB Common English Bible
ESV English Standard Version
KJV King James Version
LCL Loeb Classical Library
LXX Septuaginta
NASB New American Standard Bible
NET New English Translation
NETS New English Translation of the Septuagint
NIV New International Version
NLT New Living Translation
NRSV New Revised Standard Version
RSV Revised Standard Version

1

ALÉM DA CRENÇA
A dinâmica linguagem da fé de Paulo

> Creio em, *credo in*, significa que não estou sozinho. Na nossa glória e na nossa miséria, nós, homens, não estamos sozinhos. Deus vem nos encontrar como nosso Senhor e Mestre. Ele vem nos socorrer. [...] De um modo ou de outro, em todas as circunstâncias, eu estou na companhia dele. [...] Por nós mesmos não podemos alcançar, não alcançamos e não alcançaremos um estar junto com ele; pois não nos tornamos merecedores de ele ser nosso Deus, não temos um poder de dispor de Deus e nenhum direito sobre ele, mas, com uma bondade imerecida, na liberdade de sua majestade, ele decidiu, a partir de si mesmo, ser o Deus do homem, nosso Deus. (Karl Barth, *Dogmatics in outline* [Dogmática em linhas gerais].)

> Ter fé é estar aberto, vulnerável. Também é recuar e se afastar. Por essa razão, a fidelidade tem uma qualidade laboriosa. Ela é mais uma atitude de agarrar-se a algo do que de poder e glória. A chave da fé é a persistência. Diante do pecado — seja ele um mal total ou uma simples distração —, é muito difícil perseverar na fé. Na presença da tentação — seja ela um desejo ou um desastre —, é muito difícil permanecer fiel. No entanto, para o judeu religioso, apenas existe *teshuvah* [volta], arrependimento ou re-tornar, pois a agulha da bússola sempre volta a apontar para o norte. (David Blumenthal, "The place of faith and grace in Judaism".)

No sermão de Agostinho sobre João 20, em virtude das aparições do Jesus ressurreto aos seus discípulos, ele trata do problema óbvio de um Jesus humano (ressurreto) que atravessa uma parede para se apresentar aos seus discípulos. *Como isso é possível?* Agostinho apelou à singularidade de Jesus até mesmo antes de sua morte e ressurreição (que lhe possibilitou, por exemplo, andar sobre as águas, embora tivesse um peso físico normal). Mas ele conclui sua reflexão com uma noção notável: "Onde a razão falha, a fé edifica".[1] O próprio Agostinho não era, de modo algum, contra a razão,[2] mas reconhecidamente tem existido uma tensão problemática na história do cristianismo entre a fé e a razão.

Obviamente, o termo "fé" tornou-se, por boas razões, uma palavra nitidamente cristã. Afinal de contas, a palavra πίστις, a palavra grega com frequência traduzida por "fé", aparece centenas de vezes no Novo Testamento (e mais de 35 vezes apenas em Romanos). Porém, palavras importantes como "fé", quando usadas demais, tendem a ser achatadas e a adquirir significados e conotações que não remetem à linguagem das Escrituras ou que não representam a profundidade e a riqueza do termo (ou desse grupo de palavras). Há três tendências problemáticas no uso entre os cristãos (e outros) da linguagem da fé de forma religiosa.

A fé como opinião

Há alguns anos, apresentei um curso que expunha os elementos básicos do cristianismo a alunos do primeiro ano universitário. Não muito tempo depois do primeiro dia, os alunos começaram a debater questões como a fidedignidade histórica dos Evangelhos e a possibilidade de demonstrar a ressurreição ou a divindade de Jesus. Fiquei especialmente espantado quando um aluno tentou encerrar um debate dizendo: "Não me importo com provar no que creio. Creio nisso pela fé, e isso deveria bastar". No decorrer do curso, comecei a perceber uma tendência de os alunos usarem a linguagem da fé da mesma forma que alguém usaria a palavra "opinião". Nesse sentido, a fé torna-se um meio de obstruir o debate de natureza acadêmica pela eliminação de qualquer base para o debate. "Creio nisso pela fé", naquele contexto, significava que razões eram desnecessárias, talvez até mesmo que *a razão* fosse desnecessária. Temo que muitas pessoas, sem saber,

---

[1] Augustine [Agostinho], "Ubi deficit ratio, ibi est fidei aedificatio"; Sermão 247, TA.
[2] Mark Boespflug apresenta um argumento convincente a favor da concepção de fé em Agostinho como racional, e não suprarracional; veja "Is Augustinian faith rational?", *Religious Studies* 52 (2016): 63-79.

acabem acreditando no dito zombeteiro de Mark Twain: "Ter fé é acreditar no que você sabe que não é assim". Precisamos voltar ao Novo Testamento, e em especial a Paulo, para verificar como uma concepção genuína da fé cristã funciona. Qual é a relação entre a fé e a razão?

A fé como doutrina

Um segundo uso típico da linguagem da fé no vocabulário religioso moderno diz respeito a coisas como declarações de fé e tradições de fé. Certamente, a origem dessa terminologia são os credos primitivos — declarações doutrinárias que começam com "Eu creio" (latim *credo*). Assim, a fé pode ser praticamente sinônima da linguagem de doutrina ou religião, como no "diálogo interconfessional". Essa não é uma associação irrazoável com base em certa linguagem no Novo Testamento (e.g., 1Tm 4:6), mas essa concepção, que identifica a fé com a doutrina, poderia se degenerar em um tipo de mentalidade que reduz a fé a uma lista de determinadas doutrinas. Isso pode transformar a fé em algo estéril, puramente cerebral e até mesmo gnóstico. No livro *The creed*, Luke Timothy Johnson faz a observação de que πίστις com frequência é traduzido por "fé" nas versões em nosso idioma do Novo Testamento, mas, na verdade, a palavra tem uma ampla variedade de significados que abarca um espectro abrangente: convicção, confiança, perseverança, lealdade, obediência. Ao traduzirmos πίστις apenas por "convicção", a natureza polivalente do termo é suprimida, e a dimensão cognitiva do termo com frequência domina. Johnson acha essa tradução (ou entendimento) limitada de πίστις profundamente problemática diante do entendimento da verdadeira natureza da confissão e da vida cristãs.

> Uma pessoa pode ter uma convicção de que algo é verdade sem que isso a afete. O credo cristão inteiro pode ser tratado como um conjunto de convicções que não passam de opiniões interessantes. Esse é o tipo de fé de que a carta de Tiago zomba: "Você acredita que existe um só Deus. Muito bem. Até mesmo os demônios creem — e tremem!" (Tg 2:19, NRSV).[3]

---

[3] Luke Timothy Johnson, *The creed* (New York: Doubleday, 2003), p. 45. Johnson está interessado em um entendimento correto dos credos ecumênicos da igreja; mas ele baseia o fundamento da linguagem da fé dos credos (*credo, credere*) na importância de πίστις, o que essa citação deixa claro.

Alternativamente, Johnson explica que πίστις envolve uma "resposta da pessoa inteira".[4] Desse modo, parte daquilo que quero instar é uma (re)leitura de Paulo, o autor mais focado em πίστις do Novo Testamento, para entendermos do melhor modo possível a maneira e a razão de ele ter empregado a terminologia de πίστις.

A fé como algo passivo

Talvez você não fique surpreso em saber que Martinho Lutero gostava muito de usar a linguagem da fé em relação à sua concepção do cristianismo. Ao narrar sua própria epifania sobre a verdadeira natureza da justiça por meio de Cristo, Lutero escreve:

> Por fim, pela misericórdia de Deus, dei ouvidos às seguintes palavras: "Nele a justiça de Deus é revelada, como está escrito: 'Aquele que pela fé é justo viverá'". Ali comecei a entender que a justiça de Deus é revelada pelo evangelho, isto é, a justiça passiva com a qual Deus nos justifica pela fé, como está escrito: "Aquele que pela fé é justo viverá". Aqui senti que havia nascido de novo totalmente e que havia entrado no próprio paraíso por portões abertos. Ali uma face totalmente diferente das Escrituras se mostrou a mim.[5]

Como Alister McGrath explica, Lutero entendia a justificação como a transferência, pela fé, de uma justiça alheia a pessoas injustas: "Nós somos passivos, e Deus é ativo, na nossa justificação. A graça dá, e a fé recebe com gratidão — e até mesmo essa própria fé precisa ser considerada uma dádiva graciosa de Deus".[6]

O cerne dessa noção de uma recepção passiva de justiça aparenta se aproximar da caraterização feita por algumas pessoas da natureza da própria fé (embora eu não ache que o próprio Lutero em última instância favorecesse uma noção de "fé passiva"; veja p. 42-5). Por exemplo, o

---
[4] Johnson, *Creed*, p. 44.
[5] Martinho Lutero, *Commentary on Romans*, Luther's Works, edição de Jaroslav Pelikan e Helmut T. Lehmann (Philadelphia: Fortress, 1972), 34.336-8 [edição em português: *Comentário a Romanos e catecismo menor* (Porto Alegre: Concórdia, 2021)].
[6] Alister McGrath, *Studies in doctrine* (Grand Rapids: Zondervan, 1997), p. 390.

estudioso do Antigo Testamento Walter Kaiser resume a aceitação não meritória da graça de Deus tendo em vista a fé exemplar de Abraão:

> É Deus que considera; é Deus que avalia; é Deus que credita; é Deus que justifica — que declara esse homem justo. Abraão não faz nada. Deus deu a promessa que Abraão apenas precisou receber. Às vezes, é feita a pergunta: o ato de crer é uma obra em si mesmo? Será que temos "fé na fé"? Podemos vencer aqui pelo nosso próprio esforço? Obviamente, a resposta é que a fé é passiva. Ela é um ato passivo. É como receber um presente de Natal: estendemos as mãos para pegar, para aceitar, para receber. Não há nada além de um ato passivo aqui. Não adquirimos nossos presentes de Natal pelo nosso mérito. O mesmo ocorre no caso da fé.[7]

Os autores do Novo Testamento claramente acreditavam que Deus, na sua graça, deu uma dádiva que ninguém merece. Assim, faz sentido falar sobre os cristãos como *receptores*. Mas será que a linguagem de *passividade* combina com a natureza da πίστις paulina? Será que a palavra πίστις na época de Paulo comunicava não atividade, passividade, até mesmo um ato passivo?

Poderia ser feito um apelo à linguagem paulina que justapõe a fé e as obras (Rm 3:21-31; Gl 2:16; cf. Ef 2:8,9). No entanto, por causa da história complexa da interpretação de Paulo na igreja e na sociedade ocidental, o melhor é iniciar uma análise da linguagem paulina da fé (πίστις) no caminho certo, começando com o Antigo Testamento. Por meio de um estudo que adota uma perspectiva especificamente *judaica* da linguagem da fé, podemos entender a teologia de Paulo de um modo que vai além da (mera) crença.

O fundamento veterotestamentário do uso paulino de πίστις

Paulo cita Habacuque 2:4 ("o justo viverá pela fé") duas vezes para fazer uma observação sobre uma vida cristã determinada pela πίστις

---

[7]Walter C. Kaiser, *The Christian and the Old Testament* (Pasadena: WilliamCarey Library, 1998), p. 54; cf. Grant Osborne, *Romans* (Downers Grove: InterVarsity, 2004), p. 281: "A fé não é uma 'obra', mas a abertura passiva da pessoa à obra interior do Espírito".

(Gl 3:11; Rm 1:17). Esse deve ser um indicador central de que seu próprio entendimento da fé era fortemente (embora não exclusivamente) influenciado pela Septuaginta, a tradução grega do Antigo Testamento, que, na prática, eram as Escrituras que Paulo lia.[8] Assim, para extrairmos todo o sentido possível do que Paulo tinha em mente com seu uso da linguagem de πίστις, é necessário investigarmos o uso que os tradutores da Septuaginta fizeram dessa palavra, em especial em relação a termos e ideias hebraicos/aramaicos. Uma análise substancial do uso de πίστις aparecerá no capítulo 3, mas neste momento é essencial esboçarmos uma perspectiva correta sobre o uso bíblico da linguagem da fé.

Um estudo da relação entre a Septuaginta grega e o Antigo Testamento hebraico demonstra que, embora os tradutores da primeira usassem πίστις em relação a diversas palavras hebraicas, as três mais comuns são אמונה, אמן e אמת. A primeira palavra, אמן, significa "confiança" ou "confiabilidade". A segunda, אמונה, é bem semelhante.[9] Em contextos que dizem respeito a relacionamentos humanos, אמונה "muitas vezes se refere àqueles que têm a capacidade de permanecer estáveis (i.e., fiéis) em meio às circunstâncias perturbadoras da vida, entendendo que a verdade de Deus os estabeleceu".[10] Por exemplo, o termo é usado para as mãos de Moisés enquanto Arão e Hur o ajudavam na colina de Refidim (Êx 17:12). Assim, suas mãos naquele momento eram *firmes, estáveis, confiáveis*.

O terceiro termo, אמת, pode ser traduzido por "fidelidade" ou "lealdade/confiabilidade".[11] Isaías 38:3 apresenta um exemplo útil. Nessa passagem, Ezequias, após ficar doente, faz uma súplica a Deus: "Lembra-te agora, ó Senhor, imploro-te, de como tenho andado diante de ti com *fidelidade* [אמת] com um coração íntegro, e tenho feito o que é correto aos teus olhos" (NRSV).

---

[8]Veja espec. T. Michael Law, *When God spoke Greek* (Oxford: Oxford University Press, 2013).

[9]Veja James D. G. Dunn, *The theology of Paul the apostle* (Grand Rapids: Eerdmans, 1998), p. 373, nota 159 [edição em português: *A teologia do apóstolo Paulo* (São Paulo: Paulus, 2003)].

[10]Marvin Wilson, *Our father Abraham* (Grand Rapids: Eerdmans, 1989), p. 183.

[11]T. F. Torrance ligou esse termo do Antigo Testamento à expressão da "realidade de Deus no relacionamento da aliança"; veja "One aspect of the biblical conception of faith", *Expository Times* 68 (1957): 111-4, espec. 112.

Walter Brueggemann realça a ligação constante que há entre a linguagem veterotestamentária da fé e o relacionamento da aliança. Nessa concepção, a fé está menos relacionada a ideias teológicas em si e mais à natureza e à integridade de um relacionamento de confiança. Brueggemann escreve:

> "Fé" diz respeito ao envolvimento ativo em um relacionamento baseado em uma promessa. Apenas raramente o Antigo Testamento sugere que a "fé" é um conjunto de ensinos em que Israel deve "crer". A fé de Israel não necessariamente é desprovida de uma substância normativa nem é vazia, mas o relacionamento é mais elementar do que o ensino substancial que reflete sobre esse relacionamento. O fato de no Antigo Testamento a fé ser "confiar em/confiar-se a" é uma questão com frequência desconsiderada nas articulações teológicas formais, mas "confiança" não deve ser entendida principalmente de modo emotivo. A confiança é uma prática que envolve a obediência à Torá [a Lei] e às suas exigências específicas. Assim, a fidelidade de Israel a Javé, à semelhança da fidelidade no casamento, consiste em atos concretos que levam a outra parte absolutamente a sério.[12]

Esse exame breve da linguagem da fé no Antigo Testamento proporciona evidências suficientes para questionarmos as três visões problemáticas dessa terminologia consideradas por muitos leitores modernos de Paulo. A fé não é nem uma mera opinião religiosa nem consiste apenas em ideias doutrinárias. E certamente nenhum israelita ou judeu leitor do Antigo Testamento hebraico ou da Septuaginta grega levaria em consideração a aplicabilidade do termo "passivo" a essas palavras na categoria semântica da fé.

Fé ou fidelidade?

Considerando-se que os termos hebraicos por trás do uso de πίστις na Septuaginta (cap. 3) se referem a palavras cuja melhor tradução é

---

[12] Walter Brueggemann, *Reverberations of faith* (Louisville: Westminster John Knox, 2002), p. 78.

"fidelidade" (ou lealdade, confiabilidade, compromisso), qual é a razão de o termo πίστις em Paulo geralmente ser traduzido por "fé" na maioria das versões em nosso idioma?[13] Essa pergunta é central para os interesses deste livro e uma questão que, assim espero, todo estudante de Paulo examinará com cuidado.

Uma vez que o padrão para a tradução de πίστις, na maioria das versões em nosso idioma, é "fé", é instrutivo observar em que partes de quais versões tendem a ocorrer desvios. Em primeiro lugar, quase todas as versões tendem a traduzir πίστις por "fidelidade" quando está relacionado à natureza e à atividade de Deus. Por exemplo, em Romanos 3:3, Paulo escreve: "Que importa se alguns deles foram infiéis [ἠπίστησάν]? A sua infidelidade [ἀπιστία] anulará a fidelidade [πίστις] de Deus?". Quase toda versão moderna em nosso idioma traduz πίστις por "fidelidade" aqui, pois diz respeito à fidelidade e à confiabilidade ou fidedignidade de Deus (e.g., NASB, NIV, ESV, RSV, NRSV, NET; cf. Os 2:22, LXX).

Um segundo exemplo nas cartas de Paulo é instrutivo, dessa vez de Gálatas. Perto do fim da epístola, Paulo contrasta as obras óbvias da carne (e.g., impureza, idolatria, ódio, ciúmes, facções) com o "fruto do Espírito": amor, alegria, paz, paciência, amabilidade, bondade, *fidelidade* (πίστις), mansidão e domínio próprio (5:22,23). Richard Longenecker resume qual é a perspectiva da maioria dos estudiosos que traduzem πίστις por "fidelidade" aqui (mas que tendem a traduzir o termo por "fé" em todo o restante de Gálatas):

> *Pistis*, embora seja usado de modo repetido em outros locais de Gálatas com o significado da resposta de confiança de uma pessoa com respeito à salvação de Deus proporcionada em Jesus Cristo, aqui certamente significa a virtude ética da "fidelidade". [...] Aqui [...] o sujeito é o cristão, e o contexto é fundamental. Por estar situado entre outros oito substantivos em uma lista de virtudes humanas, *pistis* aqui também deve ser entendido como a virtude humana da fidelidade, que o Deus fiel produz na vida do cristão pelo seu Espírito.[14]

---

[13]Veja Varghese P. Chiraparamban, "The translation of Πίστις and its cognates in the Pauline epistles", *Bible Translator* 66 (2015): 176-89.

[14]Richard N. Longenecker, *Galatians*, Word Biblical Commentary (Grand Rapids: Zondervan, 1990), vol. 41, p. 262.

Longenecker afirma que fé (como uma "resposta de confiança") é a espécie de padrão para o significado de πίστις em Paulo e que esse significado é algo perceptivelmente diferente de fidelidade (que ele sugere como um significado menos comum de πίστις por dizer respeito ao cristão). Esse aspecto é semelhante a comentários que Douglas Moo faz com respeito à linguagem da fé em Romanos.[15] É como se houvesse uma preferência por ver a operação da fé em Paulo, quase de modo automático, como algo essencialmente interior (afinal de contas, os cristãos creem com seu coração e sua mente; Rm 10:10) ou não ativo, à medida que a fidelidade aparentaria ser ativa *demais* ou externamente envolvida *demais*.[16]

No seu comentário de Filemom, Markus Barth apresenta um excurso interessante sobre a interpretação de πίστις em Paulo, observando se ele tem em mente fé ou fidelidade. Barth observa que não é incomum comentaristas de Filemom tratarem a referência a πίστις em Filemom 5 como "fé" no Senhor Jesus: "ouço falar do seu amor por todos os santos e da sua fé no Senhor Jesus" (NRSV). Como seria de esperar, todas as principais versões em nosso idioma apresentam "fé" nessa passagem (e.g., ASV, NASB, NIV, ESV, RSV, NRSV, NET). Nesse caso, a impressão é a de que Filemom é elogiado pelo seu amor por seus irmãos e irmãs em Cristo e por sua "fé" (por crer) em Jesus Cristo. Barth observa que, embora a ideia de crer seja importante para Paulo, traduzir πίστις por "fé" talvez seja ignorar o sentido retórico e teológico de Paulo. Uma vez que πίστις pode ter o significado de "fidelidade" ou "lealdade", precisamos considerar a possibilidade de Paulo ter em mente esse sentido aqui.[17] Recorrendo a textos como 1Tessalonicenses 1:3 ("obra da fé") e Romanos 1:5 ("obediência da [que vem pela] fé"), Barth sublinha o ponto decisivo de que, em muitos casos, a obediência e a fé não são operações humanas tão nitidamente separáveis quanto alguns intérpretes de Paulo supõem que sejam. Com isso em mente, quando Paulo

---

[15]Douglas J. Moo, *The Epistle to the Romans*, 2. ed., New International Commentary on the New Testament (Grand Rapids: Eerdmans, 2018), p. 245-6.

[16]Isso é elaborado com frequência em interpretações de Romanos 4:5, que aparentemente contrasta a fé com as obras.

[17]Markus Barth, *The Letter to Philemon*, Eerdmans Critical Commentary (Grand Rapids: Eerdmans, 2010), p. 273.

usa ἀγάπη + πίστις, Barth conjectura que esses termos não devem ser tratados separadamente (i.e., *amor* pelos santos, *fé* no Senhor Jesus). O que faz mais sentido é considerá-los juntos, talvez até mesmo como uma hendíade: "amor fiel que vocês têm pelo Senhor Jesus e por todos os santos".[18] Será que Barth está correto sobre essa natureza ativa de πίστις em Filemom 5? Será que o melhor modo de entender πίστις nesse contexto é como "crença" (algo essencialmente cognitivo) ou como "fidelidade" (algo ativo que abrange a pessoa inteira e que se mistura com o conceito de obediência)?

Parte da confusão é gerada pela natureza polivalente da própria palavra πίστις. Para simplificar uma explicação da capacidade de πίστις de vir a incluir fé em ou fidelidade, poderíamos examinar as palavras gregas cognatas centrais que aparecem no Novo Testamento. Por um lado, o verbo πιστεύω significa "creio" (e quase nunca "obedeço" ou "demonstro fidelidade").[19] Por outro lado, o adjetivo πιστός significa "fiel".[20] No Novo Testamento, πίστις pode abranger o espectro dessas palavras cognatas. Assim, πίστις pode ter ao menos dois significados diferentes (mas relacionados) nas cartas de Paulo: fé em e fidelidade.

Significado n.º 1: A fé que crê (πίστις como "crença em / fé em")

Embora eu expresse cautela quanto a considerar o tratamento de πίστις como uma forma passiva de fé, há evidências suficientes em

---

[18]Barth, *Philemon*, p. 271-4.

[19]Sobre isso, veja R. Barry Matlock, "Detheologizing the ΠΙΣΤΙΣ ΧΡΙΣΤΟΥ debate: cautionary remarks from a lexical semantic perspective", *Novum Testamentum* 42 (2000): p. 13-5.

[20]Há alguns desvios interessantes disso em certas versões. Em Gálatas 3:9, alguns tradutores preferem para τῷ πιστῷ Ἀβραάμ apresentar "Abraão, o que creu" (NET) ou "homem de fé" (ESV) e não a tradução mais natural "o Abraão fiel" (KJV, ASV). Ainda que a tradução mais direta de πιστός seja fiel, a maioria das traduções opta por "fé" ou "que creu" porque Paulo dá ênfase em Gálatas não à fidelidade da aliança de Abraão, mas precisamente à sua fé e confiança iniciais em Deus. Assim, ainda que "Abraão, o que creu" faça sentido no contexto de 3:9, essa tradução para nosso idioma achata o uso quase provocativo da palavra πιστός em seu argumento. Para uma análise das nuances envolvidas nessa escolha de palavra, veja Paul Trebilco, *Self-designations and group identity in the New Testament* (Cambridge: Cambridge University Press, 2012), p. 87. Veja tb. o capítulo 8, adiante, sobre Gálatas.

Paulo (e em outros lugares no Novo Testamento) para estabelecer um sentido de πίστις focado na cognição, a operação apropriada da mente e do coração com respeito à revelação e à verdade, que Markus Barth chama de "um sentido epistemológico e hermenêutico".[21] Nesse uso de πίστις, a ênfase está no método correto de percepção, que está em desacordo com o conhecimento humano e os meros modos humanos de ver a realidade (veja o cap. 6, sobre 1Co, e o cap. 7, sobre 2Co). De modo bem apropriado, Barth apela a Hebreus 11:1, que define πίστις como a "garantia das coisas esperadas, a certeza das coisas não vistas" (NRSV).[22] Nesse tipo de uso, πίστις representa um tipo de percepção extrassensorial possibilitada por Deus, um segundo modo de ver e conhecer. Uma pessoa pode ter certeza do que se mostra invisível — não apenas por ter uma intuição ou opinião, mas também por ter recebido o acesso a uma chave perceptiva que destranca uma realidade divina. Talvez o melhor exemplo disso em Paulo apareça em 2Coríntios 5, em que ele proclama: "vivemos pela fé, e não pelo que vemos" (5:7, NRSV). Paulo recomenda uma fé que vá além das aparências: a mente precisa ativar uma nova lente de percepção.[23] Mais tarde, nos capítulos 6 e 7, realçarei ocasiões em que Paulo emprega πίστις com mais ênfase nesse tipo de natureza semântica.

Significado n.º 2: A fé que obedece (πίστις como "fidelidade")

Para essa segunda nuança do significado de πίστις, Barth apela ao conceito de aliança no Antigo Testamento e ao fato de a fidelidade

---

[21] Barth, *Philemon*, p. 273.
[22] Barth, *Philemon*, p. 273.
[23] David Garland expressa o cerne da observação de Paulo em 2Coríntios 5:6-8 com respeito à perspectiva correta sobre sua fraqueza apostólica: "Viver pela fé e não pelo que vemos significa que, na nossa caminhada com Deus, não temos uma coluna de nuvem ou de fogo literal para nos guiar como o Israel do passado tinha. Paulo acreditava que nossa vida está oculta e, assim, ele não pode demonstrá-la a partir das aparências exteriores. E aqueles que julgam as coisas apenas pelas aparências exteriores (fraqueza física, sofrimento, experiências quase de morte) não são capazes de perceber toda a verdade sobre ele ou qualquer outro cristão. Apenas a fé pode avaliar as realidades invisíveis do éon vindouro, onde toda essa fraqueza e mortalidade presentes serão transformadas em algo sublime"; veja *2Corinthians*, NewAmerican Commentary (Nashville: Broadman & Holman, 1999), p. 265.

ser uma plataforma social central no relacionamento divino-humano, um relacionamento que pressupõe amor, boa vontade, mutualidade e lealdade de ambos os lados.[24] Será o foco central deste livro apresentar uma elaboração desse argumento (veja o cap. 5), mas, para esta breve caracterização, examinemos Mateus 23:23. Em uma condenação da conduta insincera e miopia dos escribas e dos fariseus, Jesus faz esta acusação: "Ai de vocês, mestres da Lei e vocês, fariseus, hipócritas! Vocês dão o dízimo da hortelã, do endro e do cominho, mas têm negligenciado os preceitos mais importantes da lei: a justiça, a misericórdia e a fidelidade [πίστις]; mas estas são coisas que vocês deveriam ter praticado sem negligenciar aquelas" (NET).[25] Ulrich Luz resume a razão de a maioria dos comentaristas acharem que πίστις aqui deve ser traduzido por "fidelidade" (e não "fé"):

> "Fidelidade/fé" aqui não pode significar fé em Jesus nem pode significar a fé da oração ou a fé ativa que executa obras de amor, pois para Mateus a fé nunca é a essência das exigências da lei. Em vez disso, devemos entender [πίστις] segundo a tradição da linguagem bíblica, mas também, como é compreensível para os gregos, como "fidelidade".[26]

Alguma resistência contra essa interpretação apresentada por Luz aparece na análise dessa passagem feita por dois comentaristas de Mateus, W. D. Davies e D. C. Allison. Eles argumentam que πίστις não pode significar fidelidade pelo fato de o termo nunca realmente apresentar esse sentido em outras passagens. Assim, a tradução deve ser "fé".[27] Porém, o que Davies e Allison aparentam ignorar é que o Jesus de Mateus sugere que justiça, misericórdia e πίστις são coisas que os escribas e fariseus não *exerceram* (ποιέω). No restante de Mateus (quando ele se refere a "fé *que crê*"), verbos de *ação* (como ποιέω) não

---

[24]Barth, *Philemon*, p. 273.
[25]A maioria das versões traduz nessa passagem πίστις por "fidelidade" (NASB, NIV, ESV, NET), mas algumas preferem "fé" (KJV, RSV, NRSV).
[26]Ulrich Luz, *Matthew 21—28*, Hermeneia (Minneapolis: Fortress, 2005), p. 124.
[27]Veja W. D. Davies; Dale C. Allison, *Matthew*, International Critical Commentary (Edinburgh: T&T Clark, 1997), 3:294.

estão associados a πίστις, mas isso seria totalmente apropriado em 23:23, que exibe um cerne ético no seu uso de πίστις.[28]

Embora eu apenas tenha tocado de leve no assunto do significado de πίστις como fé que obedece, algo que alguém *faz*, no momento isso deverá ser suficiente para demonstrar a natureza mais *ativa* de πίστις ao menos em alguns casos.

Porém, o desafio relativo à natureza polivalente de πίστις não é o fato de o termo poder significar duas coisas (há uma situação semelhante relacionada a παῖς, que pode significar "servo" ou "filho"; o termo obviamente tem apenas um dos significados em praticamente todas as circunstâncias, portanto o contexto geralmente esclarece qual significado se tem em mente em um discurso específico). Os dois significados possíveis (fé *que crê* e fé *que obedece*) dessa palavra estão relacionados e às vezes, talvez com frequência, estão fundidos ou são indistinguíveis no uso. Assim, inevitavelmente devemos explicar essa situação com a introdução de um terceiro elemento ou valor de πίστις, que de algum modo atenda aos dois significados ou talvez abarque ambos.

Significado n.º 3: A fé que confia (πίστις como "confiança")

É útil conceber o significado de πίστις não em zonas isoladas, mas, sim, ao longo de um tipo de espectro:

FÉ (COGNITIVA)   FIDELIDADE (SOCIALMENTE ATIVA)
|- -|

O problema é que, na maior parte do tempo, Paulo não está querendo se referir a só um extremo dessa linha semântica, embora haja essa possibilidade. Onde o significado de Paulo em qualquer uso contextualizado reside precisa ser determinado caso a caso. Em vez de pensarmos sobre a semântica de πίστις em uma perspectiva de zonas, devemos considerar que o significado de Paulo pode ter *modulações*,

---

[28] O crédito deve ser dado a R. T. France por essa percepção; veja *The Gospel according to Matthew*, New International Commentary on the New Testament (Grand Rapids: Eerdmans, 2007), p. 873-4.

deslocando-se por esse espectro segundo o significado que ele tem em mente.

Se Paulo nem sempre quer se posicionar em uma ponta dessa linha, como devemos representar isso? Pode haver vezes (eu argumentaria que *muitas* vezes) em que devemos reconhecer um significado de πίστις em Paulo que tenta sintetizar ambos esses valores polarizados. Podemos chamar isso de "fé *que confia*":

Qual a razão da escolha da palavra "confiança"? Afinal de contas, ela é relativamente impopular como uma tradução de πίστις nas versões bíblicas em nosso idioma. Richard Hays defende o uso da palavra "confiança" para representar πίστις (em termos gerais) precisamente por remediar a ruptura, por assim dizer, entre os aspectos cognitivos do significado possível da palavra e a valência ativa (comportamental/prática) da palavra. Hays observa que prefere "confiar" a "ter fé" por causa da tendência existente de interpretar a linguagem de fé/crer como uma "atitude subjetiva do cristão individual", que poderia produzir nos leitores de Paulo a falsa impressão de que a ênfase soteriológica de Paulo está nas convicções do cristão, e não na *confiança* relacional.[29] Hays acha "confiança" especialmente apropriado para articular a πίστις paulina pelo fato de poder conter, ao mesmo tempo, as dimensões cognitivas de escolher pensar corretamente sobre Deus e as dimensões relativas à aliança do compromisso com a obediência.

Embora seja difícil delimitar as diferenças entre fé, confiança e fidelidade de qualquer forma precisa, faço um uso artificial do modelo seguinte com fins heurísticos:

---

[29]Richard B. Hays, "Lost in translation: a reflection on Romans in the common English Bible", in: David J. Downs; Matthew L. Skinner, orgs., *The unrelenting God* (Grand Rapids: Eerdmans, 2014), p. 92-4.

- A fé que crê é cognitivamente ativa: crer é algo que você faz com sua mente. Isso é uma função do pensamento (cf. Mt 21:32).
- A fé que obedece é ativa de modo relacional: a fidelidade é entendida nessa análise como uma forma ativa de lealdade e obediência. Como observamos acima, os estudiosos tendem a associá-la a virtudes e práticas éticas como o amor e a perseverança. À medida que pode ser observada, podemos afirmar que é uma forma do eu ativo, do eu-em-relacionamento, em que a lealdade pode ser demonstrada.
- A fé que confia é ativa de modo volicional: volição, ou vontade, é uma escolha de palavra calculada para a fé que confia, pois usamos a palavra "vontade" para representar algo pré-ativo ("disposição de agir") e também às vezes algo ativo em si mesmo ("boa vontade"). A atuação da vontade mostra-se central para o compromisso relacional de uma pessoa com outra e, assim, capta de modo perfeito o aparente uso paulino de πίστις em um grande número de casos.

Embora certamente fosse difícil em algumas circunstâncias determinar uma ocorrência específica de πίστις como uma dessas opções com nitidez, o fato é que essa classificação ajuda o leitor de Paulo de maneira teórica a não perder de vista o funcionamento singular de πίστις como um substantivo polivalente que pode ter modulações em todo um espectro de nuances semânticas.

Este livro é sobre o debate acerca da πίστις Χριστοῦ (fé de Cristo)?

Quando iniciei minha pesquisa para este livro e compartilhei com meus colegas meu interesse em explorar a linguagem da fé de Paulo, a resposta mais comum era: *então está escrevendo um livro sobre o debate a respeito de πίστις Χριστοῦ?* Isso certamente revela algo sobre a longevidade e intensidade desse debate acadêmico específico, mas esse nunca foi um interesse direto meu.[30] Antes de tudo, acho que os

---

[30] Peter Oakes afirma que o debate sobre πίστις Χριστοῦ criou uma obstrução no estudo da linguagem da fé em Paulo; veja "Πιστις as relational way of life in Galatians", *Journal for the Study of the New Testament* 40 (2018): 255-75, espec. 257.

estudiosos e os leitores mais superficiais de Paulo com frequência passam voando pela linguagem da fé paulina, presumindo o que ele tem em mente ("convicções religiosas"), em vez de examiná-la na sua amplitude semântica e profundeza teológica singulares. Em segundo lugar, quero situar, por assim dizer, o uso paulino de πίστις no contexto do uso feito por judeus e pagãos da palavra no discurso religioso e fora dele. É fácil pressupor que fé é principalmente um termo religioso, até mesmo um termo *cristão*. Mas a realidade é que a linguagem da fé paulina foi amplamente influenciada pela Septuaginta e pela tradição de Jesus. Não há dúvida quanto ao fato de Paulo ser um pensador dinâmico, necessariamente aplicando alguma perspectiva nova à natureza da fé, mas isso não era de modo algum um neologismo.

No que diz respeito à πίστις Χριστοῦ, decidi não tratar dessa questão como o foco central desta obra, pois meu desejo é dar um passo atrás e adotar uma perspectiva panorâmica sobre a linguagem da fé paulina sem ficar atolado demais nessa briga acadêmica específica. O capítulo 8, sobre Gálatas, dá alguma atenção a essa discussão, mas aqueles interessados em minha interpretação de πίστις Χριστοῦ e na natureza do debate devem ler o capítulo 10.

Πίστις e a agência divina e humana no debate paulino

Correndo o risco de negligenciar o debate sobre πίστις Χριστοῦ, foco no que a linguagem de Paulo tem a dizer sobre seu entendimento do relacionamento do cristão com Deus e com Jesus Cristo. O uso paulino de πίστις pode moldar os debates acadêmicos intensos que estão ocorrendo, em especial com respeito à "agência divina e humana" em Paulo.[31] Nessa questão, os estudiosos examinam a linguagem paulina de salvação, obras, justificação e graça. Infelizmente, πίστις não recebeu muita atenção.[32] Alguns argumentam que o uso paulino de fé

---

[31]Veja John M. G. Barclay; Simon Gathercole, orgs., *Divine and human agency in Paul and his cultural environment* (London, Reino Unido: T&T Clark, 2006).

[32]Embora haja algumas análises recentes importantes; veja Benjamin Schliesser, *Was Ist Glaube? Paulinische Perspektiven* (Zurich: Theologischer, 2011); e Teresa Morgan,

aponta para a aceitação (passiva) da salvação, que independe de obras. Outros propõem que a fé se refere *não* a algo que os humanos fazem, mas à fidelidade de Cristo, de tal forma que a fé na realidade não é tão importante assim na estrutura soteriológica de Paulo. Em ambos os casos, é como se a agência soteriológica fosse vista como uma equação matemática: [contribuição humana] + [contribuição divina] = [salvação]. Para alguns estudiosos, qualquer tentativa de levar πίστις a sério como algo que os seres humanos *fazem* automaticamente *diminui* o quanto pode ser colocado na categoria divina e, portanto, poderia ser chamada de "(semi)pelagianismo" ou "sinergista". Mas quão razoável é a sugestão de que Paulo concebia a salvação como uma equação de total zero? Repetindo, um estudo mais abrangente do uso paulino de πίστις tem algumas coisas muito importantes a dizer sobre essa questão, e teremos várias oportunidades de refletir sobre isso.

Uma consideração central relativa à religião paulina e ao relacionamento divino-humano envolve a relação existente entre πίστις e a noção de aliança. Muitas vezes é dito que a palavra "aliança" desempenha um papel menor ou nenhum no pensamento de Paulo, o que aparenta ser verdade ao examinarmos o uso escasso de διαθήκη em especial (Gl 3:15,17; 4:24; Rm 9:4; 11:27; 1Co 11:25; 2Co 3:6,14; cf. Ef 2:12). Mas é instrutivo examinarmos padrões e desenvolvimentos no judaísmo primitivo e na sua literatura grega, em que constatamos um uso limitado de διαθήκη na literatura judaica não bíblica (veja o cap. 3) e um desejo entre autores judaicos de usar uma linguagem relacional mais genérica (incluindo πίστις) para se referir a uma sociologia religiosa que aponte para a noção de aliança. Um exemplo importante e instrutivo procede da Septuaginta, especificamente de Neemias 10:1 (2Ed 19:38, numerado 20:1 em algumas versões da Septuaginta).

Para apresentar um pouco de contexto, Neemias 8—10 relata a cerimônia de renovação da aliança anterior à dedicação dos muros reconstruídos de Jerusalém para os exilados que haviam voltado. Em 9:38, os signatários proclamam:

Roman faith and Christian faith: pistis *and* fides *in the early Roman Empire and the early churches* (Oxford: Oxford University Press, 2015).

Em vista de tudo isso, estamos fazendo um firme acordo, por escrito, e nesse documento selado estão as assinaturas dos nossos líderes, nossos levitas e nossos sacerdotes (NRSV).

E com respeito a todas essas circunstâncias, fazemos uma aliança, e *a* escrevemos, e nossos príncipes, nossos levitas *e* nossos sacerdotes colocam seu selo *nela* (LXX, trad. Brenton).

καὶ ἐν πᾶσι τούτοις ἡμεῖς διατιθέμεθα πίστιν καὶ γράφομεν, καὶ ἐπισφραγίζουσιν πάντες ἄρχοντες ἡμῶν, Λευῖται ἡμῶν, ἱερεῖς ἡμῶν (Rahlfs).

A expressão hebraica presente aqui para "fazer uma aliança" é כרתים אמנה, que literalmente significa "cortar uma firmeza". Essa é uma formulação incomum; o normal seria "cortar" uma aliança (ברית). Aqui אמנה aparenta servir de um tipo de circunlóquio para a palavra esperada, "aliança". A Septuaginta às vezes adotava uma abordagem muito mecânica e rígida para a tradução do texto hebraico. Assim, πίστις seria uma escolha natural. Mas a pergunta permanece: por que o autor *hebraico* escolheu אמנה em primeiro lugar? Para ser honesto, não sabemos bem, mas uma explicação é que aqui não temos a instituição de uma aliança totalmente nova, mas, sim, uma cerimônia de renovação.[33] Porém, sendo esse o caso, por que então o autor usaria כרת [cortar]?

O tradutor grego escolheu uma palavra para estabelecer (διατιθέμεθα) a fim de deixar clara a natureza contratual geral da situação, em seguida apresentando a tradução um tanto confortável de אמנה por πίστις. Apesar da formulação estranha do texto hebraico (que é apenas ligeiramente menos estranha no grego), podemos concluir que, no período pós-exílico, אמנה seria capaz de representar um vínculo relacional, algo muito semelhante a uma aliança.[34] O uso de πίστις

---

[33]Philip Noss; Kenneth Thompson, *A handbook on Ezra and Nehemiah* (New York: United Bible Societies, 2005), p. 461.
[34]Veja Andrew E. Steinmann, *Ezra and Nehemiah* (St. Louis: Concordia, 2010), p. 530. L. H. Brockington está mais convicto de que isso pode se referir a uma aliança; veja *Ezra-Nehemiah, and Esther*, New Century Bible (London, Reino Unido: Nelson, 1969), p. 177.

aqui corresponde ao uso pagão e mundano de πίστις na Antiguidade, quando com frequência se referia a relacionamentos de confiança, fidelidade e boa vontade. Desse modo, faz sentido πίστις ter se tornado um termo que se aproximava do vínculo da aliança, tanto na Septuaginta quanto em outras expressões da literatura judaica helênica (veja o cap. 3). Isso poderia nos ajudar a examinar a razão de Paulo não usar uma linguagem de aliança explícita de uma maneira essencial ou central na carta, e também poderíamos considerar a possibilidade de a linguagem da fé paulina coincidir de modo significativo com o conceito judaico de aliança. Essa perspectiva tem grande potencial de moldar debates sobre a agência divina e humana em Paulo. Considere a reflexão feita por estudiosos sobre o conceito de aliança e como ela poderia moldar ou redefinir nossa abordagem do relacionamento divino-humano em Paulo, em especial com respeito à tendência de quantificar a agência. As alianças bíblicas não são contratos comerciais que funcionam segundo uma economia de compensação, uma coisa em troca de outra. Nas alianças judaicas, Deus comprometeu-se com Israel por amor (Dt 7:8), e, apesar de Israel se comprometer a obedecer, o pecado não era um elemento que rompia definitivamente o acordo. Esta declaração capta bem a dinâmica da aliança:

> Se o relacionamento entre Israel e Yahweh tivesse sido do tipo estabelecido em um contrato moderno, o compromisso de Yahweh teria dependido do cumprimento de Israel de suas obrigações. No relacionamento da aliança, Yahweh honra sua parte (as promessas) por causa de seu amor e por ser Deus. O Senhor pode vir a castigar Israel por desobedecer, e até mesmo pode vir a disciplinar gerações inteiras pela sua incredulidade obstinada. Mas a aliança continua em vigor — simplesmente por causa da natureza de Deus.[35]

Contratos dependem de consentimentos legais e sanções — essa não é uma coisa ruim em relação a direitos legais e transações comerciais.

---

[35]William S. LaSor; David Allan Hubbard; Frederic William Bush, *Old Testament survey* (Grand Rapids: Eerdmans, 1982), p. 122 [edição em português: *Introdução ao Antigo Testamento* (São Paulo: Vida Nova, 2002)].

Mas não é assim que as alianças santas judaicas funcionavam. Elas envolviam o que David Blumenthal chama de uma fusão entre a fé e a graça: "A graça evoca a fé e a fé evoca a graça; atos de amor imerecido suscitam atos de fidelidade, enquanto atos de fidelidade suscitam atos de amor imerecido — em todas as dimensões da existência. Assim, Deus nos ama na graça e nós somos fiéis a ele; e, vice-versa, nós somos fiéis a ele e ele nos ama na graça da aliança".[36] Blumenthal resume essa ideia citando Abraham Heschel: "*A fé é sensibilidade, compreensão, engajamento e conexão*". Essa perspectiva possibilita percebermos de modo imediato como esse modo judaico de pensar sobre a fé e a aliança pode iluminar a compreensão do uso da linguagem da fé em Paulo. Um israelita ou judeu nunca teria tido uma perspectiva passiva da fé em Deus. Quando encontramos o que aparentam ser expressões não ativas da linguagem da fé, talvez seja melhor nos referirmos à fé como "um modo ativo de receptividade" ou uma vontade que acolhe, convida, curva-se e recebe com uma postura atenta e responsiva.[37]

Uma questão de método

Qual o melhor modo de proceder em relação a esse estudo da linguagem da fé paulina? Qualquer coisa que tente ser exegética ou teológica precisará ter uma abordagem multidimensional. A seguir, apresento os princípios e métodos com que trabalho em todo o livro.

Uma abordagem de domínio semântico quanto ao significado das palavras

Muitos léxicos e dicionários tradicionais utilizam uma abordagem aleatória para definir o significado das palavras. Para entendermos e determinarmos o sentido de como as palavras são *usadas*, será útil pensarmos da perspectiva de categorias ou domínios semânticos, e

---

[36]David Blumenthal, "The place of faith and grace in Judaism", in: James Rudin; Marvin R. Wilson, orgs., *A time to speak* (Grand Rapids: Eerdmans, 1987), p. 104-14, espec. p. 111.
[37]Veja Walther Eichrodt, "Covenant and law", *Interpretation* 20 (1966): p. 302-21, espec. p. 310.

palavras como πίστις claramente demonstram uma extensão de uso que abrange vários domínios mais amplos. Na introdução de *Greek--English lexicon of the New Testament: based on semantic domains*, J. P. Louw e Eugene Nida observam que léxicos tradicionais não reconhecem que "os significados diferentes de uma só palavra estão relativamente distantes no espaço semântico". Usando o exemplo de πίστις, eles mostram oito nuanças semânticas contidas em várias categorias mais amplas.[38] Isso é essencial para nosso estudo de πίστις. Como já observamos, Paulo poderia usar essa palavra para falar sobre vários tipos de coisa: um modo de pensar, confiança em Jesus Cristo, fidelidade social a outra pessoa e assim por diante.

Linguística cultural

Este estudo adere à noção de que as palavras que os humanos escolhem têm uma conexão profunda com sua herança e pressuposições culturais. Quando falamos sobre πίστις em Paulo, precisamos fazer o melhor trabalho possível para situar o uso desse termo em sua enciclopédia maior, em um tempo e cultura específicos. Isso não define o significado exato da palavra em determinada situação, mas liga a palavra à história de seu uso e de seus sentidos normais de um modo geral.

Significado contextualizado

Um dos obstáculos ao estudo de palavras centrais em Paulo (em geral) é a possibilidade de os leitores achatarem o uso de uma palavra e ignorarem o contexto do texto específico. Mas, obviamente, esse é precisamente o fator mais importante para discernir o significado exato de uma palavra como πίστις em qualquer ocasião. Portanto, examino vários usos de πίστις em Paulo com uma atenção especial aos seus propósitos comunicativos nos contextos discretos desses usos. Isso permitirá que as nuanças dessa situação tinjam πίστις de cores

---

[38] Johannes P. Louw; Eugene Albert Nida, *Greek-English lexicon of the New Testament: based on semantic domains* (New York: United Bible Societies, 1996) [edição em português: *Léxico grego-português do Novo Testamento: baseado em domínios semânticos* (Barueri: Sociedade Bíblica do Brasil, 2013)].

diferentes. Isso não impede uma pessoa de recuar e observar padrões mais amplos e temas teológicos repetidos, mas a tentação de fazer afirmações gerais não deve encurtar o processo de examinar caso a caso, passagem por passagem.

Olhando para a frente

Antes de mergulharmos nas cartas de Paulo, inicio nosso estudo no capítulo 2 com uma breve história da interpretação de πίστις e da linguagem da fé em Paulo. Provavelmente não é novidade que Lutero e Bultmann moldaram de modo fundamental a leitura e a interpretação no estudo acadêmico protestante de πίστις no discurso bíblico. Depois (no cap. 3), apresento várias investigações dos usos diferentes de πίστις em textos gregos pagãos e judaicos da Antiguidade. Isso proporciona uma perspectiva sobre a amplitude de uso e também apresenta padrões e desenvolvimentos interessantes na literatura judaica. Depois disso, examino πίστις na tradição de Jesus (cap. 4). De certo modo isso poderia passar uma impressão anacrônica, pois 1Tessalacionicenses e Gálatas quase certamente são anteriores aos Evangelhos canônicos. Contudo, em virtude da enorme centralidade da linguagem da fé para a tradição de Jesus, podemos pressupor que isso teria desempenhado algum papel fundamental na maneira de Paulo pensar sobre a linguagem da fé e na maneira de usá-la.

Esses primeiros capítulos preparam o terreno para uma série de estudos sobre πίστις e a linguagem da fé em textos paulinos individuais. No capítulo 5, examino trechos selecionados de 1Tessalonicenses e Filipenses, cartas que tendem a preferir um significado de πίστις próximo da noção de fidelidade (humana). Os capítulos 6 e 7 tratam respectivamente da linguagem da fé nas duas epístolas aos coríntios. Embora não haja um significado constante de πίστις em nenhuma das cartas de Paulo, eu defendo que a nuança mais cognitiva de πίστις é bem apresentada em alguns casos específicos nas cartas coríntias, em especial na relação da fé com a sabedoria e a transformação epistemológica. O capítulo 8 é um estudo extenso de πίστις em Gálatas e trata de modo mais detalhado da relação existente entre a linguagem da fé paulina e a agência divina e humana, bem como o que veio a ser conhecido como "nomismo da aliança". O capítulo 9 trata de Romanos 1:17

em relação à citação de Habacuque 2:4 ("o *justo* viverá pela fé"). Esse estudo de caso é uma oportunidade de focar uma declaração de tese central em Romanos 1:16,17 e também um texto do Antigo Testamento central à teologia da fé de Paulo. Nesses capítulos sobre as cartas de Paulo (caps. 5—9), seria impossível catalogar e analisar absolutamente todo o uso de πίστις. O que apresento é uma série de "vinhetas" que realçam um versículo ou uma seção de uma epístola que pode servir de foco para a reflexão sobre o uso semântico e retórico que ele faz da linguagem de πίστις.

O capítulo 10 lida com o debate sobre πίστις Χριστοῦ. No capítulo 11, combino os diferentes fios de percepção dos capítulos anteriores e trato, em um nível mais geral, sobre como isso poderia moldar nossa abordagem de Paulo e de sua linguagem da fé.

Como navegar por este livro: uma mensagem para diferentes leitores

Ao escrever este livro, eu tinha em mente os debates acadêmicos sobre a teologia de Paulo que ocorrem na guilda dos estudos paulinos. Há muitas noções equivocadas a respeito do uso paulino da linguagem da fé e muita ignorância acerca do uso tanto pagão quanto judaico de πίστις na Antiguidade. Assim, os primeiros dois capítulos importantes (caps. 2 e 3) precisarão ser longos e técnicos. Encorajo os estudiosos a lerem o material com atenção e paciência.

Talvez haja outros leitores interessados na teologia de Paulo que não queiram atravessar penosamente parte do material mais denso no início. A esses digo que podem ir direto para o capítulo 4. Obviamente, os capítulos deste livro sobre as cartas de Paulo baseiam-se nessas análises e argumentos preliminares, mas penso que o restante dos capítulos pode ser lido. Se houver o desejo de detectar os argumentos principais que apresento neste livro sobre o uso paulino da linguagem da fé e a relação desse uso com a teologia de Paulo — especialmente seu entendimento da agência divina e humana —, alguns leitores poderiam achar proveitoso ler a conclusão (cap. 11) *primeiro* e então passar aos capítulos principais.

2

"FÉ" EM PAULO

Uma breve história

> Nós [...] não somos tornados justos pela nossa própria sabedoria ou entendimento ou piedade ou pelas obras que viemos a praticar com um coração devoto — mas pela fé, pela qual o Deus todo-poderoso tornou todas essas pessoas justas, desde o princípio dos tempos. A ele seja a glória para todo o sempre. (1Clemente 32.4.)

> "A fé de Cristo" é a fé que está viva na comunhão com o Cristo espiritual, e ela é "fé-em-Deus" idêntica em conteúdo à fé exibida por Abraão no passado sagrado, isto é, uma confiança incondicional no Deus vivo apesar de todas as tentações de duvidar. (Adolf Deissmann.)

Como começar a resumir a história do desenvolvimento do estudo da linguagem bíblica da fé? Resposta: inconclusivo! No entanto, não deixa de ser um exercício útil obter uma percepção geral de como os teólogos e estudiosos da Bíblia usaram a linguagem da fé ao longo dos séculos. Talvez o mais fundamental seja observar o desenvolvimento rápido do movimento em direção de um foco nas dimensões cognitivas da linguagem da fé (alguns séculos depois de Paulo) e o impacto que Lutero — mais precisamente a interpretação luterana — teve na maneira de os leitores ocidentais de Paulo usarem e interpretarem a linguagem da fé. Começamos com os pais apostólicos, passamos rapidamente pela história cristã antiga e medieval, e desaceleraremos um pouco ao entrarmos no período da Reforma e no estudo acadêmico moderno.

Uso primitivo e depois medieval da linguagem da fé

Como mencionei na introdução, os leitores modernos de Paulo tendem a tratar a linguagem da fé como principalmente cognitiva: *cremos ou temos fé com nosso coração e nossa mente*. O cristianismo tomou essa direção um tanto cedo na história de sua existência, mas, se examinamos os pais apostólicos, *ainda* não vemos aí esse desenvolvimento, e certamente não de modo abrangente.

A carta longa de Clemente aos coríntios (1Clemente) inclui vários usos de πίστις.[1] Com alguma frequência, Clemente usa essa linguagem em relação a como os cristãos devem resistir e sofrer como os que creem em Cristo. Ele dá o exemplo do apóstolo Paulo, que enfrentou muitas prisões, sobreviveu a tormentas e ainda assim permaneceu resiliente na fé (5.5,6). Clemente também louva duas mulheres, Danaídes e Dircês, que também suportaram torturas e que chegaram ao fim da "corrida da fé" com firmeza (6.2).

Clemente também faz questão de louvar aquelas figuras que demonstram respeito e obediência a Deus mesmo correndo grande perigo ou em uma situação de grande insegurança, especificamente na área da "fé e hospitalidade". Abraão demonstrou fé em forma de hospitalidade, e sua recompensa foi um filho (10.7). Do mesmo modo, Deus abençoou Raabe pela sua "fé e hospitalidade" (12.1). Nesses casos, não fica imediatamente claro o sentido de fé para Clemente, mas mais tarde ele se refere ao exemplo de Abraão, que executou atos de justiça e verdade *pela fé* (31.2). Claramente, Clemente não estava identificando a fé com atos, porém ela aparenta ser mais do que algo puramente ou até mesmo principalmente cognitivo. O uso de Clemente combina com um sentido *volitivo* daquilo que se move na vontade humana para se tornar obediência.

Outras vezes, Clemente foi capaz de fazer uma distinção clara e bem minuciosa entre a fé e as obras. Ele explica aos coríntios: "Nós [...] não

---

[1] Todas as citações foram extraídas de Bart Ehrman, *The apostolic fathers, vol. 1: I Clement, II Clement, Ignatius, Polycarp, Didache*, LCL (Cambridge: Harvard University Press, 2003), vol. 24.

somos tornados justos pela nossa própria sabedoria ou entendimento ou piedade ou pelas obras que viemos a praticar com um coração devoto — mas pela fé, pela qual o Deus todo-poderoso tornou todas essas pessoas justas, desde o princípio dos tempos. A ele seja a glória para todo o sempre" (32.4). Isso não significa que Clemente não via πίστις também como uma virtude. Ele lista πίστις como algo pelo qual o cristão deve orar junto com a paciência, longanimidade, domínio próprio, pureza e sobriedade (64.1). Ao lado desses itens, πίστις adquire a qualidade de algo como a lealdade ou compromisso.

O emprego que Inácio faz de πίστις na sua *Carta aos Efésios* segue uma variedade de usos semelhante. Como outros pais apostólicos, Inácio favorecia a combinação de πίστις com ἀγάπη como disposições gêmeas para com Cristo (1.1). Se devemos ver a fé como o fundamento do relacionamento do cristão com Deus, Inácio acreditava (provavelmente com base em 1Coríntios 13) que o amor é o objetivo supremo (14.1). De um modo paralelo às epístolas joaninas ou fazendo eco a elas, Inácio pôde usar πίστις para contrastar a fé com a incredulidade como formas de indicar espiritualidade e carnalidade (8.2). Começamos a observar os elementos de um uso doutrinário de πίστις em 16.2, em que Inácio se refere ao problema de ensinos heréticos capazes de enfraquecer a fé.

Igualmente, Barnabé combina o amor com a fé (1.4; 11.8). Barnabé menciona uma tríade espiritual central. O primeiro elemento é a "esperança da vida", que é explicada como o "princípio e a completude da nossa fé (ἀρχὴ καὶ τέλος πίστεως ἡμῶν; 1.6).[2] Barnabé 2 trata da atitude necessária para aqueles que enfrentam o mal e a tentação. O que a fé (πίστις) exige é "temor e paciência", bem como "perseverança e domínio próprio" (2.2).

Diogneto em geral apresenta um uso de πίστις com um pouco mais de peso epistemológico.[3] Crer em deuses visíveis em pedras e no fogo

---

[2] O segundo e o terceiro elementos são a justiça ("o princípio e o fim do julgamento") e o amor ("que é o testemunho das obras da justiça"); para a tradução em inglês, veja Michael W. Holmes, *The apostolic fathers: Greek texts and English translations*, 3. ed. (Grand Rapids: Baker, 2007), p. 381, 383.

[3] Isso não deveria nos surpreender demais em virtude do propósito apologético claro dessa obra — inspirar descrentes a achar as afirmações do cristianismo sensatas e a fé nesse Deus atrativa; veja Michael W. Holmes, *The apostolic fathers in English* (Grand Rapids: Baker, 2006), p. 289-91.

é tolice, pois Deus é invisível e "ele se revelou pela fé, que é o único modo de alguém poder ver a Deus" (8.6).[4] O autor pressiona o leitor para ver com os olhos da fé e para depender da graça autorreveladora de Deus, uma graça que "revela mistérios" e que recompensa aqueles que buscam a verdade (11.6). Quando os olhos e o coração de uma pessoa são abertos, então ela pode reconhecer e valorizar a natureza reverente da lei, a graça dos profetas, a "fé dos evangelhos" (εὐαγγελίων πίστις), a "tradição dos apóstolos" e a "alegria da igreja" (11.6). Aqui o aparente sentido de πίστις é fé (crer) em Cristo. A nuança relativa ao ato de crer é bastante evidente em Diogneto de modo geral, mas ela certamente não é exclusiva. No versículo anterior, o autor pôde usar πίστις em relação a permanecer dentro de certos limites religiosos, isto é, "não violar os juramentos da fé [ὅρκια πίστεως]" (11.5). Isso lembra uma linguagem helênica clássica relacionada à fidelidade relacional.

Começamos a constatar um movimento em direção de um uso mais mental ou doutrinário da linguagem da fé especialmente em Agostinho. Na obra *Enchiridion*, Agostinho usa a linguagem de "fé cristã" (16.60) e de uma "confissão da fé" (24.96). Na visão dele, a fé guia a vida cristã. Ao falar sobre a tríade cristã da fé, da esperança e do amor, ele explica que "a fé crê" e que "a esperança e o amor oram" (embora mais tarde ele também venha a afirmar que "a fé também ora"; cf. 2.7). Apesar desse uso claramente mais cognitivo da linguagem da fé, Agostinho também é enfático em dizer que a *fé genuína* não pode ser *apenas* mental ou racional. Em *Enchiridion* como um todo, Agostinho dá muita importância à linguagem paulina da fé que atua pelo amor (Gl 5:6; veja *Enchiridion* 7.1; 18.67; 31.117). Ele dedica um tratado inteiro à fé em *A fé e as obras*. Aqui ele defende uma teologia cristã da "fé somente" — e afirma que a fé envolve aquilo em que o cristão crê —, mas ela não pode ser uma fé destituída de obras. De fato, a fé genuína da graça cristã é "a fé que atua pelo amor" (cap. 16).

Oitocentos anos depois, Tomás de Aquino dedicou parte de sua obra *Suma teológica* às virtudes da fé, esperança, caridade, prudência,

---

[4]Holmes, *Apostolic fathers*, p. 297.

justiça, constância e temperança.[5] Tomás de Aquino define a fé como o "assentimento do intelecto àquilo em que se crê" (2.2.4). Ele continua explicando que há dois elementos centrais na fé — aquilo que é crido e o intelecto, que escolhe uma coisa em lugar de outra. Ele associa a fé a doutrinas centrais muito específicas, não apenas à fé na deidade, mas também à encarnação, aos sacramentos da igreja e à condição pecaminosa. Ele reflete longamente sobre a relação entre a fé e a ciência. Sua noção de ciência é aquilo que é conhecido pela demonstração objetiva. Para começar, Tomás de Aquino explica que a ciência é baseada em conhecimento, razão e lógica. Portanto, a fé precisa ser lógica, pois os apóstolos fizeram uso de argumentação lógica para produzir fé (veja 2.2.5). Ao mesmo tempo, Aquino observa que a fé necessariamente não pode depender do que é visível, enquanto a ciência exige uma demonstração baseada na observação.

Lutero e Calvino sobre a fé

Não deveria ser nenhuma novidade que Lutero tem muito a dizer sobre a fé. Muito do que herdamos da teologia de Lutero sobre fé e obras procede de seu comentário controverso sobre Gálatas. Minha pressuposição sempre costumava ser que Lutero tinha um foco exclusivo em um modo limitado de pensar sobre a linguagem da fé e sobre como usá-la. Mas ele demonstra um entendimento notavelmente nuançado da teologia paulina da fé. Ele afirma que "o Espírito Santo fala sobre a fé de maneiras diferentes nas Escrituras Sagradas", abrangendo uma variedade de possibilidades semânticas.[6] Em primeiro lugar, ele se refere a um tipo de uso absoluto da fé relacionado à justificação (p. 74). Em segundo lugar, ele observa a distinção clara apresentada entre a fé e as obras. A fé torna-se a base da ação, mas as duas coisas não devem ser

---

[5]Thomas Aquinas, *The Summa Theologica*, tradução para o inglês de L. Shapcote; D. J. Sullivan (Chicago: Encyclopedia Britannica, 1909-1990) [edição em português: Tomás de Aquino, *Suma teológica* (São Paulo: Fonte, 2021)].

[6]Martin Luther, *Commentary on the Epistle to the Galatians*, tradução para o inglês de T. Graebner (Grand Rapids: Zondervan, 1965), p. 74 [edição em português: Martinho Lutero, *Interpretação do Novo Testamento: Gálatas, Tito* (Canoas/Porto Alegre: Ed. Ulbra/Sinodal, 2008)]. As citações posteriores desse comentário são indicadas por números de página entre parênteses.

igualadas. Lutero refere-se a uma "ação fiel, uma ação inspirada pela fé", isto é, "primeiro tenha fé, e Cristo capacitará você a agir e viver" (p. 74). Lutero é notavelmente franco sobre o desafio que é fazer a separação conceitual entre a fé e as obras, até mesmo por razões teológicas. Ele escreve (aparentemente com pesar): "Não é uma situação fácil ensinar a fé sem as obras e ainda assim exigir obras" (p. 143). O terceiro uso da fé que Lutero identifica diz respeito à fé como virtude, como, por exemplo, quando ela se refere a "fé nos homens" (p. 151).

Sobre a relação entre a fé e as obras, Lutero chama a fé de "a divindade das obras". Isto é, "a fé permeia todas as obras do cristão, assim como a divindade de Cristo permeia sua humanidade" (p. 74). Abraão, o patriarca, foi "considerado justo pelo fato de sua fé permear sua personalidade inteira e todas as suas ações" (p. 74). Claramente, Lutero estava determinado a distinguir nitidamente a fé das obras e a representar a primeira como o interesse mais central, tão central que "Paulo, como um verdadeiro apóstolo da fé, sempre exibe a palavra 'fé' na ponta da língua" (p. 96; cf. Gl 3:26).

Lutero associava a fé ao cristianismo de tal maneira que a fé pertencia ao mesmo círculo, por assim dizer, em que estão Cristo e a imputação da justiça (p. 43). Na prática, a fé *é* o cristianismo; ela constitui "o culto mais elevado, o dever principal, a primeira obediência e o sacrifício supremo" (p. 65). Além disso, ela é "o auge da sabedoria, o tipo certo de justiça, a única religião verdadeira" (p. 60). Mas o que *é* essa fé e no que exatamente essa fé crê? Para Lutero, o cristão não é uma pessoa sem pecado, mas, sim, alguém "que Deus não marca mais com o pecado, por causa de sua fé em Cristo" (p. 43).

Lutero também foi claro sobre o problema na Galácia: os cristãos ali foram vítimas de mestres focados na justiça das obras que se intrometeram ensinando que, "além da fé em Cristo, também eram necessárias as obras da lei de Deus para ser salvo" (p. 74). Lutero não hesita em ligar esses mestres antigos da justiça das obras com os papistas que pregam não a fé, mas "tradições e obras autofabricadas que não são ensinadas por Deus" (p. 19). Isso é heresia, pois nenhuma tradição pode derrotar o pecado, nem mesmo a lei, apenas Cristo (p. 74).

Lutero é enfático na necessidade de um entendimento claro do fato de que misturar fé e obras cria um falso evangelho, um evangelho "condicional" (p. 32). As obras são uma parte importante da vida cristã, mas apenas a fé pode justificar, "pois ela apreende Cristo, o Redentor" (p. 32). Em uma declaração reveladora, Lutero explica que a razão humana, por si mesma (e sem a fé), espera ser justificada pelas obras da lei, dizendo: "Fiz isto, não fiz aquilo". Mas "a fé olha para Jesus Cristo, o Filho de Deus, entregue à morte pelos pecados do mundo inteiro. Desviar os olhos de Jesus é se voltar para a lei" (p. 32).[7]

Com base em Gálatas, nossa pressuposição frequente é de que Lutero tratava a fé como um código para não obra(s), a fim de repousar e confiar em Deus para nossa justificação por meio de Jesus Cristo. O contraste constante entre fé e obras em Lutero torna claro o motivo dessas conclusões. Mas, se examinamos com atenção sua cristocentricidade inflexível, o cerne evidente de sua soteriologia e de sua teologia de πίστις é a noção de que a fé é a dependência ativa do que pode ser chamado Cristo-relação.[8] O propósito principal de Lutero não é dar evidência à "justificação pela fé somente", ainda que ele obviamente se importasse com isso. Seu interesse central é o tratamento da fé como dependência de Cristo, isto é, o ato de se apegar apenas a Cristo para a salvação: "A fé genuína apega-se a Cristo e se apoia apenas nele. Nossos adversários não podem entender esse fato. Em sua cegueira, eles jogam fora a pérola preciosa, Cristo, e se apegam às suas obras obstinadas" (p. 32). A razão de isso ser importante é o fato de Lutero ser veementemente contra reduzir o cristianismo a uma doutrina correta ou a um conjunto de doutrinas (de qualquer tipo); o que ele afirma é

---

[7]Siegbert Becker, *The foolishness of God: the place of reason in the theology of Martin Luther* (Milwaukee: Northwest, 1999), p. 69-92, apresenta uma análise interessante da visão de Lutero sobre a relação entre a fé e a razão. Na sua leitura de Lutero, Becker vê o entendimento da fé em Lutero como principalmente cognitiva, um modo de pensar que "governa o intelecto" e um "instrumento de recepção pelo qual o cristão individual se apropria dos méritos de Cristo" (p. 88). A conversão renova a imaginação, abandonando a mente obscurecida como uma cobra se desfaz de sua pele antiga (p. 89). Bernhard Lohse adota uma abordagem diferente da teologia da fé de Lutero, argumentando que o reformador a considerava principalmente uma questão não da mente (como a razão), mas do coração, a parte ativa da pessoa que responde de modo holístico ao perdão e ao chamado da Palavra de Deus; veja *Martin Luther's theology: its historical and systematic development* (Minneapolis: Fortress, 1999), p. 200-5.

[8]Sou grato a Chris Tilling pelo termo "Cristo-relação". Veja Chris Tilling, *Paul's divine Christology* (Grand Rapids: Eerdmans, 2015), p. 8-9, 108, 181, 188, 196.

que é em e por meio de Cristo, pela *fé* em Cristo, que os pecados são perdoados. Para Lutero, a fé não é algo que existe em e por si mesmo, mas um meio de nos relacionarmos com Cristo, de nos conectarmos com ele: "Nós dizemos: a fé apreende a Cristo, a fé não é uma qualidade inata ao coração. Se ela for fé genuína, certamente terá Cristo como seu objeto. Cristo, apreendido pela fé e habitando no coração, constitui a justiça divina, pela qual Deus dá a vida eterna" (p. 42-3). Essa explicação da teologia de Lutero da fé *poderia* passar a impressão de que ele tinha uma teologia fortemente "participacionista". Não me considero um especialista no pensamento de Lutero, mas está nítido que ele era capaz de expressar de modo bastante claro exatamente esse tipo de noção: "A fé conecta você tão intimamente com Cristo que é como se você e ele se tornassem uma só pessoa" (p. 52).[9]

Calvino certamente foi profundamente moldado pela interpretação de Lutero da linguagem da fé em Gálatas e Romanos. No entanto, o uso feito por Calvino da palavra é obviamente mais doutrinário. Em *As institutas*, Calvino define a fé como "conhecimento de Deus e de Cristo".[10] Ele também a relaciona a conceitos teológicos centrais como o pecado e a salvação.[11] Ter uma fé cristã genuína exige uma "firme convicção da verdade de Deus",[12] isto é, é necessária a certeza de que ela é "completa e decisiva".[13] Mas Calvino não tratou a fé como puramente cerebral: "A palavra não é recebida com fé quando apenas flutua na mente, mas quando se enraíza no coração, tornando-se um baluarte capaz de resistir a todos os ataques da tentação e de repeli-los".[14]

---

[9] Para uma análise persuasiva de Lutero e a fé, veja Stephen Chester, *Reading Paul with the Reformers* (Grand Rapids: Eerdmans, 2017), p. 175-217, que define o entendimento em Lutero da fé como aquilo que "se apodera de Cristo e une o cristão com ele de maneira tal que sua justiça é recebida" (p. 215). Tuomo Mannermaa é extremamente insistente nessa interpretação de Lutero: "Na fé, a pessoa de Cristo e a do cristão tornam-se uma só, e essa união não deve ser dividida; o que está em jogo aqui é a salvação ou a perda dela"; *Christ present in faith: Luther's view of justification* (Minneapolis: Fortress, 2005), p. 1-42, espec. p. 42.

[10] John Calvin, *Institutes of the Christian religion*, tradução para o inglês de H. Beveridge, reimpr. (Grand Rapids: Eerdmans, 1964), §2.3 [edição em português: João Calvino, *As institutas* (São Paulo: Cultura Cristã, 2006)].

[11] Calvino, *Institutes*, §1.313.
[12] Calvino, *Institutes*, §3.42.
[13] Calvino, *Institutes*, §3.15.
[14] Calvino, *Institutes*, §3.36.

O estudo acadêmico moderno sobre Paulo e a fé cristã

O estudo acadêmico moderno e o entendimento da linguagem paulina da fé começam com Rudolf Bultmann, um teólogo alemão da Bíblia que deu continuidade a algumas das ideias de Lutero (e.g., sua dicotomia de fé/obras), mas que também desenvolveu uma interpretação existencial das Escrituras. Em *Theology of the New Testament* [Teologia do Novo Testamento], Bultmann define a fé como "a atitude do homem mediante a qual ele recebe a dádiva da 'justiça de Deus' e por meio da qual a semente divina da salvação atinge seu propósito".[15] Ele contrasta tal ideia com sua interpretação do pensamento judaico, na qual as *obras* são centrais. A fé está fortemente relacionada à revelação divina e a um conhecimento que desperta o cristão para uma nova compreensão de si mesmo (cf. 2Co 4:6; 2:14). Mas isso não significa que a fé é *apenas* cognitiva. Em última instância, Bultmann vê a fé como a aceitação do evangelho. Mais do que apenas um assentimento mental, a fé é *resposta* e até mesmo *obediência*.[16] Nesse ponto Bultmann direciona a textos em que Paulo menciona uma fé que é *observável* e praticada (1:5,6; 16:19).[17]

Karl Barth trata da fé no Novo Testamento e especificamente em Paulo em diversas das suas obras, em especial no seu comentário de Romanos (veja o cap. 9), mas dá uma atenção especial ao tema em *Church dogmatics* [Dogmática eclesiástica].[18] Sob a categoria mais ampla de "A doutrina da reconciliação", Barth trata de temas como a Queda e a justificação. As mais concentradas análises da fé aparecem nos ensaios

---

[15]Rudolf Bultmann, *Theology of the New Testament*, 2 vols., tradução para o inglês de K. Grobel (New York: Scribner, 1951,1955), 2 vols. [original em alemão: *Theologie des Neuen Testament* (Tübingen: Mohr Siebeck, 1948-1953), p. 1.314, 2 vols.]; [edição em português: *Teologia do Novo Testamento* (Santo André: Academia Cristã, 2009)].

[16]Bultmann, *Theology of the New Testament*, p. 1.314. Talvez possamos ver Schlatter como uma influência importante sobre Bultmann. A primeira monografia de peso de Adolf Schlatter foi *Der Glaube im Neuen Testament* (Stuttgart: Calwer, 1883). Schlatter argumenta que os judeus palestinos acreditavam que o foco da fé era a obediência à lei, que priorizava as obras, e que a religião tinha prioridade sobre a confiança em Deus. Jesus e Paulo ensinaram uma fé genuína cujo foco era a transformação pelo encontro com Deus em confiança e em obediência.

[17]Bultmann, *Theology of the New Testament*, p. 1.318.

[18]Karl Barth, *Church dogmatics*, vol. 4.1: *The doctrine of reconciliation*. Organização de G. W. Bromiley; T. F. Torrance (Edinburgh: T&T Clark, 1956).

"Justification by faith alone" e "The Holy Spirit and Christian faith".[19] Em última instância, Barth vê a fé como uma resposta a Deus.[20] Mas ele pode dividir essa resposta em quatro estágios: (1) conhecimento, que envolve um conhecimento genuíno de Jesus Cristo e do que ele é *para mim*; (2) reconhecimento, mais especificamente o conhecimento de Cristo que produz um autorreconhecimento mais profundo: "Vejo-me como o homem que sou irresistivelmente determinado por ele, inequivocamente carimbado por ele, claramente situado na sua luz a partir da profundeza, da profundeza mais profunda, na qual me vejo em relação a ele";[21] (3) confissão — a proclamação pública e honesta da fé; e (4) fé como *ato*.[22] Barth lembra seus leitores de que a fé mental, crer no evangelho de Jesus Cristo (i.e., conversão), é certamente o centro da fé, mas isso não é tudo o que devemos dizer sobre a fé. Embora a fé da conversão seja o centro, "o centro tem uma circunferência".[23]

Provavelmente um dos aspectos mais notáveis na abordagem de Barth da fé é a importância que ele dá à noção de humildade. Pela fé os mortais ficam diante de seu próprio orgulho e reconhecem o vazio e a impotência desse sentimento. O orgulho corrompe, e a "fé é a abdicação do homem van-glorioso de sua van-glória".[24]

A abordagem de Ernst Käsemann da linguagem paulina da fé é semelhante à de Bultmann — um modo de vê-la seria como uma versão apocalíptica de Bultmann. Como Bultmann, Käsemann vê a fé cristã como resposta e decisão.[25] Käsemann sente-se mais confortável em definir a

---

[19] Barth, *Church dogmatics*, 4.1.608-42 e 4.1.740-80.
[20] Esta é uma das suas definições mais detalhadas: "[Fé é] A ação humana que é uma resposta fiel e autêntica e adequada à fidelidade de Deus, que faz justiça à realidade e à existência do homem justificado criado pelo perdão de Deus, que recebe a aprovação divina na sua adequação ao seu objeto, que é reconhecido e julgado e aceito por ele como correto, que por isso faz do conhecimento da justificação um evento genuíno e concretamente humano"; *Church dogmatics*, 4.1.618.
[21] Barth, *Church dogmatics*, 4.1.770.
[22] Barth, *Church dogmatics*, 4.1.758.
[23] Barth, *Church dogmatics*, 4.1.618.
[24] Barth, *Church dogmatics*, 4.1.618.
[25] Ernst Käsemann, "The faith of Abraham in Romans 4", in: *Perspectives on Paul* (London, Reino Unido: SCM, 1971), p. 79-101, espec. p. 83 [edição em português: *Perspectivas paulinas* (São Paulo, Paulinas, 1980)].

fé como "a aceitação da fala divina".[26] Sua abordagem é mais tradicionalmente luterana com sua noção escatológica singular: "A verdadeira questão é o ato de ouvirmos de maneira constante e nova a Palavra divina, de nos agarrarmos a ela, essa Palavra que nos conduz a um êxodo permanente e sempre nos empurra para o que está adiante, que é o futuro de Deus".[27] Além disso, Käsemann enfatiza que a fé genuína não é doutrinária, tampouco é estática e paroquial. E não é algo que os mortais devem extrair de si mesmos ou criar, antes: "somos chamados para fora de nós mesmos pela Palavra e pelo milagre de Deus".[28]

Günther Bornkamm, em conformidade tanto com Bultmann quanto com Käsemann, define a fé como responsividade ao evangelho.[29] Porém, ele é enfático ao dizer que a fé é um tema difícil de estudar de modo isolado, pois Paulo nunca a define, e ela não pode ser tratada como um ato ou disposição em si. Ela é uma reação ou uma inclinação a Deus.

A análise que Adolf Deissmann faz da fé paulina é notavelmente diferente da abordagem de Bultmann. Deissmann define a fé como "a união com Deus que é gerada na comunhão com Cristo".[30] Se o foco de Bultmann era a responsividade a Deus, Deissmann preferia a imagem de uma participação transformativa: "'A fé de Cristo' é a fé que está viva na comunhão com o Cristo espiritual, e ela é 'fé-em-Deus' idêntica em conteúdo à fé exibida por Abraão no passado sagrado, isto é, uma confiança incondicional no Deus vivo apesar de todas as tentações de dúvidas".[31]

Joseph Fitzmyer, de uma perspectiva católica, também entende a fé paulina como uma *experiência* de Deus por meio de Cristo. Com Romanos 10 em mente, Fitzmyer define a fé como "uma consciência da diferença que o senhorio de Cristo fez na história humana".[32] Além disso,

---

[26]Käsemann, "Faith of Abraham", p. 83.
[27]Käsemann, "Faith of Abraham", p. 84.
[28]Käsemann, "Faith of Abraham", p. 84.
[29]Günther Bornkamm, *Paul*, tradução para o inglês de D. M. G. Stalker (New York: Harper & Row, 1971), p. 141 [edição em português: *Paulo, vida e obra* (Petrópolis: Vozes, 1992)].
[30]Adolf Deissmann, *St. Paul: a study in social and religious history* (New York: Hodder & Stoughton, 1912), p. 143.
[31]Deissmann, *St. Paul*, p. 142.
[32]Joseph Fitzmyer, *Pauline theology: a brief sketch* (Englewood Cliffs: Prentice-Hall, 1967), p. 84-5 [edição em português: *Linhas fundamentais da teologia paulina* (São Paulo: Paulinas, 1970)].

no nível individual, a fé é um "compromisso vital e pessoal que dedica a pessoa inteira a Cristo em todas as suas relações, com Deus, com outros seres humanos e com o mundo".[33] De novo, como Deissmann, Fitzmyer baseia essa experiência em uma "nova união com Cristo", uma realidade que transcende até mesmo o que a mente pode acreditar, mas é transformadora em tal sentido holístico que a vontade é guiada ativamente pela fé.[34]

Douglas Moo apresenta suas ideias sobre a linguagem da fé no Novo Testamento em relação a um uso cristão primitivo de Gênesis 15:6.[35] Moo faz uma distinção clara entre a fé e a obediência (embora ele considere as duas coisas relacionadas). A fé não deve ser tratada como uma virtude ou um ato, mas como uma resposta de confiança a Deus.[36]

De forma semelhante, Thomas Schreiner define a fé paulina como uma dádiva da graça de Deus que permite ao cristão "repousar e crer no que Deus alcançou pelo Senhor crucificado e assumpto".[37] As boas obras não podem ajudar alguém a obter uma condição justificada diante de Deus. E, no entanto, a fé genuína necessariamente produzirá frutos de ação e de obediência.[38]

Para uma perspectiva talvez aparentemente *oposta*, poderíamos apelar a Leander Keck. Keck (cujo pensamento é mais semelhante ao de Käsemann) considera a fé e a obediência praticamente coincidentes. Mas isso não pressupõe que a obediência é uma obra. Em vez disso, para a fé ser a coisa poderosa que é (como uma resposta), é impossível ela não ter um efeito totalizador no cristão. Desse modo, Keck refere-se à fé como algo inerentemente moral (talvez até mesmo uma virtude?): "Ela capacita a vontade tanto quanto a mente ou os sentimentos; a confiança é uma resposta do ser inteiro. Quando essa

---

[33]Fitzmyer, *Pauline theology*, p. 85.
[34]Fitzmyer, *Pauline theology*, p. 85.
[35]Douglas J. Moo, "Genesis 15:6 in the New Testament", in: Daniel M. Gurtner; Benjamin L. Gladd, orgs., *From Creation to new creation: biblical theology and exegesis: essays in honor of G. K. Beale* (Peabody: Hendrickson, 2013), p. 147-62.
[36]Moo, "Genesis 15:6 in the New Testament", p. 151.
[37]Thomas Schreiner, *Magnifying God in Christ: a summary of New Testament theology* (Grand Rapids: Baker, 2010), p. 185.
[38]Veja tb. Thomas Schreiner, "Justification apart from and by works: at the final judgment works will confirm justification", in: Alan P. Stanley, org., *Four views on the role of works at the final judgment* (Grand Rapids: Zondervan, 2013), p. 71-98.

resposta é a uma palavra que apresenta uma exigência ao ouvinte, ela pode ser chamada de obediência".[39]

Michael Wolter apresenta uma análise um tanto detalhada da fé em *Paul: an outline of his theology* [Paulo: um esboço de sua teologia]. Em primeiro lugar, ele mostra a associação que Paulo faz da fé com o evangelho de Jesus Cristo (Gl 1:23; Fp 1:27) e com a narrativa básica do evento de Cristo (Rm 6:8; 10:9; 1Ts 4:14).[40] Wolter faz uma diferenciação entre apenas tratar a fé como o ponto de entrada do cristianismo e como um éthos segundo o qual um cristão vive: a fé e crer "apontam não apenas para o acontecimento que se dá uma só vez na conversão, que ocorre pela afirmação da proclamação do evangelho, mas também para a adesão permanente a essa afirmação".[41] Ele se refere à fé como "uma orientação de vida permanente" que vai além de uma disposição individual. Ela necessariamente será *fundadora de comunidade*, aspecto que Wolter observa ser bastante singular no uso feito pelos cristãos da linguagem da fé (em comparação com os judeus e pagãos da Antiguidade). O que ele quer dizer é que era incomum um grupo do primeiro século achar sua coidentificação exclusivamente com base em um conjunto comum de convicções religiosas.[42] Há evidências espalhadas por todas as cartas de Paulo, mas Wolter apresenta o exemplo do uso paulino de "família da fé" (Gl 6:10).[43]

Wolter está interessado não apenas na fé como éthos, mas também nos elementos epistemológicos do uso paulino de πίστις/πιστεύω.

---

[39]Leander Keck, *Paul and his letters* (Philadelphia: Fortress, 1979), p. 51.

[40]Michael Wolter, *Paul: an outline of his theology* (Waco: Baylor University Press, 2015), p. 73.

[41]Wolter, *Paul*, p. 81.

[42]"A fé é o que a minoria cristã tem em comum e o que a une, e ao mesmo tempo ela denota a diferença decisiva entre os cristãos e a ordem social predominante"; Wolter, *Paul*, p. 62. Wolter argumenta que a fé une os cristãos do mesmo modo que a Torá unia os judeus; ele cita como evidência paralela esta declaração de Josefo: "Ele recebe (i.e., *aquele que concede a lei*) amistosamente todos os que desejam viver conosco sob as mesmas leis, pois ele quer que o pertencimento a uma família se dê não apenas com base na linhagem, mas também com base no estilo de vida"; *Contra Apião* 2.165; 2.210.

[43]Há algumas semelhanças entre as afirmações de Wolter e a abordagem do "emblema da aliança" em N. T. Wright da fé humana em Paulo; veja *Paul and the faithfulness of God* (Minneapolis: Fortress, 2013), p. 848-9 [edição em português: *Paulo e a fidelidade de Deus* (São Paulo: Paulus, 2021)].

Ele postula que a noção moderna de fé como hesitação e não certeza está longe da própria concepção de Paulo. A fé não é crer sem evidência. Antes, a fé cristã "considera certas coisas genuinamente factuais pelo fato de essas questões — e esse fundamento torna sua *pressuposição* de realidade antes de tudo uma *certeza de fé* — coincidirem com a realidade de acordo com Deus".[44] Ele também comenta sobre a relação que há em Paulo entre a fé humana e a expiação. Para Wolter, Paulo considera o ato de Cristo salvífico, mas ele se torna uma realidade salvadora apenas ao ser interpretado pela fé em seu ato de "perceber a natureza salvífica da morte de Jesus e desse modo colocar em ação sua eficácia salvífica".[45]

Em sua recente obra sobre Paulo e o assunto missão, Michael Gorman também dá atenção direta à linguagem da fé paulina.[46] Gorman critica o fato de muitos leitores de Paulo hoje associarem a fé apenas a assentimento intelectual. Ele promove a tradução "fidelidade" ou outras interpretações densas como "lealdade da fé", "lealdade fiel" ou "lealdade confiante".[47] Com respeito a definições, Gorman escreve que a fé é "uma postura tanto de devoção séria quanto de compromisso concreto", uma disposição fortemente de acordo com o relacionamento que os judeus tinham com o Deus de Israel.[48] A interpretação de Gorman aparece em uma época em que vários estudiosos estão expressando um interesse em πίστις como uma virtude ativa ou um modo de ser.

Aqui, então, também podemos apontar para o livro de Matthew Bates *Salvation by allegiance alone* [Salvação somente pela fidelidade].[49] A obra de Bates tem uma orientação mais geral, tratando do Novo Testamento como um todo, mas seu estudo tem interesse na linguagem paulina da fé. Sua abordagem da fé do Novo Testamento foca a história de Cristo — em especial seu senhorio, pelo qual então

---

[44]Wolter, *Paul*, p. 85.
[45]Wolter, *Paul*, p. 105-6.
[46]Michael J. Gorman, *Becoming the gospel: Paul, participation, and mission* (Grand Rapids: Eerdmans, 2015).
[47]Gorman, *Becoming the gospel*, p. 90-1.
[48]Gorman, *Becoming the gospel*, p. 91.
[49]Matthew W. Bates, *Salvation by allegiance alone: rethinking faith, works, and the gospel of Jesus the King* (Grand Rapids: Baker, 2017).

é natural conceber seus seguidores como aqueles que professam lealdade (como a um rei). Portanto, os cristãos são chamados para uma lealdade concreta, e não apenas para um assentimento mental que poderíamos chamar de fé. Talvez o mais notável na abordagem de Bates seja a contextualização do uso que os autores do Novo Testamento (como Paulo) fazem da linguagem da fé e da natureza holística e especialmente política dessa linguagem — não política em um sentido formal, mas o envolvimento inevitável de πίστις na maneira de o indivíduo viver e se relacionar não apenas com Jesus Cristo, mas também consequentemente com o mundo inteiro.

Roman faith and Christian faith [Fé romana e fé cristã], de Teresa Morgan

Na primeira vez em que comecei a conversar com um editor sobre a ideia de um livro a respeito do uso de πίστις em Paulo, afirmei, de modo um tanto direto, que o estudo paulino da linguagem da fé tem sido seriamente negligenciado e que nada muito importante havia sido escrito sobre o tema em muitas décadas (sem levar em conta o debate, sobre πίστις Χριστοῦ, que tendia a um foco maior na sintaxe genitiva de Χριστοῦ do que na natureza da própria πίστις). Isso foi em 2014 e, desde então, diversos estudos importantes surgiram (e.g., *Salvation by allegiance alone*, de Bates, e a obra com diversos colaboradores *Glaube: Das Verständnis des Glaubens im frühen Christentum und in seiner jüdischen und hellenistisch-römischen Umwelt*).[50] Mas claramente a mais importante obra recente sobre linguagem da fé paulina é *Roman faith and Christian faith*, de Teresa Morgan.[51]

Quando essa obra apareceu, eu estava muito interessado na perícia histórica de Morgan e também em sua interpretação do uso paulino e cristão antigo de πίστις. É importante começar identificando como

---

[50]Jörg Frey; Benjamin Schliesser; Nadine Ueberschaer, orgs., *Glaube:Das Verständnis des Glaubens im frühen Christentum und in seiner jüdischen und hellenistisch-römischen Umwelt*, Wissenschaftliche Untersuchungen zum Neuen Testament (Tübingen: Mohr Siebeck, 2017), vol. 373.

[51]Teresa Morgan, *Roman faith and Christian faith*: pistis *and* fides *in the early Roman Empire and the early churches* (Oxford: Oxford University Press, 2016). As citações posteriores dessa fonte são indicadas por números de página entre parênteses.

o projeto de Morgan é diferente do meu. A monografia dela tem um escopo muito maior, tratando basicamente do Novo Testamento inteiro (e cobrindo um breve período posterior também). E ela agrupa seções do material paulino em capítulos por assunto. Isso torna um pouco difícil comparar nossas respectivas abordagens de Paulo e πίστις. Foco aqui seu material relativo ao contexto e cenário geral e então dou mais atenção às seções dedicadas especificamente às epístolas paulinas incontestáveis (p. 212-306).

A pergunta principal da pesquisa de Morgan é clara: "Por que a fé é tão importante para os cristãos?" (p. 1); mais especificamente: "Por que *pistis* tão rapidamente se tornou extremamente importante para os primeiros seguidores de Jesus, visto que já desempenha um papel central no [Novo Testamento]?" (p. 2). Ela critica pressuposições populares de que a fé é essencialmente individualista e proposicional. Ela apela a uma abordagem histórica de πίστις/*fides* que foca a "maneira de a multidão de relacionamentos e práticas expressos por esses léxicos funcionar no mundo em que as primeiras igrejas surgiram" (p. 15). Situando os primeiros escritos cristãos na história e no contexto do mundo romano daquela época, ela desenvolve uma sociologia de πίστις, isto é, como ele funcionou como um termo que diz respeito ao estabelecimento e mediação de relacionamentos de todos os tipos e em todos os níveis de vida (p. 120). Ela sublinha a importância de πίστις como um termo que permeava e sustentava o tecido da vida social no mundo greco-romano. Isto é, πίστις "torna possível novos relacionamentos e comunidades, novas formas de ação e estruturas sociais" (p. 210). Esse também era o caso nas comunidades judaicas do mundo romano. Morgan, com uma atenção especial à Septuaginta, argumenta que os judeus usavam πίστις para reforçar a noção de obediência a Deus e "esperança no que o relacionamento de Israel com Deus produzirá".

No seu primeiro capítulo focado em Paulo ("*Pistis* and the earliest Christian preaching"), ela se concentra em 1Tessalonicenses e 1 e 2Coríntios. Ela observa que, embora Paulo encoraje uma πίστις mútua entre os cristãos, a prioridade é da πίστις no relacionamento divino-humano e que o encorajamento de πίστις horizontal tem sua origem nesse relacionamento (p. 215; cf. p. 218, 259). Assim, "uma economia de *pistis*" surge quando um "Deus fiel chama seus apóstolos para a *pistis*; o apóstolo fiel, agindo como o intermediário de Deus, chama outros para a *pistis* dirigida a Deus, e esses mesmos podem inspirar ainda outros pelo seu exemplo, senão pela pregação ativa" (p. 217). Πίστις teria servido bem de termo social na apresentação paulina da igreja como uma comunidade familial ou algo semelhante a uma casa (p. 220-1).

Morgan dedica alguma atenção nesse capítulo à natureza de πίστις no ensino paulino inicial. Ela argumenta que πίστις não apenas era relacional, mas também incluía "aspectos cognitivos e afetivos" (p. 224, 225-6, 261). Em resumo, ela diz: "O propósito dos primeiros pregadores cristãos era mudar o coração, a mente, as relações e a conduta de *hoi pisteuontes* [os que creem], incluindo-os na família e reino de Deus e em uma comunidade de amor e culto na terra".

O segundo capítulo de Morgan focado em Paulo reúne Gálatas, Romanos, Filipenses e Filemon; seus comentários sobre Gálatas são os mais relevantes para sua abordagem geral de πίστις. Aqui ela reforça a prioridade dada por Paulo ao relacionamento divino-humano, referindo-se a uma "hierarquia de confiabilidade que [πίστις] gera, começando com Deus e passando por Cristo, o próprio Paulo e aqueles entre seus colaboradores caracterizados por ele como *pistoi*" (p. 305). Segundo Morgan, encontramos alguns desenvolvimentos singulares nessas epístolas posteriores. Por exemplo, encontramos um contraste entre fé e obras, mas ela insiste acertadamente que ele não deve ser interpretado como uma "antítese radical" (p. 270). Uma das análises mais importantes nesse capítulo diz respeito a πίστις Χριστοῦ em Gálatas, Romanos e Filipenses. Contra a interpretação que entende o genitivo como objetivo, Morgan menciona a preocupação com a redundância em passagens como Gálatas 2:16 (mas sem uma dependência forte demais dela). Em geral, ela considera a interpretação que considera o genitivo como subjetivo mais natural, mas sua versão é um tanto particular (veja o cap. 11 sobre o uso de πίστις Χριστοῦ em Paulo). Ela interpreta a πίστις ("fidelidade") de Cristo indo em duas direções simultâneas, em direção a Deus *e* em direção aos cristãos: "Portanto, Cristo está no centro de uma ligação da *pistis* divino-humana", desse modo dando a πίστις em Paulo uma "qualidade de dupla face" (p. 273; cf. p. 272).

É importante afirmar que a monografia de Morgan é um verdadeiro tesouro de riquezas históricas e semânticas sobre πίστις (e seus cognatos) e também sobre uma variedade de outros termos centrais contextualizados por ela como δικαιοσύνη. Ela argumenta de modo persuasivo que πίστις era uma palavra de importância fundamental no mundo greco-romano, simbolizando redes de relações de confiança e de mutualidade, embora pudessem funcionar de muitos modos diferentes com base na situação. Com respeito a Paulo, Morgan está certamente correta de que Cristo mediava a πίστις divina para com os cristãos, que então era *canalizada* horizontalmente na igreja.

Tenho uma preocupação mais relevante em relação à obra dela, outra secundária e alguns pensamentos sobre em que ponto nossas abordagens distintas de πίστις em Paulo poderiam convergir e encontrar alguma sinergia. Em primeiro lugar, Morgan não desenvolve de modo suficiente os aspectos cognitivos do uso paulino da linguagem de πίστις e πιστεύω. Podemos reconhecer claramente um sentido cognitivo na linguagem da fé paulina em passagens como 2Coríntios 4:4,13; 5:7; Romanos 10:9,10. Ela superestima a questão com esta síntese: "As fontes greco-romanas, judaicas e cristãs igualmente têm pouquíssimo interesse — algo frustrante — em explorar a natureza e as relações internas de *pistis/fides* como uma emoção, um ato cognitivo e uma virtude, e praticamente nunca distinguem entre interioridade, natureza relacional e ação na caracterização de seu papel na sociedade" (p. 472; cf. p. 455-88).

Na sua articulação da interioridade de πίστις, ela dedica apenas algumas páginas à fé e à cognição, e até mesmo então ela nem sequer trata de literatura cristã; e, com respeito à literatura judaica, ela apenas faz uma breve menção a Josefo[52]. Para mim, isso ignora um elemento fundamental do uso dinâmico que Paulo faz da linguagem da fé. Sim, a dimensão relacional é central, mas a associação que Paulo faz de πίστις com uma epistemologia transformada e com uma nova forma de sabedoria (i.e., a mente de Cristo) também é proeminente. Talvez Morgan

---

[52]A interação com Filo teria sido uma opção óbvia (veja *Da vida de José*, p. 100; *Da vida de Moisés* 1.90; *Do Decálogo*, p. 15); veja Morgan, *Roman faith and Christian faith*, p. 455-8.

minimize esse aspecto por estar indo fortemente contra as pressuposições proposicionais sobre a fé que permeiam as interpretações populares de Paulo ou talvez por argumentar que a fé paulina não é antirracional. As influências de Paulo que ela acaba não captando são as tradições proféticas e apocalípticas judaicas (daí a importância de Isaías 53:1), em que o povo de Deus era chamado para a fé no trabalho invisível de Deus — o que chamo de "crer no inacreditável". Obviamente, esse aspecto é bastante evidente precisamente naquelas passagens em que Paulo estava determinado a transmitir uma epistemologia transformada, como em 1 e 2Coríntios.

Outra preocupação menor com o trabalho de Morgan é o fato de ela não conectar a linguagem judaica de πίστις à aliança judaica. Como argumento no capítulo 3, embora πίστις não *signifique* de fato "aliança", o termo parece desempenhar um papel na Septuaginta (e também em autores como Josefo) na referência a esse tipo de plataforma relacional adotada pelos judeus. Essa perspectiva teria ajudado Morgan, pois sua expressão de relacionamentos judaicos e paulinos de πίστις aparenta refletir os mesmos tipos de dinâmica e pressuposições presentes na aliança judaica: cooperação, fidelidade, obrigação e boa vontade.

Em relação a que tipo de diálogo poderia haver entre nossas abordagens de Paulo, o entendimento de Morgan de πίστις Χριστοῦ desperta meu interesse. Ela tende à visão subjetiva, enquanto eu tendo à visão objetiva, mas reconheço sua disposição em ir além das soluções simplistas herdadas da estrutura binária criada por uma guilda teológica e em expressar uma posição que coloca Cristo no centro, mas valoriza sua πίστις para com os cristãos. Ao rejeitar basicamente o papel da πίστις humana em πίστις Χριστοῦ em Gálatas, Morgan é menos convincente pelas razões propostas por Dunn e outros, isto é, que Abraão é apresentado como o modelo de fé para os cristãos e que Habacuque 2:4 (no que considero uma interpretação óbvia) é inserido para estabelecer o mesmo tipo básico de relacionamento de confiança em Deus que também foi exibido por Abraão. Contudo, apesar dessa questão, o entendimento de Morgan de πίστις Χριστοῦ é notavelmente compatível com minha visão de que o que Paulo tem em mente aqui, de um modo um tanto genérico, é a *Cristo-relação* — isto é, o papel mediador que Cristo desempenha na conexão de Deus com seu povo —, e estou inclinado a achar que Paulo queria se referir ao fato e à eficácia desse relacionamento, e não necessariamente ser específico quanto à direção que é mais importante.

Conclusão

Este capítulo curto apresenta um breve e abrangente passeio por muitos séculos de estudo acadêmico sobre a linguagem da fé em Paulo e no Novo Testamento. Muitos teólogos (como Clemente e Inácio) fazem um uso de πίστις que acho semelhante à natureza e à amplitude do próprio uso de Paulo. Embora fé seja o termo para a resposta do indivíduo ao evangelho em que crê e confia, esses pais apostólicos com bastante naturalidade também tratam πίστις como um tipo de virtude (e não uma obra) combinada naturalmente com palavras como amor e hospitalidade. Em Agostinho, começamos a ver uma mudança em direção a um uso mais cognitivo da linguagem da fé, enfatizando o que a mente crê; e Agostinho dedica uma enorme atenção ao atrito entre uma abordagem de fé em Deus e uma abordagem de obras. Tomás de Aquino estava ainda mais estritamente interessado nas dimensões cognitiva e epistemológica da fé.

Inspirado, ao menos em parte, por Agostinho, Lutero também se fundamenta na fé como iluminação da mente e do coração por Deus para infundir fé. Em seu contexto singular, no entanto, Lutero também é conhecido por sua clara delineação da justificação pela fé independentemente das obras. Mas (especialmente nos EUA) os intérpretes paulinos herdaram Lutero de tal forma que talvez não captemos as dimensões "participacionistas" de sua teologia da fé, que podem ser identificadas mesmo em seu comentário de Gálatas. Em todo o período moderno, está claro que a maioria dos estudiosos toma a fé como uma resposta a Deus, mas alguns parecem se fundamentar em transformações cognitivas e outros enfatizam mais a fé como obediência. O próximo capítulo vai voltar lá atrás para o mundo de Paulo e examinar como πίστις era usada na literatura helenística da Antiguidade.

3

ΠΊΣΤΙΣ NA LITERATURA ANTIGA NÃO JUDAICA E JUDAICA

A linguagem da fé na Antiguidade

> Se você quiser, deverá preservar os mandamentos, e a manutenção da lealdade é uma questão de sua própria satisfação [ἐὰν θέλῃς, συντηρήσεις ἐντολὰς καὶ πίστιν ποιῆσαι εὐδοκίας]. (Ben Sira, Eo 15:15, NETS.)

> Se há espaço para uma pessoa observar o vínculo de confiança até mesmo com seus maiores inimigos, essa observância deverá ser extremamente rígida em relação aos próprios amigos [ὡς ἥ γε πίστις ἔχουσα καὶ πρὸς τοὺς πολεμιωτάτους τόπον τοῖς γε φίλοις ἀναγκαιοτάτη τετηρῆσθαι]. (Josefo, *Antiguidades judaicas* 15.134, trad. Jan Willem van Henten.)

Não devemos imaginar que o apóstolo Paulo foi a primeira pessoa religiosa a fazer um uso significativo de πίστις. Embora eu argumente mais adiante que Paulo tinha uma teologia muito própria e nuançada da fé, por assim dizer, (outros) judeus e pagãos sentiam-se tão confortáveis para usar essa palavra, notavelmente em relação a contextos, argumentos e ideias sociais, quanto Paulo se sentia. Portanto, cabe a nós nos dedicarmos a uma familiarização com o uso de πίστις em todos os tipos de povos e textos antigos, para termos uma noção geral da variedade e popularidade de seu uso e também para focarmos mais fortemente o uso judaico. Começaremos apresentando algumas investigações da literatura grega pagã em relação a πίστις. Então passaremos à literatura judaica, examinando a Septuaginta, os pseudepigráficos veterotestamentários, Filo e Josefo. O que constataremos é que πίστις é uma palavra notavelmente polivalente e com várias traduções que podem ser apropriadas dependendo do contexto, como "opinião", "fidelidade", "voto de confiança", "confiança" e "crença". Porém, a vasta maioria de seus usos na literatura pagã e judaica está relacionada à fidelidade relacional.

Literatura helenística pagã

Há literalmente centenas e centenas de exemplos de πίστις na literatura grega sobrevivente da Antiguidade, e seria impossível e desnecessário examinar todos eles. Um grande número desses textos é de histórias que incluem um material político e de guerra, em que πίστις envolve alianças. Focarei só uma história, *Antiguidades romanas*, de Dionísio de Halicarnasso. Dionísio nasceu no primeiro século a.C. e escreveu sua história pouco antes da Era Comum. Ele desejava prestar homenagem à nobreza de Roma e persuadir os gregos das virtudes da liderança romana. Originariamente, o documento de Dionísio tinha vinte livros, mas apenas menos da metade deles sobreviveu.[1]

Dionísio usa πίστις com frequência em *Antiguidades romanas* à medida que relata o fim dos decênviros, com um interesse especial nas más ações do cônsul Ápio Cláudio Crasso. Quando Ápio aparece diante do Senado, ele é advertido quanto a trapaças e perigos de fazer acordos enganosos e πίστεις — votos de lealdade secretos (11.11.5).

Uma das acusações apresentadas contra Ápio foi que ele havia raptado a filha de um centurião e fingido que era sua escrava. No julgamento dessa questão, πίστεις também foi o termo usado para a apresentação de "provas" no caso (11.34.5).

Quando chegou o momento de Ápio se justificar, ele fez referência à sua linhagem ilustre e aos vários serviços notáveis que havia prestado à

---
[1] Para uma introdução útil a Dionísio e essa obra, veja H. Hill, "Dionysius of Halicarnassus and the origins of Rome", *Journal of Roman Studies* 51 (1961): 88-93.

nação, apelando também aos juramentos e votos de boa-fé, dos quais os homens dependem na conciliação de suas diferenças, [apresentando] seus filhos e sua parentela, [desvelando] até a roupagem humilde do suplicante e fazendo muitas outras coisas que produzem a compaixão na multidão (11.49.4, trad. Cary em LCL).

Mais adiante no livro 11, Dionísio relata o que aconteceu após a dissolução dos decênviros. O consulado foi assumido por Marco Genúcio e Gaio Quintus. Nessa época, os plebeus exigiram que todos tivessem voz no consulado e não apenas os patrícios. Essa situação potencialmente explosiva foi interrompida por preocupações com ataques iminentes aequianos e volscos. Imediatamente o Senado aprovou o envio de um exército com a presença dos cônsules. Porém, um tribuno plebeu foi contrário a essa linha de ação, considerando-a um desvio dos interesses plebeus. O Senado tentou persuadi-los, prometendo voltar a essa questão de representação no consulado após o tratamento apropriado da ameaça, mas o tribuno foi inflexível. Eles insistiram em que sua proposta para o consulado fosse aceita provisionalmente antes de o exército poder ser enviado. Eles tornaram isso uma questão não apenas no Senado, mas também na assembleia geral do povo, "fazendo o juramento que para eles é o mais vinculativo, a saber, pela sua boa-fé [πίστεως]" (ὅρκους, οἵπερ εἰσὶ μέγιστοι παρ' αὐτοῖς, κατὰ τῆς ἑαυτῶν πίστεως διομοσάμενοι; 11.54.4).

Esses exemplos de *Antiguidades romanas* apresentam algumas das várias nuanças de significado de πίστις, em especial como o termo pode se referir a compromissos e votos, promessas e obrigações. Ele também pode se referir a uma demonstração ou prova na argumentação.

A obra de Plutarco *Diálogo sobre o amor (Amatorius)* contém uma história narrada por Autobulus, o filho de Plutarco. A história ocorre na cidade de Thespiae, onde um Plutarco recém-casado participa de debates sobre uma viúva rica que pede um efebo adolescente em casamento.[2] Em determinado momento, Plutarco está conversando com certo visitante sobre a questão de como Eros se tornou divino e como

---

[2] Veja John M. Rist, "Plutarch's *Amatorius*: a commentary on Plato's theories of love", *Classical Quarterly* 51 (2001): 557-75.

a sociedade poderia atribuir o amor a esses poderes indisputáveis. Ele faz esta declaração:

> Pêmptides, é uma questão grave e perigosa, assim creio, a que você está abordando; ou antes, você está violando completamente nossa fé inviolável nos deuses ao demandar uma razão e demonstração de cada um deles. Nossa fé antiga tradicional deveria nos bastar [ἀρκεῖ γὰρ ἡ πάτριος καὶ παλαιὰ πίστις]. É impossível apresentar ou descobrir evidência mais palpável do que a fé. [...] Essa fé é uma base, por assim dizer, uma fundação comum, da religião; se a certeza e o uso estabelecido são perturbados ou abalados em um só ponto, o edifício inteiro é enfraquecido e desacreditado (*Diálogo sobre o amor* 756AB, trad. Helmbold em LCL).

É fascinante a referência aqui em Plutarco a um conjunto de convicções como πίστις, um caso raro, mas claro de fé religiosa.[3] Ele continua explicando o termo como um fundamento de piedade religiosa (πρὸς εὐσέβειαν), reconhecendo o poder que tem para manter unida uma estrutura inteira de pensamento religioso (756B). Mais tarde há menção da possibilidade de apelar à mitologia como evidência (πρὸς πίστιν) na questão. Aqui Plutarco narra muitas fábulas e lendas do poder hipnótico do amor. Ele relata a prática cultural existente de visitar a tumba de Iolau, sobrinho e *eromenos* de Héracles. Nesse túmulo, amantes trocam "votos e juramentos" (ὅρκους τε καὶ πίστεις) em honra

---

[3]Veja Daniel Babut, "Du scepticisme au dépassement de la raison: Philosophie et foi religieuse chez Plutarque", in: *Parerga: Choix d'articles de D. Babut (1974–1994)* (Lyon: Maison de L'Orient Méditerranéen, 1994), p. 549-81; Benjamin Schliesser, "Faith in early Christianity", in: Jörg Frey; Benjamin Schliesser; Nadine Ueberschaer, orgs., *Glaube: das Verständnis des Glaubens im frühen Christentum und in seiner jüdischen und hellenistisch-römischen Umwelt*, Wissenschaftliche Untersuchungen zum NeuenTestament (Tübingen: Mohr Siebeck, 2017), vol. 373, p. 1-50, espec. p. 15; Rainer Hirsch-Luipold, "Religiöse Tradition und individuelle Glaube: Πίστις und Πιστεύειν bei Plutarch", in: Jörg Frey et al, orgs., *Glaube*, p. 251-73, espec. p. 258-9; cf. também uma análise crítica de πίστις in: *Amatorius*, in: Françoise Frazier, "Returning to 'religious' ΠΙΣΤΙΣ: Platonism and piety in Plutarch and Neoplatonism", in: Gert-Jan van der Heiden; George van Kooten; Antonio Cimino, orgs., *Saint Paul and philosophy* (New York: de Gruyter, 2017), p. 189-208. Cf. também Gerhard Barth, "*Pistis* in hellenistischer Religiosität", *Zeitschrift für die neutestamentliche Wissenschaft* 73 (1982): 110-26.

de Iolau (761E). Em outro discurso, Plutarco volta à questão da perda de controle da razão e da moderação quando uma pessoa está apaixonada:

> Será que este não é um caso claro de possessão divina? Será que não é uma agitação sobrenatural da alma? Será que a perturbação da pítia ao agarrar seu trípode é tão grande? Será que a flauta, o pandeiro, os hinos de Cibele causam tanto êxtase em qualquer um dos devotos? (763A, trad. Helmbold in LCL).

Como pode ser que muitas pessoas tenham as mesmas características atraentes, mas apenas uma pessoa específica seja tomada de amor ao olhar para alguém? É por essas razões que Plutarco fica convencido mais uma vez da influência divina de Eros. No entanto, ele admite que os sentidos nos dizem coisas científicas, verdades observáveis. Mas há outras formas de saber. Plutarco afirma que a crença (πίστις) é baseada em três elementos: mito, lei e explicação racional. Em outras palavras, usamos nossa própria mente e sentidos para sermos ensinados, mas também dependemos de legisladores, poetas e filósofos para sermos orientados (763C).

Mais adiante, em *Diálogo sobre o amor*, Plutarco exalta as virtudes do amor que são inspiradas por Eros. Fazem parte desses valores a unidade e a comunalidade, uma realidade daqueles que, "embora separados no corpo, unem poderosamente suas almas e efetuam sua fusão, já não desejando mais ser entidades separadas, ou não acreditando que o são" (767E). Em seguida, Plutarco refere-se ao autocontrole e à moderação, à necessidade do casamento. Eros valoriza e inspira o autocontrole à medida que honra a "confiança mútua" (πίστεως μέτεστιν) entre os amantes (767E).

Um pouco adiante, Plutarco faz uma exposição mais direta do tema do amor sexual entre homens. Ele observa como, culturalmente, a posição de "parceiro passivo" na relação é vista com desdém e que esses homens não são considerados dignos de amizade ou de confiança (οὔτε πίστεως μοῖραν οὔτ' αἰδοῦς οὔτε φιλίας νέμομεν; 768E). Ele prossegue falando sobre a diferença entre amantes masculinos e esposas. Plutarco fala sobre o casamento de tal maneira que exalta a beleza de um pacto de amor e compromisso achado no casamento, um tipo de amizade que transcende o prazer transitório. O casamento exige diariamente "respeito e bondade e afeição e lealdade mútuas" (τιμὴ καὶ χάρις καὶ ἀγάπησις ἀλλήλων καὶ πίστις; 769A). Plutarco rejeita aqui qualquer noção de que as mulheres são fracas ou incapazes de confiança e compromisso. Ele pergunta: "Qual a necessidade de debater sua prudência e inteligência ou sua lealdade e justiça [πίστεως καὶ δικαιοσύνης], uma vez que muitas mulheres exibiram uma coragem audaciosa e magnânima que é genuinamente masculina?" (769B). E depois, mais uma vez, Plutarco mantém seu argumento de que a união masculina com mulheres é mais poderosa do que a atração por "amantes mancebos", pois é extremamente fácil enumerar muitos casamentos bem-sucedidos que "demonstram todo tipo de fidelidade e lealdade zelosa" (πάσης πίστεως κοινωνίαν πιστῶς ἅμα καὶ προθύμως; 770C).

Podemos observar em *Diálogo sobre o amor* que Plutarco usa πίστις com uma variedade de nuanças, algumas vezes com o significado de crença e outras com o de mutualidade e lealdade no casamento.

Em dois discursos consecutivos, *Da confiança* e *Da desconfiança*, Dião Crisóstomo instrui sobre os perigos de ser uma pessoa a quem são confiadas coisas importantes. Em geral, Dião aborda essa questão com um foco no verbo πιστεύω.[4] Isso é revelador, pois a tendência é πιστεύω significar "acreditar", enquanto aqui o termo obviamente significa "confiar" no sentido de "confiar em algo/alguém" e no de "incumbir". Por causa desse valor de πιστεύω, Dião pode alternar com alguma fluidez πιστεύω e πίστις. Dião começa indagando: "Diremos que todos aqueles em quem se confiou [τοὺς πιστευομένους] obtiveram pessoalmente algum benefício da confiança [τῆς πίστεως]?" (73.3). Ele prossegue dando vários exemplos de pessoas que sofreram e foram maltratadas por causa dessa confiança. Em primeiro lugar, ele apresenta casos em que receber confiança produziu a morte de figuras públicas. Ele apresenta o exemplo de Nícias, filho de Nicérato. Nícias foi inspirado a partir em uma expedição perigosa por ter sido confiada a ele a tarefa de proteger seus concidadãos. Ele fez essa jornada apesar de estar doente, e

---

[4]*Da confiança 1*: Ἆρά γε τὸ πιστεύεσθαι τοῖς πιστευομένοις ἀγαθόν ἐστι καὶ τοιοῦτον οἷον τὸ πλουτεῖν καὶ τὸ ὑγιαίνειν καὶ τὸ τιμᾶσθαι τοῖς τιμωμένοις καὶ ὑγιαίνουσι καὶ πλουτοῦσιν, αὐτοῖς ἐκείνοις τινὰ φέρον ὠφέλειαν

Dião observa de que forma ele morreu por causa dessa confiança (διὰ τὴν πίστιν ταύτην; 73.7). Depois Dião comenta sobre pessoas não públicas. Alguns poderiam achar que é muito mais seguro receber confiança (πίστις) sendo uma pessoa não pública — certamente o risco é menor (73.9). No entanto, Dião argumenta, a realidade revela-nos "dificuldades e labores incontáveis" e uma imensa ingratidão que aguarda qualquer pessoa nessa posição, incluindo cidadãos comuns. Mesmo que esses indivíduos fossem recompensados com dinheiro ou bens, algumas pessoas mais tarde poderiam acabar achando que eles receberam demais!

Em *Da confiança*, Dião cede um pouco ao seu lado sombrio argumentando que os humanos não podem confiar em ninguém. Obviamente, não podem confiar em inimigos, mas também não podem confiar em amigos, nem sequer em si mesmos. Considerando o fato de alguns até mesmo cometerem suicídio: "Que tipo de confiança é possível ao lidar com esse tipo de homem?" (ποία δὴ πίστις πρὸς τοὺς τοιούτους; 74.5).

Mais tarde, Dião menciona o caso de um espartano que foi convidado para uma festa. Na ocasião, alguns convidados lhe pediram para fazer um pacto de amizade e lhe proporcionaram a oportunidade de designar uma garantia (πίστιν). Foi então que ele respondeu:

> Havia somente uma garantia [πίστιν], isto é, sua incapacidade de causar dano mesmo que quisessem, mas todas as outras garantias eram tolas e absolutamente inúteis. Apenas essa garantia [πίστιν] uma pessoa deve aceitar das massas, nenhuma outra. Pois a garantia que consiste em expressões, em relações, em juramentos, em parentesco é ridícula[5] (p. 11-2, trad. Cohoon em LCL).

Não deveria nos surpreender que πίστις seja muito comum nos papiros gregos, especialmente em relação a questões comerciais. Por exemplo, O. Did. 415 é uma carta fragmentária direcionada a certo Epafrodito (Didimoi, perto do Egito). O autor da carta estava claramente indignado

---

[5] μίαν ἔφη πίστιν εἶναι τὸ ἐὰν θέλωσιν ἀδικῆσαι μὴ δύνασθαι, τὰς δὲ λοιπὰς πάσας εὐήθεις καὶ τελέως ἀσθενεῖς. Ταύτην μόνην παρὰ τῶν πολλῶν τὴν πίστιν δεῖ λαμβάνειν, ἑτέραν δὲ οὐδεμίαν. ἢ γὰρ ἐκ τῶν λόγων καὶ τῆς συνηθείας καὶ τῶν ὅρκων καὶ τοῦ γένους καταγέλαστος.

com Epafrodito (Επαφροδιτω τω μη αξιω χαιρ[ειν]) por razões não totalmente claras, mas os dois se envolveram em várias transações. O autor refere-se a acordos violados e a uma quebra de confiança (πίστις).⁶ Em segundo lugar, famoso por sua referência a um médico que trata constipação intestinal (ἰατροκλύστης), P. Hib II 268, (260 a.C.), mais um texto fragmentário (provavelmente uma cobrança) menciona um documento com reconhecimento de dívida, uma nota promissória (πίστις) de algum item comprado. P. Bad. 2.35 é uma nota de uma tal de Joana a um Epagato (87 d.C.; Ptolemais Hermeiou). Epagato violou um acordo comercial, e Joana escreveu, exigindo o retorno do principal: "Espanta-me que você tenha se tornado infiel [θαυμαζο, πῶς τὴν πίστιν σου ἤλλαξαι]". Apesar do quão aborrecida Joana se mostre nesse texto (muitas vezes marcado no estudo acadêmico como "repleto de censuras"), ela encerra a carta com "acima de tudo, cuide-se, para ficar bem".⁷

Em outra carta pessoal, um autor escreve a um tal de Zenon, um patrocinador, que o está ajudando a cair nas graças de Nicanor e Hacataios. O autor observa como Nicanor veio a receber plena confiança (πᾶσαν πίστιν; P. Col. 4.64).⁸ Ainda outra correspondência (P. Erasm. 1.1), dirigida ao rei Ptolomeu (e sua rainha), apela ao soberano para punir arrendatários ímpios, Herakleides e seu "cúmplice", Horion, por "violar a fé com a confiança que vige entre os homens" (καὶ ἀθετήσας τὴν ἐν ἀνθρώποις ὑπάρχουσαν πίστιν).⁹ Como se a situação não fosse difícil o suficiente, depois esses mesmos homens vieram à sua casa buscando obter promessas (ἐνεχυρασίας) uma segunda vez para poderem alugar a propriedade de novo.

A pequena carta SB 14.12172, de Ptollas a Isas (7 d.C.), apresenta um lembrete de que Isas emprestou dinheiro, mas está sem pagar o

---

⁶Veja Adam Bülow-Jacobsen, "Private letters", in: *Didymoi: Une garnison romaine dans le désert oriental d'Égypte, vol. 2: Les textes*, Fouilles de l'Ifao (Cairo: Institut français d'archéologie orientale, 2012), vol. 67, p. 317-465, espec. p. 349-50.

⁷Tradução de Roger S. Bagnall; Raffaella Cribiore, *Women's letters from ancient Egypt, 300 BC–AD 800* (Ann Arbor: University of Michigan, 2006), p. 291.

⁸Disponível em: http://papyri.info/ddbdp/p.col;4;64. Veja Peter Arzt-Grabner, "Zum alltagssprachlichen Hintergrund von Πίστις", in: : Jörg Frey et al, orgs., *Glaube: das Verständnis des Glaubens im frühen Christentum und in seiner jüdischen und hellenistisch--römischen Umwelt*, vol. 373, p. 241-9, espec. p. 244.

⁹Disponível em: http://papyri.info/ddbdp/p.erasm;1;1.

empréstimo há dois anos. Ptollas afirma que o valor foi inicialmente concedido por Isas ser considerado uma pessoa "confiável" (εἰδὼς τὴν σὴν πίστιν) e por causa da confiança depositada nele para devolver o valor total como uma pessoa de boa-fé (πιστὸν).[10]

Essa amostra abre uma pequena janela para a vida cotidiana na Antiguidade, em que observamos πίστις usado em uma variedade de relacionamentos, principalmente de natureza comercial, em que a confiança é obtida, mantida ou violada.[11] A noção de que a própria sociedade não podia funcionar sem a virtude de πίστις provavelmente era muito comum no mundo greco-romano, como demonstrado por Epiteto.[12]

Literatura judaica helenística: Septuaginta e pseudepigráficos

O exame da literatura judaica helenística precisa começar com a Septuaginta, por causa de seu papel importante nas fases iniciais da formação do judaísmo e do cristianismo.[13] Como observado na introdução, a escolha dos tradutores da Septuaginta para palavras como אמונה era πίστις, mas às vezes também ἀλήθεια.[14] Em virtude do significado de πίστις na literatura pagã, πίστις era uma escolha

---

[10]Disponível em: http://papyri.info/ddbdp/sb;14;12172.

[11]As nuances de πίστις na literatura grega são bem documentadas e apresentadas por James H. Moulton; George Milligan, *The vocabulary of the Greek Testament* (edição original: 1930; reimpr., Peabody: Hendrickson, 1997), p. 515; e Ceslas Spicq, "Πίστις", in: J. D. Ernest, ed. e trad., *Theological lexicon of the New Testament* (Peabody: Hendrickson, 1994), p. 3.110-7. Às vezes os estudiosos tentam fazer uma distinção entre os sentidos ativo e passivo de πίστις (i.e., πίστις como qualidade versus πίστις como conduta), mas os comentários de Spicq nos são muito úteis aqui: "Em relacionamentos normais, quando πίστις é usado, com frequência é impossível diferenciar fidelidade prática e boa fé" (3.115).

[12]Epiteto, *Discursos* 2.4: "O homem surge da πίστιν [...], aquele que subverte a fidelidade subverte a característica peculiar do homem" (2.4.1); e *Enchiridion* 24.4-5; como citado em Suzan Sierksma-Agteres, "The metahistory of Δικη and Πιστις", in: Heiden et al, orgs., *Saint Paul and philosophy*, p. 209-30, espec. p. 219; cf. tb. Schliesser, "Faith in early Christianity", p. 12.

[13]Veja Dieter Lührmann, "Pistis im Judentum", *Zeitschrift für die neutestamentlich-Wissenschaft* 64 (1973): 19-38; sobre a Septuaginta, espec. p. 20-5.

[14] Veja Frank Ueberschaer, "Πιστις in der Septuaginta", in: Jörg Frey et al, orgs., *Glaube: das Verständnis des Glaubens im frühen Christentum und in seiner jüdischen und hellenistisch-römischen Umwelt*, vol. 373, p. 79-107, espec. p. 86-95.

sensata.[15] No Pentateuco, πίστις aparece uma só vez, em Deuteronômio 32:20, no Cântico de Moisés, que declara uma geração perversa de israelitas como filhos infiéis (υἱοί οἷς οὐκ ἔστιν πίστις ἐν αὐτοῖς). Nos livros históricos, πίστις aparece cerca de doze vezes na Septuaginta, a maioria delas estando em 1 e 2Crônicas. Em 1Samuel 26:23, Davi apresenta esta declaração a Saul: "E o Senhor recompensa os atos justos e a fé [πίστιν] de cada um, assim como ele te entregou nas minhas mãos hoje, mas eu não levantaria a mão contra o ungido do Senhor" (1Sm 26:23, NETS). Aqui πίστις diz respeito à lealdade da aliança e está relacionado a manter uma conduta reta diante do Senhor. É extremamente comum nos livros históricos a expressão ἐν πίστει, que é escolhida para representar אמונה e às vezes funciona como um tipo de expressão proposicional adverbial que significa "honestamente" ou "fielmente" (2Rs 12:16). Em 1 e 2Crônicas, ἐν πίστει adquire o significado de "em [uma posição de] confiança", aproximando-se do uso de πίστις no discurso de Dião *Da confiança*, mencionado anteriormente (veja 1Cr 9:26,31; 2Cr 31:12,15,18; 34:12).

Os livros poéticos da Septuaginta exibem mais doze exemplos de πίστις (veja adiante). Em Salmos 32:4 (LXX), a obra de Deus é caracterizada como ἐν πίστει, isto é, digna de confiança ou confiável. Provérbios sublinha a importância da fidelidade relacional (3:3), e observamos a combinação regular de misericórdia com lealdade (ἐλεημοσύναι δὲ καὶ πίστεις; 14:22; 15:27) e de justiça com lealdade (καρδίαι δικαίων μελετῶσιν πίστεις; 15:28).

Nos livros proféticos, πίστις aparece principalmente em Jeremias (oito vezes). O Senhor procura qualquer um que "pratique a justiça e

---

[15] Louis H. Feldman faz uma afirmação um tanto ousada — e exagerada — sobre a escolha de πίστις entre os autores da Septuaginta: "Com sua tradução da palavra אמונה por πίστις, a Septuaginta está usando uma palavra que em *A república*, de Platão (7.533E-34A), a obra filosófica mais influente durante o período helenístico, refere-se a uma mera opinião sobre coisas reais e é, na realidade, o segundo grau mais inferior de conhecimento humano"; *Judaism and Hellenism reconsidered* (Boston: Brill, 2006), p. 60. Mais equilibrada é a conclusão de William S. Campbell: "Por causa das noções errôneas dos romanos sobre o significado da fé, o interesse central de Paulo ao lhes escrever é a natureza da fé obediente. A tradução de uma fé semítica para uma cultura helenística pode ter levado os romanos a ignorar parte do conteúdo que πίστις normalmente tinha para aqueles provenientes de contextos judaicos, familiarizados com a Septuaginta"; *Unity and diversity in Christ* (Cambridge: James Clarke, 2017), p. 65.

que busque a verdade" (ποιῶνκρίμα καὶ ζητῶν πίστιν; 5:1). O exemplo em 9:2 (LXX) aparenta se aproximar do significado de verdade: "Eles dobram sua língua como um arco. É a falsidade, não a fé [ψεῦδος καὶ οὐ πίστις], que prevaleceu na terra, pois eles foram de um mal a outro, e eles não me reconheceram" (NETS). Um último exemplo é a visão de restauração em 40:6 (LXX), em que o Senhor exclama: "Trarei restauração e cura para ela; e deixarei claro para eles e curarei o meu povo e lhes darei muita paz e confiança" [εἰρήνην καὶ πίστιν]" (NETS). A expressão εἰρήνην καὶ πίστιν funciona como uma hendíade e significa *paz da aliança*.[16]

Nos chamados Apócrifos, πίστις aparece várias vezes nos livros de Macabeus. Por exemplo, em 1Macabeus 10:27, Demétrio escreve uma carta a Jônatas instando-o a manter a aliança deles (νῦν ἐμμείνατε ἔτι τοῦ συντηρῆσαι πρὸς ἡμᾶς πίστιν). Em 3Macabeus 3:3, há a combinação εὔνοιαν καὶ πίστιν, que é comum demais na literatura helenística pagã em histórias e discursos em relação a amizades políticas. O uso mais extenso está em 4Macabeus. Perto do fim do livro, o autor louva a piedade e a coragem da famosa mãe dos setes mártires judeus. Ela é exaltada por ter o mesmo modo de pensar (ὁμόψυχον) do pai Abraão (14:20). Embora tenha suportado assistir à tortura e à execução dos seus filhos amados, ela não traiu sua piedade (εὐσεβεία). De novo, ela foi obrigada a assistir à "carne dos seus filhos ser consumida pelo fogo, seus dedos dos pés e das mãos espalhados pelo chão e a carne da cabeça até o queixo exposta como máscaras" (15:5), mas "uma razão devota, que deu ao seu coração a coragem de um homem no tumulto de suas emoções, fortaleceu-a para desconsiderar, no momento, seu amor de mãe" (15:23). De novo, o autor explica que ela foi capaz de superar todos esses obstáculos e aflições, físicos e emocionais, por causa de sua fé em Deus (διὰ τὴν πρὸς θεὸν πίστιν; 15:24). Poderia ser proposto identificar πίστις aqui com alguma noção de convicção religiosa, mas, em virtude do uso de πίστις em 4Macabeus em geral (cf. 16:22; 17:2), o termo aparentemente diz mais respeito a um conflito cultural, e à

---

[16]Essa visão rápida é seletiva, mas mais informações serão fornecidas sobre a aparição infame de πίστις em Habacuque no capítulo 9 adiante.

lealdade da mãe a Ἰουδαϊσμός (o modo de vida judaico), que demonstra piedade, do que a determinado conjunto de convicções religiosas em si. Aqui o ponto central não é se Yahweh é real ou se qualquer doutrina específica é real, mas se uma pessoa está disposta a morrer em lealdade a esse deus ou renunciar a essa divindade em favor de outra.[17]

Com exceção do único uso em Sabedoria 3:14,[18] todos os usos nos Apócrifos aparecem em Eclesiástico. Ben Sirá, o sábio, apresenta várias pepitas de sabedoria sobre amizades honestas e inteligentes entre mortais e a importância fundamental da lealdade genuína a Deus. Quanto a esta última, Ben Sirá ecoa Provérbios 9:10 com a seguinte máxima: "Pois sabedoria e instrução são o temor do Senhor, e seu prazer é a fidelidade e humildade" [πίστις καὶ πραότης]"(1:27, NETS, ligeiramente modificado). Ben Sirá afirma a obediência à aliança explicando: "Se você quiser, deverá preservar os mandamentos, e a manutenção da fé é para sua [própria] satisfação" [πίστιν ποιῆσαι εὐδοκίας]"(15:15, NETS).[19]

Em um nível mais social, Ben Sirá também dá conselhos sábios, encorajando o leitor a "ganhar a confiança do seu próximo na pobreza para que na prosperidade dele você também possa prosperar; no período de necessidade, não o abandone, para que na herança dele você possa ser um coerdeiro" (22:23, NETS). E mais tarde: "Aquele que revela segredos destruiu a confiança [ἀπώλεσεν πίστιν] e nunca encontrará um amigo para sua alma" (27:16, NETS).

Antes de passar aos pseudepígrafes veterotestamentários, menciono de novo que Neemias 10:1 (LXX) funciona como um ponto muito revelador, em que o tradutor fez a escolha de usar πίστις em

---

[17] Veja Stefan Krauter, "'Glaube' im Zweiten Makkabäerbuch", in: Jörg Frey et al, orgs., *Glaube: das Verständnis des Glaubens im frühen Christentum und in seiner jüdischen und hellenistisch-römischen Umwelt*, vol. 373, p. 207-18, espec. p. 217.

[18] "Feliz o eunuco cuja mão não cometeu nenhum ato iníquo, que não concebeu coisas perversas contra o Senhor, porque ele receberá um favor especial pela sua fidelidade [γὰρ αὐτῷ τῆς πίστεως] e um lugar muito honroso no templo do Senhor".

[19] Patrick Skehan e Alexander A. Di Lella captam bem o significado de πίστις aqui: "Para ser fiel, é necessário guardar a lei e, assim, fazer a vontade de Deus. Fé no sentido bíblico da palavra inclui não apenas um ato do intelecto, que aceita a palavra de Deus como verdadeira e normativa, mas também a atividade da vontade que coloca a convicção em ação", *The wisdom of Ben Sirach* (New Haven: Yale University Press, 2007), p. 272.

relação à natureza da aliança com Deus. Não tanto porque πίστις poderia *significar* aliança em um sentido formal, mas, sim, porque seu significado se encaixa nessa noção de obrigação, lealdade e devoção, que fazia sentido na enciclopédia cultural helenística (mais claramente do que διαθήκη). Nossa verificação seletiva do uso de πίστις na Septuaginta confirma isso — a tendência geral dos tradutores da Septuaginta era preferir πίστις como a palavra grega aproximadamente equivalente a אמונה e אמן, apresentando aquele sentido de "fest, sicher, zuverlaessig".[20]

Nos pseudepigráficos veterotestamentários, πίστις aparece às vezes, em especial nos *Oráculos sibilinos*.[21] No *Testamento dos Doze Patriarcas*, πίστις aparece como uma virtude sacerdotal central ao lado da justiça e da verdade e com as atividades de testemunho e de profecia (miraculosos) (*T. Levi* 8:2). Em um discurso escatológico, é profetizado como o próprio Senhor reúne Israel em misericórdia e ἐν πίστει (*T. Aser* 7:7). O texto conhecido como *Pseudo-Focílides* apresenta a percepção de "Focílides, o mais sábio dos homens" (1:13). Entre suas muitas declarações, temos: "Mantenha um depósito seguro e preserve a lealdade em todas as coisas" (13).[22] Uma das últimas frases de *Pseudo-Focílides* enfatiza a amizade: "Ame seus amigos até a morte; pois a fidelidade é melhor [πίστις γὰρ ἀμείνων]" (218).

Literatura judaica helenística: Filo

O filósofo e exegeta Filo de Alexandria fez um vasto uso de πίστις em sua enorme obra que ainda existe hoje, e ele é mais variado do que o

---

[20]Hans Wildberger, "Glauben, Erwägungen zu האמין", in: *Hebräische Wortforschung: Festschrift für W. Baumgartner*, Vetus Testamentum Supplement (Leiden: Brill, 1967), vol. 16, p. 373. Takamitsu Muraoka apresenta dois significados de πίστις: "lealdade" e "fé/confiança" (p. 559); *A Greek-English lexicon of the Septuagint* (Louvain: Peeters, 2009), com um subsignificado em "fé/confiança" de "conduta, atitude ou ato que inspira confiança" (como em Jr 9:3, LXX).

[21]Em virtude da influência cristã complexa e incerta sobre o que sobreviveu dos *Oráculos sibilinos*, não analisei o uso nos oráculos de πίστις.

[22]TA, baseada em percepções de Walter T. Wilson, *The sentences of Pseudo-Phocylides* (Berlin: de Gruyter, 2005), p. 92.

encontrado na Septuaginta e nos pseudepigráficos.[23] Filo podia usar πίστις com o significado comum de prova (*Interpretação alegórica* 3.208) e com o sentido básico de lealdade (*Da embriaguez* 40, em que está justaposto a ἀπιστία). Às vezes ele emprega um jogo com vários significados de πίστις até mesmo na mesma frase; por exemplo, em *Da vida de Abraão* 273, o termo significa fé e depois juramento. Em *Da vida de José* 258, o patriarca é louvado por demonstrar "boa-fé e honestidade excessivas em todas as suas relações [τοσαύτῃ πίστεως ἐχρήσατο ὑπερβολῇ]" (trad. Yonge), de modo que não é de admirar que tenha sido abençoado com uma riqueza incomparável.

Em um tratado diferente, Filo comenta sobre a interpretação do Decálogo e, com respeito à quarta palavra (sobre o falso testemunho), lista os vícios pertencentes a essa categoria: "De não enganar, de não apresentar falsas acusações, de não cooperar com aqueles que estão cometendo pecados, de não fazer de uma aparência de boa-fé um disfarce para a infidelidade [τὸ μὴ ποιεῖσθαι προκάλυμμα πίστιν ἀπιστίας]" (*Do Decálogo* 172).[24]

Às vezes, Filo tem a oportunidade de mencionar a prática da benfeitoria e o dever moral da lealdade. Ele apresenta o exemplo dos xantianos, que se recusaram a ficar do lado de Brutus após ele assassinar Júlio César. Os xantianos não se renderam quando Brutus os atacou agressivamente. Em vez disso, eles suportaram uma matança horrenda, mas encararam seu fim "com um espírito nobre e livre" por causa da "liberdade e lealdade" (ὑπὲρ ἐλευθερίας ἅμα καὶ πίστεως; veja *Que todo homem bom é livre* 118, trad. Yonge). Em outros textos, Filo enfatiza

---

[23]Veja Martina Böhm, "Zum Glaubensverständnis des Philo von Alexandrien", in: : Jörg Frey et al, orgs., *Glaube: das Verständnis des Glaubens im frühen Christentum und in seiner jüdischen und hellenistisch-römischen Umwelt*, vol. 373, p. 159-81. David apresenta percepções úteis do uso de πίστις em Filo: Filo usa o termo mais comumente com o significado de "evidência", mas também de "crença, confiança, juramento, lealdade" e algumas outras nuances; veja "Pistis as 'ground for faith' in Hellenized Judaism and Paul", *Journal of Biblical Literature* 108 (1989): 461-76, espec. 463.

[24]Minha tradução preferida aqui é a de Younge, mas a nota de rodapé de Colson em LCL merece ser lida: "Entendo isso como se referindo ao caso em que um homem paga de volta uma pequena quantia ou devolve um pequeno depósito para levar a outra parte a lhe confiar algo maior que ele pode defraudar. [...] No entanto, possivelmente isso talvez seja uma referência mais geral à adoção falsa de uma aparência honesta" (p. 91).

quão importante é a lealdade ser tratada como virtude totalmente por si mesma, e não simplesmente com um meio para algum tipo de vantagem pessoal (*Do plantio* 101). Ele chama πίστις de "a rainha de todas as virtudes" (*Da vida de Abraão* 270, trad. Yonge).

Há vários casos em que Filo usa πίστις em relação à fé em Deus (*Dos querubins* 85; *Da mudança de nomes* 201; *Da vida de Abraão* 268). Em *Da confusão das línguas* 31, Filo examina Deuteronômio 5:31, em que o Senhor diz a Moisés: "Você ficará aqui comigo". Filo interpreta essa declaração como tendo um significado além da localidade. O fato de Moisés não se mover, ficar parado, envolve a confiança da alma no Senhor, "capaz de assumir aquela qualidade mais segura e estável, a fé [ἀποδυσάμενος τὴν ὀχυρωτάτην καὶ βεβαιοτάτην διάθεσιν, πίστιν]".[25] Na sua análise de Gênesis 15:5, Filo aborda a questão das promessas de Deus relacionadas ao futuro de Abraão e sua família. Abraão, não sabendo o que acontecerá no presente, precisa confiar em Deus; esse é um exemplo de fé pela qual a alma crê em Deus com expectativa e esperança (*Da migração de Abraão* 43). Em outros lugares, Filo aborda a fé de Abraão de novo, chamando πίστις de a maior das virtudes (*Quem é o herdeiro?* 91) e afirmando que apenas a mente pura é capaz de "crer no único Deus verdadeiro e fiel" (93, trad. Yonge). O que significou para a fé de Abraão ser creditada como justiça? Filo explica: "Nada é mais justo do que ter uma fé pura e completa no único Deus" (94, trad. Yonge). De novo, ele pode explicar que a piedade religiosa para com Deus exige três coisas (como um anel, bracelete e bastão): a fé (πίστις), a união simbiótica entre o pensamento e a ação e uma educação apropriada (*Da fuga e do achar* 152). Ele as contrasta com três coisas que destroem a piedade genuína: a infidelidade (ἀπιστία), a separação entre o pensamento e a ação e a ignorância. Talvez o uso mais suprarracional de πίστις em Filo esteja em um discurso em que ele compara a raça do filho da promessa, Isaque, à pessoa que demonstra uma fé genuína, uma percepção e um ato de crer que envolve uma racionalidade que não é dependente dos sentidos (πρὸς θεὸν πίστεως καὶ

---

[25] O fato de isso acontecer com um uso mais cognitivo de πίστις pode ser demonstrado pelo contraste, em Filo, da fé com a dúvida e a hesitação, que ele considera "qualidades da mente instável" (*Da confusão das línguas*, p. 31).

ἀφανοῦς ὑπολήψεως; *Dos sonhos* 1.68); portanto, uma pessoa desse tipo pode ser chamada de "autodidata" (αὐτομαθής;1.68; cf. *Da vida de Moisés* 1.280).[26]

Literatura judaica helenística: Josefo

Pelo fato de o uso em Josefo de πίστις ser especialmente interessante e historicamente importante para o estudo de Paulo, será benéfico e necessário fazermos um exame atento de sua obra. Ninguém se dedicou mais ao uso de πίστις em Josefo do que Dennis R. Lindsay, especialmente em sua monografia *Josephus and faith*.[27] Lindsay divide esses usos em seis: (1) confiança, fé, segurança (2) lealdade, fidelidade, (3) promessa/juramento que produz segurança ou confiança, (4) aquilo que é confiado, (5) um tratado ou outra garantia de proteção política e (6) crença/convicção (no sentido específico de credibilidade).[28] Já deveria estar bem óbvio a esta altura que isso está de acordo com o uso helenístico maior de πίστις.[29]

Em *A vida*, há o uso esperado de πίστις relacionado à fidelidade política, como na lealdade prometida a Roma (τὴν πρὸς Ῥωμαίους πίστιν; *Vida* 39) — esse é o significado predominante nos muitos usos de πίστις nesse texto. Em *Contra Ápion*, ele pode usar πίστεις em relação a argumentos ou proposições lógicos (1.72) ou atestados (2.18). Ao se referir a πίστις com uma qualidade social, ele é capaz de

---

[26]Böhm, "Zum Glaubensverständnis des Philo", p. 165.
[27]Dennis R. Lindsay, *Josephus and faith: Πίστις and Πιστεύειν Πιστεύειν as faith terminology in the writings of Flavius Josephus and in the New Testament* (Boston: Brill, 1993). Veja tb. Dennis R. Lindsay, "Πίστις in Flavius Josephus and the New Testament", in: Jörg Frey et al, orgs., *Glaube: das Verständnis des Glaubens im frühen Christentum und in seiner jüdischen und hellenistisch-römischen Umwelt*, vol. 373, p. 183-205.
[28]Lindsay, "Πίστις in Flavius Josephus", p. 185. Isso também reflete um tanto fortemente as conclusões de Douglas Campbell em relação a Filo e Josefo. Campbell apresenta estes significados: (1) fidelidade ou lealdade, (2) promessa/juramento (seja uma prova de fidelidade, seja algo que é confiado — na prática, coisas bem diferentes), (3) confiança, (4) crença/convicção, (5) prova e (6) a supervirtude da fé (muito menos comumente). A última dessas virtudes ele também chama de "a virtude abrangente". Obviamente, alguns desses significados são mais notáveis em Filo do que em Josefo; veja *The quest for Paul's gospel: a suggested strategy* (London, Reino Unido: T&T Clark, 2005), p. 180.
[29]Isso é afirmado por Campbell, *Quest for Paul's gospel*, p. 185.

associar isso à noção de virtude (ἀρετή) e de graciosidade (ἐπιείκεια) (2.42-43). Em um discurso em que Josefo louva a sabedoria de Moisés (comparando-o ao sensato Minos entre os gregos), ele explica a convicção (πίστις) que Moisés tinha de que *seu* Deus era o autor das melhores leis (2.163). Aliás, Moisés foi tão convincente em ensinar aos seus compatriotas as leis desse Deus que "ele gravou essa fé em Deus [περὶ θεοῦ πίστιν] tão firmemente em toda a posteridade deles que jamais seria possível removê-la" (2.169).

Em *Antiguidades judaicas*, há vários estudos de caso mais interessantes. Em relação ao relacionamento entre José e Mariamne, ele menciona a grande confiança que havia se desenvolvido entre eles (μεγάλης αὐτοῖς πίστεως ἐγγενομένη; 15.87). Em uma análise, Josefo fala a respeito da tendência de Herodes de se irritar facilmente e sobre sua forma dominadora de governo, além do fato de ele se disfarçar como plebeu e se misturar com eles para ficar sabendo o que achavam de seu governo (15.366). Aqueles que eram abertamente contra Herodes eram perseguidos por ele. Em geral, seu *modus operandi* era exigir dos seus súditos juramentos de lealdade (ὅρκοις πρὸς τὴν πίστιν) e promessas de boa vontade (εὔνοιαν; 15.368). Josefo não hesita em nos contar que muitos de fato ofereceram essa lealdade, alguns na esperança de obter vantagem política, outros por medo. Obviamente, havia algumas pessoas que eram contra Herodes, mas ele achava meios de se livrar delas. Em todos esses exemplos, à semelhança de Plutarco e Filo, Josefo pôde alternar sem muita dificuldade usos sociais-relacionais de πίστις e usos mais cognitivos.

Um fenômeno interessante que ocorre na obra de Josefo *Antiguidades judaicas* envolve o uso do plural πίστεις em relação a vários contratos e juramentos de fidelidade que ocorrem a nível pessoal na história de Israel e seus líderes importantes. Por exemplo, em 1Samuel 20 encontramos a história da aliança especial entre Jônatas e Davi, que é chamada de uma διαθήκη na Septuaginta (20:8). No relato em geral da mesma história, Josefo representa isso com πίστεις (*Antiguidades judaicas* 6.228). Não é o caso de Josefo ser contrário a usar διαθήκη; ele faz isso dezenas de vezes em *Antiguidades judaicas*. Mas, como C. T. Begg explica, pelo fato de a aliança não ser um conceito imediatamente compreensível para os pagãos, Josefo foi capaz de usar a noção muito comum de juramentos recíprocos (πίστεις) para se aproximar do conceito de compromisso da aliança.[30]

De modo semelhante, Josefo refere-se a uma história sobre Abner e Davi escrita em 2Samuel 3:12 (*Antiguidades judaicas* 7.24). Segundo a Septuaginta, Abner enviou mensageiros para fazerem uma aliança (διαθήκη) entre Abner e Davi; Josefo aqui representa essa história com πίστεις, e não διαθήκη. Outro exemplo aparece em *Antiguidades judaicas* 10.63, que apresenta o rei Josias convocando todo o povo de Israel, em especial os levitas e os sacerdotes, e obrigando-os a fazer "juramentos e acordos" (ὅρκους ποιήσασθαι καὶ πίστεις) de que adorariam a Deus e guardariam as leis de Moisés (cf. 2Rs 23:3/2Cr 34:31). Tanto 2Reis 23:3 quanto 2Crônicas 34:31 apresentam διαθήκη, mas Josefo prefere πίστεις para comunicar a mesma ideia de lealdade jurada. Em todos esses casos, Josefo fez uma decisão consciente de *não* usar διαθήκη. A razão óbvia disso é o fato de Josefo usar διαθήκη com o significado de "testamento" (e.g., *Antiguidades judaicas* 13.349; 17.1,53,78,146). O uso muito mais natural para Josefo era συνθήκη, visto que seu significado convencional era "acordo" ou "pacto". Aliás, o uso de συνθήκη em Josefo aparenta ser idêntico ao seu uso (sociopolítico) de πίστεις.

Josefo, como a maioria dos outros autores judaicos na Antiguidade, não usou a linguagem da aliança (no grego) para se referir ao relacionamento de Israel com Deus.[31] Terminologicamente, isso aparenta estar correto, e uma leitura de *Antiguidades judaicas* o confirma. Portanto, é difícil demonstrar que Josefo ou qualquer outro judeu de sua época tinha em mente *uma* aliança de Israel com Deus. Em relação ao material encontrado em *Contra Ápion*, John Barclay apresenta uma análise útil da compreensão em Josefo, ou ao menos sua caracterização,

---

[30]Christopher T. Begg, *Josephus' account of the early divided monarchy (AJ8,212-420)* (Leuven: Peeters, 1993), p. 100-1, nota 609. Lester Grabbe também aborda essa questão: "À primeira vista, a ausência de referência às alianças bíblicas [em Josefo] não aparenta fazer nenhum sentido. Josefo teve muitas oportunidades de se referir a várias alianças do Antigo Testamento, mas ele evita todas elas. É necessário concluir que isso é proposital"; "Covenant in Philo and Josephus", in: *The concept of the covenant in the Second Temple period* (Boston: Brill, 2003), p. 251-66, espec. p. 257.

[31]Grabbe, "Covenant in Philo and Josephus", p. 258-66.

da identidade pública judaica. Barclay apresenta vários aspectos que constituíam a identidade judaica, incluindo a mesma linhagem e história, o foco em um território específico (i.e., a Judeia), um idioma historicamente judaico (hebraico), um conjunto comum de textos sagrados e um templo centralizado.[32] Por fim, Barclay menciona que os judeus compartilhavam de uma πολίτευμα singular, que ele traduz por "constituição" (com Moisés sendo o legislador, por assim dizer). Josefo usou essa linguagem política em uma caracterização da vida do povo judaico para compará-lo aos gregos. Porém, um aspecto importante da descrição de Josefo em *Contra Ápion* é sua referência ao governo judaico como uma "teocracia" (θεοκρατία; *Contra Ápion* 2.165): Deus é a autoridade mais elevada dos judeus, Josefo explica, digno do respeito mais elevado, autor de todas as coisas boas e aquele que responde às orações feitas pelos necessitados. Além disso, Deus vê tudo, não apenas as ações, mas também as disposições e os pensamentos (2.165,166).

Em geral, Barclay explica o grande esforço empreendido por Josefo para caracterizar a vida judaica usando termos e conceitos familiares para os gregos, e essa é a razão de não lermos sobre uma aliança com Deus.[33] Assim, Barclay insiste em que Josefo apresenta a identidade coletiva judaica como "um nomismo constitucional", e não "um nomismo da aliança".[34] Paul Spilsbury faz uma apresentação semelhante da maneira de Josefo explicar o relacionamento dos judeus com Deus. Em vez de usar a linguagem de constituição, Spilsbury apresenta esse relacionamento na estrutura do patronato romano. Especialmente em *Antiguidades judaicas* e *Contra Ápion*, Spilsbury sugere que Josefo preferiu *não* usar o conceito de aliança por desejar apresentar o relacionamento entre Deus e Israel como um relacionamento entre patrono e cliente: "Na visão de Josefo, Deus opera como o patrono de Israel, concedendo numerosos benefícios, incluindo a aliança militar

---

[32]John M. G. Barclay, *Flavius Josephus: translation and commentary, vol. 10: Against Apion* (Boston: Brill, 2007), p. lvii–lviii.

[33]Barclay, *Against Apion*, p. lx. Grabbe chega a conclusões semelhantes, explicando que Josefo dirigiu suas obras a leitores greco-romanos e que a referência a "alianças não serviria aos seus propósitos e poderia ser entendida erroneamente"; "Covenant in Philo and Josephus", p. 266.

[34]Barclay, *Against Apion*, p. lx.

e, acima de tudo, a Lei de Moisés. Como o cliente preferencial de Deus, Israel tem a obrigação de expressar gratidão profunda por esse benefício com uma vida de piedade, definida bem claramente como obediência à Lei de Moisés".[35]

Spilsbury, como Barclay, acha o padrão de nomismo da aliança em Sanders impreciso demais para o que encontramos em Josefo; para Spilsbury, uma modificação apropriada seria "nomismo patronal". Isso sugere que Josefo estava interessado em uma transformação greco-romana da linguagem judaica tradicional (da aliança).[36] Spilsbury apresenta uma exposição satisfatória da razão de Josefo talvez ter preferido uma linguagem greco-romana de aliança política a uma linguagem de aliança judaica. Begg apresenta mais ideias.[37] Em primeiro lugar, a linguagem grega de διαθήκη tinha o significado de testamento (e não de "aliança") no vocabulário pagão comum. Em segundo lugar, Begg menciona (assim como Spilsbury) os perigos de usar uma linguagem política exclusiva que poderia parecer suspeita, embora considere a possibilidade de que Josefo estivesse preocupado com os usos perigosos entre os *cristãos* da linguagem de "nova aliança". Begg observa que, em traduções judaicas gregas do Antigo Testamento após o primeiro século depois de Cristo, διαθήκη está amplamente ausente (substituído por circunlocuções). Uma das implicações que podemos extrair disso é que para Josefo era natural usar πίστεις em relação à linguagem de aliança ou algo semelhante à aliança no Antigo Testamento. Essa não foi uma decisão arbitrária, mas uma decisão guiada por um desejo de se comunicar de maneira clara e convincente com leitores helenistas, usando uma linguagem familiar de acordo e de obrigação. Essa percepção ajuda na compreensão de como Paulo usava a linguagem de πίστις, suas referências a πίστις como virtude, πίστις de Deus ou Cristo e πίστις como um modo de se relacionar com Deus.

---

[35] Paul Spilsbury, "Josephus", in: D. A. Carson; Peter T. O'Brien; Mark Seifrid, orgs., *Justification and variegated nomism: the complexities of Second Temple Judaism* (Grand Rapids: Baker, 2001), p. 241-60, espec. p. 250; cf. p. 259.

[36] Spilsbury propõe que, ao evitar uma linguagem da aliança judaica tradicional, Josefo talvez tenha fugido de qualquer sugestão de messianismo militarista; "Josephus", p. 252.

[37] Begg, *Josephus' account of the early divided monarchy*, p. 100-1, nota 609.

Conclusão

Essas investigações do uso pagão e judaico de πίστις nos ajudam a entender melhor o mundo e a cultura nos quais o apóstolo empregou a linguagem da fé. Em primeiro lugar, há uma noção errônea de que essa era uma linguagem principalmente religiosa, mas isso obviamente não é verdade. Em segundo lugar, há o argumento frequente de que Paulo usou a linguagem da fé para confrontar a teologia das obras (ou obras da Torá) apresentada pelos seus adversários judaicos ou cristãos judaicos, porém os judeus podiam usar πίστις facilmente para se referir aos seus compromissos e deveres religiosos.[38] Embora o uso paulino de πίστις tenha se tornado singular, ele não surgiu do nada.

Em parte por causa da escolha — dos autores da Septuaginta — de πίστις em lugar de אמונה e à luz da preferência intencional de Josefo por πίστις para se aproximar de ou representar o compromisso da aliança judaica, podemos começar a repensar o uso paulino de πίστις, em especial como Paulo usou essa linguagem para falar sobre um novo tipo de relacionamento com Deus — poderíamos dizer uma nova aliança — que ocorre por meio da Cristo-relação. Embora este capítulo desempenhe o papel importante de contextualizar o uso paulino de πίστις, ele proporciona um contexto e uma história especialmente importantes para nossa análise com respeito a πίστις em Gálatas no capítulo 8.

---

[38]Veja Lührmann, "*Pistis* im Judentum", p. 36: "Im Judentum selber assoziiertdas Wort den Zusammenhang von Gesetz und Treue gegenüber demGesetz als dem Spezifikum der Gottesverehrung, während in der Mission das stichwort »Glaube« diesen Zusammenhang nicht unmittelbar benennen konnte".

4

ELE ENCONTRARÁ FÉ NA TERRA?

A linguagem da fé na tradição de Jesus

> Senhor, quem creu em nossa mensagem, e a quem foi revelado o braço do Senhor? (Isaías 53:1, como citado em João 12:38.)

> Quando o Filho do homem vier, encontrará fé [πίστιν] na terra? (Jesus, Lc 18:8.)

Quais foram as maiores influências na linguagem da fé de Paulo? Podemos observar facilmente de que modo Paulo aponta para textos como Habacuque 2:4 para falar sobre a natureza da justificação com seu uso de πίστις (Gl 3:11; Rm 1:17). Essas questões, à luz da reflexão de Paulo sobre a centralidade da fé, foram consideradas impactantes por outros estudiosos. O que é analisado com menos frequência é a potencial influência da tradição de Jesus na linguagem da fé paulina.[1] Provavelmente uma razão central da negligência nessa área é o fato de as cartas de Paulo serem anteriores à redação dos Evangelhos em sua forma atual. Contudo, seria irresponsável não considerar a atração que Paulo talvez tenha experimentado pela linguagem da fé, em virtude do uso dessa linguagem por parte de Jesus.

---

[1]Maureen W. Yeung, *Faith in Jesus and Paul* (Tübingen: Mohr Siebeck, 2002); cf. Teresa Morgan, *Roman faith and Christian faith:* pistis *and* fides *in the early Roman Empire and the early churches* (Oxford: Oxford University Press, 2015), p. 347-8.

Arrependam-se e creiam: a linguagem da fé em Marcos

Começamos nosso exame da linguagem da fé na tradição de Jesus com Marcos, pois ele é provavelmente o Evangelho mais antigo que temos. Marcos começa a história de Jesus com sua pregação centrada na fé. Após a prisão de João Batista, Jesus foi para a Galileia e proclamou as boas-novas de Deus: "O tempo se cumpriu, e o reino de Deus está próximo. Arrependam-se e creiam no evangelho" (Mc 1:15; NRSV, nota textual). Esse é o chamado de um profeta, exortando Israel a se afastar do pecado e voltar para Deus.[2] Jesus estava levando adiante a mensagem de João Batista na sua ausência.[3] Ele estava chamando Israel a "abandonar um modo de vida inteiro e a confiar nele para ter um modo de vida diferente".[4] Uma nova era havia chegado, e o reino de Deus era iminente — as pessoas eram estimuladas a se arrepender, não necessariamente por seus pecados as levarem a isso, mas pelo fato de Deus estar cumprindo a promessa de seu reino na terra.[5] João, porém, pregava o arrependimento, mas não demandava a *fé*/o *ato de crer*.

No Antigo Testamento, nas exortações ao arrependimento, o outro lado do afastamento do pecado naturalmente seria comprometer-se com Deus e fazer o que é certo (Jr 34:15; Ez 18:21). Jesus não diz "arrependam-se e *obedeçam* a Deus", mas, sim, "arrependam-se e *creiam* nas boas-novas". O fato de Israel precisar *crer* nelas aparenta

---

[2] Veja Craig A. Evans, "Prophet, sage, healer, Messiah: types and identities of Jesus", in: Tom Holmén; Stanley E. Porter, orgs., *Handbook for the study of the historical Jesus* (Leiden: Brill, 2010), p. 1219-22; R. T. France, *The Gospel of Mark*, New International Greek Testament Commentary (Grand Rapids: Eerdmans, 2002), p. 93. Sobre o tema do arrependimento e da sua relação com a fé, veja Mark J. Boda, *"Return to me": a biblical theology of repentance* (Downers Grove: InterVarsity, 2015), p. 163-4, 184 (de modo mais geral p. 145-61 sobre a teologia do arrependimento nas Escrituras).
[3] Veja W. D. Davies; Dale C. Allison, *Matthew* (Edinburgh: T&T Clark, 1988), 1:72.
[4] N. T. Wright, *Jesus and the victory of God* (Minneapolis: Fortress, 1996), p. 258. Wright apresenta um bom argumento a favor dessa interpretação nacionalista do chamado ao arrependimento de Jesus, mas menos convincente é seu argumento mais específico de que o problema era a "violência nacionalista" (p. 253).
[5] Veja Guy D. Nave, *The role and function of repentance in Luke-Acts* (Leiden: Brill, 2002), p. 132.

implicar que essa não era uma questão de aceitar um fato óbvio. Haveria a necessidade do *ato de crer*, um salto suprarracional de fé, por assim dizer, para passar a viver a realidade de que Jesus era "aquele que revela a soberania de Deus" e de que é necessário responder a ele com confiança e obediência às expectativas do reino que ele estava inaugurando.[6] Como Frank Matera explica, a maneira de Marcos expressar a fé tem uma qualidade *epistemológica* essencial:

> A fé, no Evangelho de Marcos, não é apenas uma virtude entre outras. Na narrativa de Marcos, fé é o termo totalmente abrangente que se refere à vida moral e ética daqueles que abraçam o reino de Deus. A fé é perceber e entender, enquanto a ausência de fé é cegueira e incompreensão. Aqueles que creem em Jesus percebem e entendem o que ele faz e diz e são capazes de ver a presença do reino de Deus em seu ministério, ainda que a manifestação dele esteja no momento oculta e seja aparentemente insignificante. Convictas da presença do reino de Deus, embora ainda não em poder, essas pessoas conduzem uma vida de discipulado em uma comunidade de discípulos reunidos em volta de Jesus. No Evangelho de Marcos, as pessoas creem para ver.[7]

Porém, para Marcos, πιστεύω significa mais do que simplesmente *crer* nas boas-novas do reino de Deus. Isso também implica mergulhar totalmente nessas boas-novas, amarrando-se a elas.[8] Como Jack Dean Kingsbury expressa apropriadamente, para Marcos "fé aponta para confiança radical, uma guinada incondicional para o evangelho com uma confiança completa".[9]

---

[6]Veja Christopher D. Marshall, *Faith as a theme in Mark's narrative* (edição original: 1989; Cambridge: Cambridge University Press, 1994), p. 44-56, espec. p. 54; também Wright, *Jesus and the victory of God*, p. 263; Frank Matera, *New Testament ethics: the legacies of Jesus and Paul* (Louisville: Westminster John Knox, 1996), p. 22 [edição em português: *Ética do Novo Testamento: os legados de Jesus e de Paulo*, tradução de João Rezende Costa (São Paulo: Paulus, 1999)].
[7]Matera, *New Testament ethics*, p. 23.
[8]Veja France, *Mark*, p. 94.
[9]Jack D. Kingsbury, *The Christology of Mark's Gospel* (Philadelphia: Fortress, 1983), p. 73.

Busquem, confiem e obedeçam: a linguagem da fé em Mateus

Mateus compartilha do interesse de Marcos na linguagem da fé de Jesus.[10] Vários episódios e ensinos de Jesus são paralelos, como a ligação entre cura e fé em histórias de milagre específicas (cf. Mt 9:2-8; Mc 2:1-12; Mt 9:18-26; Mc 5:21-43; Mt 15:21-28 ; Mc 7:24-30). Mateus também inclui a declaração sobre a fé relacionada ao ato de amaldiçoar a figueira (Mt 21:18-22; Mc 11:20-26). Porém, Mateus também insere episódios de fé e milagre não incluídos em Marcos (e.g., Mt 9:27-31). Mateus apresenta um episódio em que Jesus acalma a tempestade, de forma semelhante ao relato de Marcos, porém, de maneira já bem conhecida, Jesus questiona a fé pequena dos seus discípulos em Mateus (ὀλιγόπιστος; Mt 8:26), enquanto em Marcos os acusa de não ter *nenhuma* fé (οὔπω ἔχετε πίστιν; Mc 4:40).

Se pressupomos como verdadeiro em Mateus o que identificamos em Marcos — apesar de nuanças mais específicas na linguagem da fé no Evangelho — há um tipo de conexão abrangente feita entre as boas-novas de Jesus e a fé (e.g., Mc 1:14,15). Isso aparenta estar implícito em Mateus 27:42, que apresenta os escarnecedores na multidão zombando de Jesus: "Salvou os outros, mas não é capaz de salvar a si mesmo. É o rei de Israel. Desça agora da cruz e *creremos* nele [πιστεύσομεν ἐπ' αὐτόν]"(NRSV). A multidão talvez tenha dito isso ou algo semelhante que Mateus reformulou da perspectiva de uma linguagem confessional cristã.[11] Esses breves vislumbres de linguagem de fé em Jesus (cf. Mt 18:6) proporcionam um lembrete importante de que Mateus via como a expressão suprema da espiritualidade cristã a fé em Jesus, que era evidente em um discipulado verdadeiro.[12]

---

[10]O curto e excelente ensaio de Mary Ann Beavis sobre a fé no Evangelho de Marcos sublinha isso de maneira convincente, embora ela vá longe demais na sua pressuposição de que Mateus e Lucas contribuem pouco para a noção de fé nos Sinóticos; veja "Mark's teaching on faith", *Biblical Theology Bulletin* 16 (1986): 139-42.

[11]Veja Davies; Allison, *Matthew*, 3.620; eles observam uma linguagem semelhante em Atos 11:17; 16:31; 1Timóteo 1:16.

[12]France aponta para uma noção de fé claramente semelhante a uma noção de fé joanina, mas atipicamente rara em Mateus 18:6 — a única vez em que essa formulação específica ocorre nos Evangelhos Sinóticos; *The Gospel according to Matthew*, New International Commentary on the New Testament (Grand Rapids: Eerdmans, 2007), p. 681.

A concepção de fé de Mateus divide-se em três categorias: fé que busca, fé que confia e fé leal.

A fé que busca

Dos sete episódios centrais que exibem um foco de Mateus na linguagem da fé, um deles envolve a fé daqueles que buscam a Jesus e desejam cura/socorro dele para alguém (8:5-13; 9:2-8,18-26,27-31; 15:21-28). Como é observado com frequência, essa πίστις não é a fé totalmente formada de um discípulo de Jesus. Mais propriamente, essas são pessoas que buscam a Jesus como alguém com o poder de Deus à sua disposição.[13]

O termo πίστις aparece pela primeira vez em Mateus na história da cura do servo do centurião. Quando Jesus aceita ir curar esse paralítico, o centurião interrompe-o: "Senhor, não mereço receber-te debaixo do meu teto. Mas dize apenas uma palavra, e o meu servo será curado. Pois eu também sou homem sujeito à autoridade com soldados sob meu comando. Digo a um: 'Vá', e ele vai; e a outro: 'Venha', e ele vem. Digo a meu servo: 'Faça isto, e ele faz'" (Mt 8:8,9, NVI). Jesus ficou impressionado e disse: "Digo-lhes a verdade: Não encontrei em Israel ninguém com tamanha fé" (8:10, NVI). Por que será que Jesus compara a fé desse homem com Israel? Mateus está interessado em mostrar a lentidão de Israel em crer e também a suscetibilidade de certos gentios de responder a Jesus.[14] Os judeus deveriam ter sido o primeiro grupo a buscar a Jesus e confiar nele — aqui um pagão, sem hesitação, apela com confiança à autoridade de Jesus. Jesus aparenta estar se referindo a um fenômeno que é estranho, inédito, que opera fora do domínio normal do conhecimento e da tomada de decisão humanos. Nas palavras de Paulo: "... se manifestou uma fé independente da lei" (cf. Rm 3:21). Aqueles como o centurião que buscam a Jesus, sem razões *normais*, demonstram um tipo singular de fé; ela até mesmo poderia ser chamada de uma

---

[13]Veja James D. G. Dunn, *Jesus remembered* (Grand Rapids: Eerdmans, 2003), p. 501.
[14]Donald A. Hagner, *Matthew*, Word Biblical Commentary (Grand Rapids: Zondervan, 1993-1995), vol. 33 A-B: 1.205.

espécie de sexto sentido.[15] De alguma forma, eles *sabem* que esse homem Jesus é especial. Gerald Hawthorne chama esse tipo de fé de "percepção espiritual":

> Entendo por fé aquilo que dá olhos à alma (cf. Hb 11), que proporciona a capacidade de ver além das barreiras limitantes da matéria e dos sentidos e de penetrar no segredo da realidade espiritual, de olhar — além das dificuldades humanas — para Deus e para a bondade, sabedoria e poder de Deus, de olhar além dos problemas, de olhar para as possibilidades que Deus apresenta, de olhar além das limitações naturais, de olhar para a natureza ilimitada da onipotência de Deus e de crer em Deus para as soluções dos problemas, para tornar o possível uma realidade, para romper os limites das constrições humanas.[16]

Jesus fica maravilhado, por assim dizer, com uma fé que está à frente de tudo, alguns passos além do alcance limitado das evidências físicas. Com todos os privilégios que Israel tinha, Jesus sugere que eles deveriam ter sido os primeiros a perceber o poder de Deus presente em Jesus, mas esse simplesmente não foi o caso.[17]

Jesus diz ao centurião: "Vá. Que lhe aconteça de acordo com a sua fé [ὡς ἐπίστευσας]" (8:13, NRSV). Alguns minimizam a necessidade da fé para a cura ocorrer, mas aqui isso deve ficar claro.[18] Nas palavras ousadas de Jürgen Moltmann:

> O poder divino de cura não é gerado apenas [pelo] lado [de Jesus]. Tampouco é simplesmente seu próprio "ministério", como e quando ele deseja desempenhá-lo. Isso é, sim, algo que acontece entre ele e as

---

[15]Mateus dá informações sobre a origem dessa percepção especial. Quando Pedro confessa a Jesus como Messias, Jesus faz um elogio a ele e explica: "Isto não lhe foi revelado por carne e sangue, mas por meu Pai que está no céu" (16:17, NRSV).

[16]Gerald F. Hawthorne, "Faith: the essential ingredient of effective Christian ministry", in: Michael H. Wilkins; Terence Paige, orgs., *Worship, theology, and ministry in the early Church* (Sheffield, Reino Unido: JSOT, 1992), p. 249-59, espec. p. 250.

[17]Veja John Nolland, *The Gospel of Matthew*, New International Greek Testament Commentary (Grand Rapids: Eerdmans, 2005), p. 356.

[18]Veja Sigurd Grindheim, "'Everything is possible for one who believes': faith and healing in the New Testament", *Trinity Journal* 26 (2005): 11-7.

pessoas que buscam esse poder nele e o importunam. Quando Jesus e a fé se encontram nessa atividade recíproca, a cura pode ocorrer. [...] As curas são histórias sobre fé tanto quanto são histórias sobre Jesus. São histórias sobre a relação recíproca entre Jesus e a fé de homens e mulheres. Jesus é dependente dessa fé, assim como os enfermos são dependentes do poder que emana de Jesus.[19]

Na história de Mateus sobre a cura do paralítico (9:2-8), Jesus fica impressionado de novo com uma demonstração de fé. E, mais uma vez, essa fé não é da pessoa necessitada, mas é a fé daqueles que levaram o paralítico a Jesus (9:2). Somos lembrados de que Jesus responde àqueles que agem com ousadia na busca dele. Como é o caso no Evangelho de Marcos, Jesus "avalia a fé não pela sua ortodoxia, mas pela sua determinação, coragem e persistência. O que conta não é se colocou todos os pingos nos 'is', mas os obstáculos superados".[20]

O terceiro episódio em que Mateus realça a *fé que busca* é o de uma mulher com hemorragia (9:18-26). Ela está desesperada (à semelhança dos que o buscaram já mencionados) para encontrar Jesus em busca de seu socorro — mas dessa vez o socorro é para ela mesma. Por alguma razão, ela acha que apenas tocar seu manto bastará (9:21). Apesar de seus esforços para tocar a roupa dele, Mateus observa que Jesus relaciona a cura dela à sua *fé* (9:22).[21] Essa é a primeira vez no Primeiro Evangelho que o próprio Jesus usa a linguagem de salvação (σώζω) após a profecia em 1:21: "Ela dará à luz um filho, e você deverá dar-lhe o nome de Jesus, porque ele salvará (σώζω) o seu povo dos

---

[19]Jürgen Moltmann, *The way of Jesus Christ: Christology in messianic dimensions* (Minneapolis: Fortress, 1993), p. 111 [edição em português: *O caminho de Jesus Cristo: cristologia em dimensões messiânicas*. Tradução de Ilson Kayser (Petrópolis: Vozes, 1994)]; veja tb. Gerd Theissen, *The miracle stories of the early Christian tradition*, tradução para o inglês de F. McDonagh, edição de John Riches (Edinburgh: T&T Clark, 1983), p. 140.

[20]Observe os comentários de Alan Culpepper sobre Marcos 2:5; *Mark* (Macon: Smyth & Helwys, 2007), p. 77; veja semelhantemente David M. Rhoads, *Reading Mark* (Minneapolis: Fortress, 2004), p. 82; cf. Marshall, que chama a fé no Evangelho de Marcos de perseverança "determinada e teimosa"; *Faith as a theme*, p. 237.

[21]Veja Graham Twelftree, *Jesus the miracle worker* (Downers Grove: InterVarsity, 1999), p. 118-9, 337.

seus pecados" (NVI). Jesus está cumprindo seu ministério *salvífico*, mas ele conecta seu poder de cura à fé da mulher.[22]

Em outra passagem de cura, dois homens cegos clamam a Jesus (filho de Davi) que tenha misericórdia deles (9:27-31). Jesus responde com uma pergunta: "Vocês creem que eu sou capaz de fazer isso?" (9:28, NRSV). Após a resposta positiva, ele toca os olhos deles e diz: "Que lhes seja feito segundo a fé que vocês têm" (9:29, NVI; cf. 8:13;15:28). Esse é o único ponto de Mateus em que Jesus pergunta sobre a fé humana.[23]

O último episódio é o discurso de Jesus com a mulher cananeia (15:21-28). Enquanto Jesus estava na região de Tiro e Sidom, essa gentia o abordou em busca de socorro para sua filha, que estava possuída por um demônio (15:22). Inicialmente, os discípulos suplicam a Jesus que a mande embora ("ela está nos aborrecendo"; 15:23, NLT), e Jesus proclama a ela: "Eu fui enviado apenas às ovelhas perdidas de Israel" (15:24, NRSV). No entanto, ela se ajoelha diante dele e lhe implora. Aparentemente Jesus a rejeita dizendo que a "comida dos filhos" não deve ser dada aos "cachorrinhos". A mulher cananeia responde, mantendo o rumo da conversa: "Sim, Senhor, mas até os cachorrinhos comem das migalhas que caem da mesa dos seus donos!" (15:27, NRSV). Jesus fica impressionado, respondendo: "Mulher, grande é a sua fé! Seja conforme você deseja" (15: 28a, NRSV). Sua filha foi curada (ἰάομαι) instantaneamente. Essa história sublinha de forma significativa o interesse de Mateus na fé, ainda mais a fé dos gentios, apesar dos privilégios de Israel. Jesus testa a resiliência da mulher, e ela responde com uma fé *extraordinária* (μεγάλη σου ἡ πίστις).[24]

O que essas histórias em Mateus nos ensinam sobre a fé? Nenhum desses personagens era discípulo de Jesus; eles não professavam fé nele como o Messias. No entanto, pela maneira que Mateus os retrata, eles são modelos de fé. Do que será que eles estavam sendo modelos

---

[22]Veja Walter T. Wilson, *Healing in the Gospel of Matthew: reflections on method and ministry* (Minneapolis: Fortress, 2014), p. 217, 224-5.

[23]France, *Matthew*, p. 367.

[24]Veja Twelftree, *Jesus the miracle worker*, p. 134-5. Para uma interpretação perspicaz da versão em Marcos, veja Matthew L. Skinner, "'She departed to her house': another dimension of the Syrophoenician mother's faith in Mark 7:24-30", *Word and World* 26 (2006): 14-21, espec. 18-9.

para os leitores do seu Evangelho? Como observado na citação acima de Gerald Hawthorne, os Evangelhos estão tentando demonstrar a *estranheza* da fé em Jesus, a inversão dela. Considere o antigo hino irlandês *Be thou my vision* [*Sê tu minha visão*] — a versão no hinário da minha juventude tinha um só versículo escrito no topo: "E erguendo eles os olhos, não viram mais ninguém a não ser Jesus" (Mt 17:8; a transfiguração). Ver *apenas* Jesus, abandonando todo o resto, *essa* é a natureza da fé do centurião, do cananeu e dos outros. Há uma *imprudência* na sua fé, uma *negligência*, à semelhança de vender tudo para comprar uma pérola (13:46).

Uma teoria notável sobre a origem e o propósito do Evangelho de Mateus envolve uma comunidade de cristãos judeus que estão lutando com uma crise de identidade perto do fim do primeiro século. Como Donald Hagner raciocina:

> À sua família judaica eles sempre precisaram responder a acusações como deslealdade à religião de Israel, deslealdade à Lei mosaica (ou ao menos associação com outros que não a observam) e afiliação a uma religião estranha, se não pagã, a grande maioria dos seus adeptos sendo de gentios. [...] Os leitores originais estavam em uma posição não invejável, em uma espécie de "terra de ninguém" entre os judeus e os cristãos gentios, precisando olhar para trás em busca de continuidade com o antigo, ao mesmo tempo que precisavam olhar para a frente por causa da nova obra que Deus estava executando na igreja majoritariamente gentílica — precisando prestar contas, por assim dizer, simultaneamente tanto aos judeus quanto aos cristãos gentios.[25]

Para sobreviver em meio a essa crise de identidade, eles precisam de *fé*, o tipo de fé que abandona tudo para ver apenas Jesus. Apesar de aqueles que buscam cura e socorro de Jesus *não* serem discípulos comprometidos, eles são apresentados como modelos por causa da busca estranha e não natural de Jesus, por causa de sua fé desavergonhada.

---

[25] Hagner, *Matthew*, 1:209; veja tb. Donald A. Hagner, "Matthew: Christian Judaism or Jewish Christianity?", in: Scot McKnight; Grant Osborne, orgs., *The face of New Testament studies: a survey of recent research* (Grand Rapids: Baker, 2004), p. 263-82.

Os discípulos no Evangelho de Mateus querem afastar de Jesus essas pessoas barulhentas em busca dele. Jesus chama essas pessoas que o buscam e as elogia pela sua fé.

A fé que confia

Pelo fato de os discípulos terem alguma percepção da identidade messiânica de Jesus (Mt 16:16,20), a fé que eles precisam exibir é a *fé que confia*. Embora o Jesus de Mateus use πίστις em relação aos discípulos (17:20; 21:21,22), o termo preferido para sua fé é ὀλιγόπιστος (6:30; 8:26; 14:31; 16:8; 17:20; cf. Lc 12:28). Essa palavra não aparece fora dos Evangelhos Sinóticos, e é usada em Mateus (e Lucas) mais como um apelido do que como uma caracterização; por exemplo: "Por que vocês estão com tanto medo, seus homens de pequena fé?" (8:26). De novo, em Marcos os discípulos são acusados de não ter *nenhuma* fé, enquanto Mateus permite uma pequena medida de fé.[26] Ulrich Luz apresenta uma explicação com respeito ao que Mateus talvez tenha em mente com ὀλιγόπιστος: "'Pequena fé' é a fé daqueles que começam com Jesus apenas para acabar desanimados. Pequena fé é a fé misturada com medo e dúvida. Pequena fé é a fé dos que gostariam de crer, mas não conseguem".[27] De modo semelhante, John Meier comenta que ὀλιγόπιστος "designa não os descrentes ou apóstatas, mas verdadeiros discípulos que se desesperam em momentos de crise e agem como se não cressem".[28]

Teremos isso em mente no nosso exame dos dois usos de πίστις em relação aos discípulos, ambos ocorrendo na segunda metade do Primeiro Evangelho (17:14-21; 21:18-22). A partir de 16:5, Mateus começa a dar mais atenção aos discípulos (apesar de cf. 13:36). Como Daniel Harrington observa, a cura do menino possuído por um

---

[26]Veja Pheme Perkins, *Introduction to the Synoptic Gospels* (Grand Rapids: Eerdmans, 2009), p. 187.

[27]Ulrich Luz, *The theology of the Gospel of Matthew*, New Testament Theology (Cambridge: Cambridge University Press, 1995), p. 68.

[28]John P. Meier, *Matthew* (Wilmington: Glazier, 1980), p. 67; cf. Michael Wilkins, *The concept of disciple in Matthew's Gospel as reflected in the use of the term* Mathētēs (Boston: Brill, 1988), p. 182. Para um estudo clássico do uso em Mateus da linguagem da fé em relação aos discípulos, veja Gerhard Barth, "Glaube und Zweifel in den synoptischen Evangelien", *Zeitschrift für Theologie und Kirche* 72 (1975): 269-92.

demônio é seguida de uma anunciação da Paixão. Essa sequência culmina no ensino que os discípulos recebem em Mateus 18.[29]

Em 17:14-16, um homem aborda Jesus e explica que seu filho, que sofria de convulsões, não pôde ser curado pelos discípulos. Jesus responde: "Ó geração incrédula [ἄπιστος] e perversa, até quando estarei com vocês? Até quando terei que suportá-los?" (17:17, NVI). Imediatamente, Jesus repreende o demônio e cura a criança (17:18). Os discípulos perguntam por que *eles* não puderam fazer isso (17:19). Jesus explica: "Por causa da sua pequena fé [ὀλιγοπιστία]. Pois eu lhes asseguro que, se vocês tiverem fé [πίστις] do tamanho de um grão de mostarda, poderão dizer a este monte: 'Vá daqui para lá', e ele irá, e nada lhes será impossível" (17:20, NRSV).[30]

O que deu errado? Por que esses discípulos *não* foram capazes de executar a cura? Uma possibilidade é que eles estavam tratando o poder de curar como um tipo de mágica, presumindo que poderiam curar por conta própria.[31] Porém, o mais provável é a fé deles ter falhado por não estarem com Jesus, o que a fez começar a diminuir. Isto é, eles foram dominados pela dúvida.[32] Contudo, há um paradoxo interessante que podemos observar nesse episódio. O apelido que Jesus dá para os discípulos é "homens de pequena fé", um tipo de reprimenda, e ainda assim ele louva uma fé tão pequena quanto uma semente de mostarda. Aparentemente, há um tipo bom de fé pequena e um tipo ruim de fé pequena.[33] O que exatamente *é* essa fé boa do tamanho de uma semente de mostarda? Examinando o relato de Marcos, Jesus explica: "Essa espécie só sai pela oração" (Mc 9:29, NRSV). A falha dos discípulos não é uma questão de treinamento, mas de *confiança*. "A fé pequena dos discípulos é uma fé que *entende* e *concorda*, mas que não

---

[29]Veja Daniel Harrington, *The Gospel of Matthew*, Sacra Pagina (Collegeville: Liturgical, 1991), vol. 1, p. 259.
[30]Embora a linguagem da fé tenha sido usada antes em Mateus para aqueles *em busca de* cura (para eles mesmos ou outra pessoa), aqui a ênfase está na fé daquele que executa a cura; veja Hagner, *Matthew*, 2:505.
[31]Veja Leon Morris, *The Gospel according to Matthew* (Grand Rapids: Eerdmans, 1992), p. 448.
[32]Veja France, *Matthew*, p. 662-3.
[33]Quem me tornou ciente desse paradoxo foi Frederick Dale Bruner, *Matthew* (Grand Rapids: Eerdmans, 2004), vol. 2: *The Churchbook*, p. 191.

confia totalmente. Uma fé que confia em Deus pode ser, na avaliação do mundo, tão pequena e insignificante como uma semente de mostarda. No entanto, essa confiança pode fazer o impossível".[34]

O segundo episódio central que foca a fé dos discípulos é o momento em que Jesus amaldiçoa a figueira (Mt 21:18-22). Jesus, ao estar com fome, nota essa árvore à beira do caminho. Ao se aproximar dela, ele não vê figo algum, apenas folhas (21:18,19). Ele condena a árvore: "Nunca mais dê frutos!" (21:19b, NRSV). A figueira seca. Os discípulos ficam impressionados e atônitos com essa dessecação instantânea (21:20). Jesus os instrui: "Eu lhes asseguro que, se vocês tiverem fé e não duvidarem [ἐὰν ἔχητε πίστιν καὶ μὴ διακριθῆτε], poderão fazer não somente o que foi feito à figueira, mas também até mesmo dizer a este monte: 'Levante-se e atire-se no mar", e assim será feito. Tudo o que pedirem em oração, se crerem, vocês receberão [πιστεύοντες]" (21:21,22, NRSV modificada). Aqui de novo Jesus relaciona a fé a mover montanhas (veja 17:20; cf. Is 40:4; 49:11; 54:10). A declaração de que eles podem receber tudo o que pedirem remete ao ensino de Jesus em Mateus 7: "Peçam, e lhes será dado; busquem, e encontrarão; batam, e a porta lhes será aberta. Pois todo o que pede, recebe; o que busca, encontra; e àquele que bate, a porta será aberta" (7:7,8, NVI). Enquanto o foco do ato de pedir no Sermão do Monte está em Deus, no contexto do ensino após Jesus amaldiçoar a figueira, Mateus passa ao questionamento da autoridade de Jesus, feito pelos principais sacerdotes e anciãos (21:23-27). Os discípulos são chamados para ter fé em Deus, mas Mateus deixa claro que a fé deve se centrar em Jesus (1:23; cf. 18:6; 27:42; 28:18).

O que Mateus estava tentando ensinar com essas histórias sobre a pequena fé dos discípulos e sua necessidade de confiar e não duvidar? Provavelmente correta é a visão de Donald Senior de que as experiências dos cristãos, à medida que são contadas por Mateus, conduzem sua maneira de delinear a história do evangelho:

> A igreja crê que seu Senhor lhe concedeu uma participação no seu próprio poder sobre o pecado e as trevas. Mas o medo e a dúvida também são realidades, e elas aparentam sufocar a vitalidade da fé. No entanto,

---

[34] Meier, *Matthew*, p. 194.

até mesmo nessa situação, a oração não é em vão. Até mesmo quando estamos "no barco", nós, de "pequena fé", podemos ser tirados das ondas por um Senhor misericordioso. [...]

Ele os escolheu, seres humanos praticamente idênticos aos "doentes" que ele veio salvar. Ele suportou seu embotamento. Ele lidou com eles de maneira franca, exigente, mas nem suas críticas nem suas ordens jamais foram destrutivas. A ficha dos discípulos não era boa. Eles se queixavam, eles não entendiam, eles discutiam, eles abandonavam, eles negavam. Apenas um se perdeu. Mas a parte da história que se torna "evangelho" — "boas-novas" — é que, na face do mestre que desapontaram, os discípulos perceberam a compaixão infinita de Deus, e eles confiaram essa memória à igreja.[35]

A fé leal

O termo πίστις aparece pela última vez no quarto "ai" da condenação dirigida por Jesus aos escribas e aos fariseus (23:23; veja 23:1-36). Jesus condena-os por serem meticulosos no seu dízimo da hortelã, do endro e do cominho, mas negligenciarem "os preceitos mais importantes da lei": a justiça, a misericórdia e a fidelidade (τὴν κρίσιν καὶ τὸ ἔλεος καὶ τὴν πίστιν).Os tradutores divergem quanto à tradução correta de πίστις aqui: alguns preferem "fidelidade" (NIV, NET, ESV), enquanto outros apresentam "fé" (RSV, NRSV, NLT; cf. KJV). Aqueles que optam pela tradução "fé" aqui tentam inserir 23:23 no uso mais amplo da linguagem da fé no Evangelho de Mateus. Robert Gundry, por exemplo, observa que Mateus aparenta ter dado uma ênfase clara à fé (em Deus) aqui, visto que a declaração paralela de Jesus em Lucas 11:42 omite πίστις.[36] No entanto, outros preferem "fidelidade", pois a situação seria, ao que tudo indica, que Mateus está se referindo à fidelidade da aliança, a agir de uma maneira leal e obediente em vista do que é exigido pela aliança.[37] R. T. France faz a observação importante

---

[35] Donald Senior, *Jesus: a gospel portrait* (Mahwah: Paulist, 1992), p. 61.

[36] Robert Gundry, *Matthew: a commentary on his literary and theological art* (Grand Rapids: Eerdmans, 1982), p. 463-4.

[37] Veja Hagner, *Matthew*, 2:670. Vários estudiosos consideraram a possibilidade de a declaração de Jesus ecoar Miqueias 6:8; veja, e.g., Nolland, *Matthew*, p. 937-8.

de que o termo πίστις é usado aqui em um sentido ético, evidenciado pelo fato de Jesus se referir a essas coisas como "praticadas" — aqui πίστις é uma virtude, "fidelidade" (cf. Gl 5:22,23).[38]

Esse uso de πίστις se apresenta como um terceiro tipo de fé na espiritualidade de Mateus — *fé leal* ou *fé como fidelidade*. Esse uso de πίστις é paralelo ao que com frequência encontramos na literatura helenística, em que amigos e aliados (até mesmo nações) juravam fidelidade uns aos outros (veja p. 59-66). Será que Mateus está promovendo esse tipo de πίστις entre seus próprios leitores cristãos ou será que essa condenação é puramente uma acusação dos escribas e dos fariseus?[39] Em virtude do papel significativo que πίστις desempenha no Primeiro Evangelho em geral, a ênfase de Mateus na centralidade de πίστις, dificilmente seria provável esse caso específico ser irrelevante para seus leitores. Certamente, se *não* quisesse aplicar isso aos seus leitores, Mateus teria usado outra palavra ou simplesmente omitido πίστις (cf. Lc 11:42).

Sem dúvida Jesus estava contrastando a desobediência dos líderes judeus com a própria lealdade de Jesus a Deus e à aliança de Deus, como David Bauer observa: "A própria infidelidade deles serve de contraste com a fidelidade que é exigida dos discípulos. Uma vez que os discípulos estão alinhados com Jesus, que contrasta ele mesmo com o Israel impenitente e especialmente com os líderes religiosos, os discípulos devem ser como Jesus ao não serem como aqueles adversários".[40]

Desse modo, o Jesus de Mateus estava chamando seus discípulos não apenas para *crer* — ver o mundo em uma nova luz[41] — e não

---

[38]R. T. France, *The Gospel of Matthew*, NICNT (Grand Rapids: Eerdmans, 2007), p. 873-4.

[39]D. A. Carson, p. ex., argumenta que 23:23 não trata de questões relativas à continuidade/descontinuidade entre a antiga aliança e a nova, mas, sim, apenas envolve "a importância relativa de material no [Antigo Testamento]"; veja "Matthew", in: Tremper Longman; David E. Garland, orgs., *Matthew and Mark*, New Expositor's Bible Commentary (Grand Rapids: Zondervan, 2005), p. 23-670, espec. p. 540.

[40]David Bauer, *Structure of Matthew's Gospel: a study in literary design* (London, Reino Unido: Bloomsbury, 2015), p. 106.

[41]Stephen Westerholm apresenta uma analogia apropriada usando a lição da lâmpada em Mateus (6:22,23): "Conhecer, confiar e amar a Deus, Jesus diz, é como os olhos estarem cheios de luz. Viver sem Deus, em contraposição, é andar nas trevas"; veja *Understanding Matthew* (Grand Rapids:Baker, 2006), p. 39.

apenas para *confiar*, mas também para serem *fiéis*, o tipo de πίστις que é demonstrada com ações.

Resumo da linguagem da fé em Mateus

No Evangelho de Mateus, πίστις é o principal modo pelo qual os seres humanos devem responder a Jesus e a Deus. Isso é óbvio em um exame superficial do texto, mas um exame mais atento do *significado* do uso da linguagem da fé em Mateus evidencia uma riqueza que raramente é considerada com atenção. Mateus dá grande ênfase à fé daqueles que buscam a Jesus — aqueles que não sabem praticamente nada sobre ele, exceto que é especial, e, desesperados, agarram-se à esperança de cura e ajuda por meio de Jesus. Essa é a *fé que busca*. Mateus escreve principalmente a cristãos, aqueles que já buscaram Jesus de alguma forma. Mas deve ficar suficientemente claro que essas pessoas que buscam no Primeiro Evangelho são apresentadas como modelos de *grande fé*. O que esses exemplos de fé demonstram é uma sensibilidade peculiar para perceber a singularidade de Jesus. Mateus recomenda uma fé que nunca fique estagnada, que esteja sempre buscando e alcançando, que esteja sempre no caminho de Jesus e do reino de Deus.

O segundo tipo de fé que Mateus realça é a daqueles que precisam confiar em Deus (*fé que confia*). Os discípulos, apesar de estarem um passo à frente dos líderes religiosos cegos, recebem o rótulo de "homens de pequena fé". Eles começaram a andar com Jesus, porém ainda não entendem quem ele é, o que ele alcançará e como isso transformará todas as coisas. Além disso, eles não entendem o papel que podem e devem desempenhar nessa nova ordem. Ele os chamou para fazer o impossível (17:20), mas eles podem fazer isso apenas confiando totalmente em Deus. Em virtude do que Jesus ensinou aos seus discípulos em Mateus 10, *fazer o impossível* no contexto de ensinar seus discípulos provavelmente significava tanto operar grandes milagres de cura e de libertação (10:1,8) quanto suportar perseguições e rejeições em sua missão (10:14-39).

Mateus também enfatiza πίστις como *fidelidade* (*fé leal*; 23:23). O que falta aos líderes religiosos é um compromisso com a fidelidade da aliança, *praticar* o que é certo em relação às expectativas de Deus para seu povo. Esse é mais ou menos o modo de Mateus se referir à inclinação da vontade para a obediência. A fé não é privada ou oculta, embora possa ser difícil de entender. Ela é pública e ativa, ela é fazer e labutar. Ela está conectada com misericórdia e justiça ativas. A maioria dos leitores ocidentais de Mateus geralmente pressupõe que sua linguagem da fé estava focada na *interioridade* (i.e., as convicções religiosas). Obviamente, o interior importa para Mateus. Mas, embora o poder do evangelho opere de dentro para fora, ele por fim precisa da prática, precisa se expressar para cumprir seu propósito em relação às boas-novas de Deus. Stephen Barton aborda isso com respeito à ênfase de Mateus em dar frutos e *praticar* a justiça.[42] O Evangelho segundo Mateus — e a natureza de sua espiritualidade — é sobre tornar-se novo pela graça de Deus por meio da fé. Nas palavras de Barton: "Em resumo, a igreja deve tornar-se a representação e o reflexo do reino do céu vindouro, na terra aqui e agora" — isso exige fé, confiança e obediência.[43]

O Filho do Homem encontrará fé na terra? O Evangelho de Lucas

A linguagem da fé presente no Evangelho de Lucas em grande medida segue os mesmos padrões e temas que Mateus. Como Mateus, Lucas liga πίστις a perdão (Lc 5:20), cura (7:9,50; 8:48; 17:19; 18:42) e fé na pessoa e na missão de Jesus (8:25; 17:5,6). Há algumas passagens em que Lucas inclui material não presente em Mateus em relação à fé. Na Última Ceia, em que Jesus prevê a traição de Simão Pedro, ele diz: "Simão, Simão, Satanás pediu vocês para peneirá-los como trigo. Mas eu orei por você, para que a sua fé não desfaleça. E quando você se converter, fortaleça os seus irmãos" (22:31,32, NVI). A natureza muito específica da linguagem de arrependimento e (re)conversão (ἐπιστρέψας) ajuda a limitar o significado de πίστις. A traição nessa circunstância é uma quebra ativa de lealdade. Além disso, a afirmação

---

[42]Para a justiça como leitmotiv do Evangelho de Mateus, veja Benno Przybylski, *Righteousness in Matthew and his world of thought* (Cambridge: Cambridge University Press, 1980).

[43]Stephen C. Barton, *The spirituality of the Gospels* (Peabody: Hendrickson, 1992), p. 28.

um tanto petulante de fidelidade proferida por Pedro é notavelmente ativa: "Estou pronto para ir contigo para a prisão e para a morte!" (22:33, NRSV).

Há mais um exemplo importante de πίστις em 18:8, no fim da parábola da viúva e do juiz injusto (18:1-8). Jesus comenta, com relação a essa parábola, que Deus não se atrasa para defender a justiça em prol do seu povo. Seu desejo é executar seu julgamento prontamente (18:8a). Mas o que será que o Filho do Homem encontrará quando vier? Será que encontrará fé na terra (ἆρα εὑρήσει τὴν πίστιν ἐπὶ τῆς γῆς)? O que exatamente é essa πίστις? David Catchpole esboça quatro opções consideradas pelos estudiosos: assentimento ao cristianismo ortodoxo,[44] confissão fiel em tempos de perseguição, fé em uma intervenção escatológica e adesão contínua à mensagem de Jesus.[45] Porém, Catchpole adverte seus leitores das interpretações limitadas demais ou anacrônicas demais. Não se poderia simplesmente pressupor que πίστις se refere aqui a um "relacionamento total com Jesus"? Isso faz bastante sentido, mas Catchpole, prestando atenção ao contexto, liga a pergunta retórica de Jesus em retrospectiva à viúva e à questão da oração. A persistência da viúva em suas petições, um modelo para a oração com fé, demonstra, como John Donahue observa, uma "busca ativa de justiça" diante de Deus, e não apenas uma "espera passiva".[46] Nesse caso, o Filho do Homem encontrará πίστις em discípulos que demonstram confiança em Deus por meio da oração contínua ou pela devoção em oração. Dorothy Jean Weaver expõe a teologia de πίστις em Lucas de maneira muito adequada: "A oração não é uma atividade sedentária, cerebral ou até mesmo segura para Jesus ou na visão de

---

[44]Alguns argumentam que o fato de πίστις vir com artigo aqui faz aparente referência à *fé*, isto é, à doutrina cristã. Esse é um entendimento da variedade de usos do artigo definido grego. Joseph Fitzmyer apresenta o argumento mais convincente de que esta é a função anafórica do artigo, em que ele se refere *em retrospectiva* a ideias já afirmadas, nesse caso a πίστις da viúva; veja *The Gospel according to Luke*, Anchor Bible (Garden City: Doubleday, 1985), vol. 28, 2:1181.

[45]David Catchpole, "The Son of Man's search for faith (Luke 18:8)", *Novum Testamentum* 19 (1973): 81-104, espec. 87.

[46]John R. Donahue, *The Gospel in parable: metaphor, narrative, and theology in the Synoptic Gospels* (Minneapolis: Fortress, 1988), p. 185.

Lucas. *A oração é, antes, aqueles atos firmes, audaciosos, talvez até mesmo escandalosos, que recebem o nome de fé*".[47]

Além disso, Weaver liga com primor a teologia da fé, discipulado e oração em Lucas ao restante do Evangelho:

> A oração é o desespero angustiante que faz buracos em telhados ou se espreme na multidão para alcançar, do outro lado, aquele que cura (5:17-26). É a confiança inimaginável para crer na visão de um milagre nunca visto (7:1-20). É a pura ousadia de jogar toda a cautela fora e infringir todas as regras dos livros com uma exibição escandalosa e extremamente pública de amor e arrependimento (7:36-50). É a completa impertinência de gritar a plenos pulmões e com persistência por cura (18:35-43) e por justiça (18:1-8) até esses gritos serem ouvidos. Essa é a oração para a qual Jesus chama seus discípulos. E essa é a oração que Mateus esparrama com cores vívidas pela tela de seu Evangelho.[48]

O ato de crer como retratado no Evangelho de João

A parte substancial da atenção sobre a questão da fé e os Evangelhos é dirigida aos Sinóticos, em especial à história de Mateus. O Quarto Evangelho é peculiar por não conter nem sequer um só caso de πίστις. No entanto, o verbo πιστεύω aparece várias dezenas de vezes e é um dos conceitos teológicos mais fundamentais em João e na literatura joanina.[49]

Em primeiro lugar, como é possível João não usar πίστις? Isso poderia ser uma mera coincidência (i.e., ele não era contra usar πίστις por princípio, mas apenas acabou não usando a palavra)? Estudiosos

---

[47]Dorothy J. Weaver, "Luke 18:1–8", *Interpretation* 56 (2002): 317-9; semelhantemente Luke Timothy Johnson: "Para Lucas, a oração é a fé em ação. A oração não é um exercício opcional de piedade, que uma pessoa executa para demonstrar seu relacionamento com Deus. Ela *é* esse relacionamento com Deus"; *The Gospel of Luke*, Sacra Pagina (Collegeville: Liturgical, 1991), vol. 3, p. 274.

[48]Weaver, "Luke 18:1–8": 319.

[49]Raymond Brown estabelece que πιστεύω aparece [em João] 98 vezes em comparação a 34 vezes nos Sinóticos; *The Gospel according to John I–XII*, Anchor Bible (Garden City: Doubleday, 1966), vol. 29, 1:512.

joaninos afirmam que em geral João tinha uma preferência por verbos, e não substantivos, na sustentação teológica. Alguns propõem que, no fim do primeiro século, πίστις talvez já tivesse um significado técnico ("doutrina") não comunicado por João.[50] Mas poderíamos indagar por que isso não aparenta ser um problema para Atos ou Apocalipse, e um exame do uso de πίστις nos pais apostólicos também não confirma isso (veja p. 39-42). Teresa Morgan apresenta uma teoria interessante: João talvez estivesse absorvendo a preferência da Septuaginta por πιστεύω em lugar de πίστις.[51] No entanto, Morgan admite que isso explica a frequência de πιστεύω, mas não a ausência de πίστις.

É um consenso no estudo acadêmico de João que a razão principal dessa preferência por πιστεύω envolve o interesse de João "pela natureza dinâmica do conceito joanino de fé".[52] Isso quase certamente é verdade, mas provavelmente não toda a verdade.

É comum estudiosos observarem que para João πιστεύω é um verbo extremamente *relacional*, indicando no Quarto Evangelho uma postura de confiança e dependência.[53] Alguns usos de πιστεύω aparentam confirmar isso (11:26; 12:11; 14:1; 16:27). Esse aspecto social de πιστεύω está presente no uso de João, mas ele não representa a totalidade da forma e da razão no emprego que João faz dessa linguagem.[54] A fé com frequência é caracterizada em João como "em Jesus". Isso tende a implicar a crença em uma afirmação específica sobre sua identidade, como, por exemplo, que ele é o Messias (11:27,48; 13:19) ou que ele foi enviado pelo Pai (10:38; 17:21; cf. 14:10,11). Mas às vezes João pode usar a linguagem da fé em um sentido absoluto: os seguidores genuínos de Jesus simplesmente são chamados de "aqueles que creem" (6:47). Isso inclui não apenas a aceitação de

---

[50]Veja David Rensberger, *1 John, 2 John, 3 John*, Abingdon New Testament Commentary (Nashville: Abingdon, 1997), p. 130.
[51]Morgan, *Roman faith and Christian faith*, p. 397.
[52]Brown, *John*, 1:513. Para uma abordagem mais extrema dessa visão, veja Yung Suk Kim, *Truth, testimony, and transformation* (Eugene: Wipf & Stock, 2014), p. 6-7.
[53]Veja Craig Koester, *The word of life: a theology of John's Gospel* (Grand Rapids: Eerdmans, 2008), p. 162.
[54]Para uma análise bem nuançada da fé em João, veja Paul A. Rainbow, *Johannine theology* (Downers Grove: InterVarsity, 2014), p. 286-308.

um conjunto de afirmações, mas também uma percepção epistemológica dos caminhos genuínos de Deus. Uma maneira de entender isso é relacionar a linguagem da fé em João à estrutura de um julgamento criminal, com Jesus no banco dos réus.[55] Muito mais do que os outros evangelistas, João refere-se a testemunhas e ao poder do testemunho por causa da fé. Os seres humanos testemunham de Jesus (1:7; 4:39; 17:20), os sinais de Jesus testemunham (1:50; 2:11,23; 11:45; 12:37; 20:8), assim como suas obras (10:25,37), palavras (2:22; 4:41; 5:24; 8:30; 11:42) e as Escrituras judaicas (5:46). Aqueles que encontram Jesus são chamados para ver corretamente e para ouvir esse testemunho — portanto, crer em Jesus pode ser a mesma coisa que crer *na luz* (12:36,46). O assim chamado tema do julgamento também ajuda a explicar a razão da conexão frequente de João entre fé e verdade (4:42; 8:45; 19:35).

Mais um fator essencial na interpretação da linguagem da fé em João é sua interpretação da rejeição de Jesus em 12:38-41. Explicando por que alguns não creram em Jesus apesar de seus sinais miraculosos, João 12:38 cita Isaías 53:1: "Senhor, quem creu em nossa mensagem, e a quem foi revelado o braço do Senhor?". Crer não é apenas uma questão de reação sensorial, causa e efeito. A *revelação* divina produz a fé genuína, e é necessário esse *impulso* celestial para crer no que parece inacreditável. João imediatamente cita mais um texto de Isaías (6:10): "Cegou os seus olhos e endureceu-lhes o coração, para que não vejam com os olhos nem entendam com o coração, nem se convertam, e eu os cure" (Jo 12:40). João relaciona isso à fé em Jesus (12:41): a fé genuína exige uma imaginação transformada.[56]

Claramente, é difícil resumir o uso joanino da linguagem da fé a uma simples definição, mas o aspecto epistemológico de πιστεύω aparenta dominar, o que ajuda a explicar a preferência clara de João pelo

---

[55] Veja Andrew T. Lincoln, *Truth on trial: the lawsuit motif in the Fourth Gospel* (Peabody: Hendrickson, 2000).

[56] Dru Jounson chama o Quarto Evangelho de "o mais nitidamente epistemológico dos Evangelhos"; *Biblical knowing* (Eugene: Wipf & Stock, 2013), p. 118; cf. John Ashton, *Understanding the Fourth Gospel* (Oxford: Oxford University Press, 1991), p. 515: "Todo o tema central no Evangelho de João está ligado ao conceito de revelação".

verbo ao substantivo. Para João, aceitar Jesus requer a aceitação de que ele verdadeiramente revela Deus em sua vida, palavras e sinais.

Conclusão

Esse exame relativamente curto da linguagem da fé nos Evangelhos demonstra facilmente a variedade de significados e nuanças de πίστις (e πιστεύω) nesses textos, incluindo noções como *buscar, crer, confiar* e *obedecer*. O próprio apóstolo Paulo nunca cita o próprio Jesus sobre a questão da fé. E é proveitoso observar as várias diferenças entre a linguagem da fé paulina e os Evangelhos: a ênfase específica em crer na morte e na ressurreição de Jesus ("o Proclamador tornou-se o proclamado"),[57] o foco em Abraão como modelo de fé e o contraste entre fé e obras. Mas as semelhanças entre os Evangelhos e Paulo com respeito à teologia da fé cristã não devem ser subestimadas. Podemos começar com a breve menção de Paulo a um tipo de fé capaz de "mover montanhas" (1Co 13:2), uma afirmação que é um aparente eco de um ensino de Jesus em Mateus 17:20 (cf. Mc 11:23).[58] Além disso, muitos dos usos paulinos mais amplos da linguagem da fé correspondem ao que encontramos nos Evangelhos:

- uma ênfase em crer e em confiar em Deus (1Ts 1:8; Rm 4:5; 1Co 16:13);
- a fé como uma qualidade singular dos seguidores de Jesus (Rm 1:8);
- a conexão entre a fé e a salvação (1Co 1:21);

---

[57]Declarado, de maneira célebre, por Rudolph Bultmann e parafraseado por muitos depois dele; *Theology of the New Testament*, tradução para o inglês de K. Grobel (New York: Scribner, 1951,1955), 1.33, 2 vols. [edição em português: *Teologia do Novo Testamento* (Santo André: Academia Cristã, 2009)].

[58]Como Yeung mostra, a maioria dos estudiosos acha que Paulo foi influenciado aqui por uma declaração de Jesus; *Faith in Jesus and Paul*, p. 30-3. Alguns estudiosos defendem que Paulo talvez simplesmente tenha repetido um provérbio cultural popular (e não algo transmitido da tradição cristã primitiva), mas nunca é apresentada nenhuma evidência da existência desse provérbio. Frans Neirynck recorre a Isaías 54:10, mas o versículo apenas menciona montanhas; veja "The sayings of Jesus in 1Corinthians", in: Riemund Bieringer, org., *The Corinthian correspondence* (Leuven: Peeters, 1996), p. 141-76, espec. p. 152.

- a origem divina da sabedoria e da fé salvíficas (1Co 2:5; 2Co 5:7; 1Ts 2:13);
- a fé extraordinária dos gentios (Rm 9:30; cf. Gl 3:22);
- um interesse comum em Isaías 53:1 (Rm 10:6).[59]

Isso não significa que Paulo tenha lido qualquer coisa semelhante a um "evangelho" na sua época. Ele certamente veio a conhecer os ensinos de Jesus de uma forma ou outra,[60] em especial a tradição da ceia do Senhor (1Co 11:23-25; cf. Mc 14:22-24; Mt 26:26-28; Lc 22:19,20). A linguagem da fé em Paulo talvez tenha sido influenciada pela tradição de Jesus, mas devemos recordar que décadas da influência intermediária do cristianismo primitivo talvez tenham produzido sua própria linguagem religiosa, e Paulo certamente foi instruído na fé cristã por essa agência maior.

---

[59] Também podemos incluir aqui o interesse comum de Paulo e de João em Isaías 53:1 (cf. Rm 10:6).
[60] Veja Victor P. Furnish, *Jesus according to Paul* (Cambridge: Cambridge University Press, 1993), p. 40-65; e Craig L. Blomberg, "Quotations, allusions, and echoes of Jesus in Paul", in: Dane C. Ortlund; Matthew S. Harmon, orgs., *Studies in Pauline epistles* (Grand Rapids: Zondervan, 2014), p. 129-43.

5

A FIDELIDADE É MELHOR

Πίστισ em 1 Tessalonicenses e em Filipenses

> Ame seus amigos até a morte. Pois a fidelidade é melhor. (*Pseudo-Focílides*, 1.218.)

> O homem não pode viver sem a fé, pois o requisito principal na aventura da vida é a coragem, e o amparo da coragem é a fé. (Harry Emerson Fosdick, *The meaning of faith* [O significado da fé].)

Plutarco e os amigos silenciosos de Odisseu

Plutarco foi um autor prolífico, responsável por dezenas de obras durante sua vida — uma vida um tanto longa de mais de setenta anos. Ele é famoso por suas biografias, como *Vidas paralelas*, mas ele obviamente tinha um interesse especial pela filosofia moral. Ele apresenta em suas obras recomendações sobre a obtenção de sabedoria e sobre navegar pela vida com prudência (e.g., *Como distinguir um adulador de um amigo*). Uma de minhas obras preferidas de Plutarco é *Sobre a tagarelice*. O próprio tema é bem cômico, mas, como W. C. Helmbold mostra, Plutarco leva a questão muito a sério.[1] Plutarco lamenta o fato de os tagarelas precisarem de instrução nessa questão, mas eles simplesmente não conseguem parar de falar para ouvir! Plutarco conta

---

[1] "Embora Plutarco, repetidas vezes, pela sua habilidade narrativa e seu humor ingênuo ou inconsciente, deleite até mesmo aqueles cujo coração está endurecido contra ele (i.e., seus editores), ele por fim não pode resistir à tentação de ceder ao que ele considerava análises científicas e exortações iluminadas"; *Plutarch, vol. 6: Moralia*, tradução para o inglês de W. C. Helmbold, LCL (Cambridge: Harvard University Press, 1939), vol. 337, p. 394-5.

uma história sobre o filósofo Aristóteles acabar preso a uma conversa com um sujeito tagarela. Após Aristóteles parar de responder, o homem disse: "Pobre filósofo, você está cansado de me ouvir". Aristóteles replicou: "Não pense uma coisa dessas! Eu não estava ouvindo" (*Moralia* 503B, trad. Helmbold em LCL).

Em certo ponto dessa obra, Plutarco promove o poder do silêncio e a virtude de guardar segredos com lábios cerrados. Zeno, ele explica, certa vez mordeu e arrancou sua própria língua e a cuspiu para desafiar um tirano que estava tentando adulá-lo. Plutarco faz questão de criar mais espaço no ensaio para exaltar as virtudes de Odisseu e seus camaradas sobre essa questão. Em especial, ele observa a oposição que eles demonstraram ao ciclope Polifemo, até mesmo debaixo de coação severa:

> Até mesmo serem arrastados pelo chão e lançados contra o chão pelo ciclope não os fez delatar Odisseu nem mostrar aquele instrumento afiado pelo fogo preparado contra o olho do monstro, mas eles preferiram ser comidos vivos a proferir uma só palavra do segredo — um exemplo de autocontrole e lealdade incapaz de ser superado [ὑπερβολὴν ἐγκρατείας καὶ πίστεως οὐκ ἀπολέλοιπεν] (*Moralia* 506C, trad. Helmbold em LCL).

Πίστις recebe a tradução apropriada aqui de "lealdade", implicando fidelidade a Odisseu e compromisso com ele, mesmo diante da perspectiva de tortura e morte. A combinação com ἐγκράτεια ("autocontrole") demonstra aquele senso de compromisso e compostura que se mantém fiel ao valor da amizade acima e contra o alívio da dor ou vergonha. Esse uso de πίστις (como lealdade ou fidelidade) não é o *único* modo de Plutarco usar essa palavra. Aliás, *Sobre a tagarelice* demonstra uma variedade notável de como essa palavra pode ser empregada. Contudo, a ilustração de Plutarco sobre os companheiros de Odisseu representa um uso muito comum de πίστις na literatura grega, associado a um vínculo relacional que vai além de acreditar ou até mesmo confiar em alguém e constitui um tipo de compromisso implacável ou sem limites (veja p. 59-66). É interessante e instrutivo observar que, das mais de mil aparições de πίστις na literatura grega da Antiguidade, a vasta maioria delas está em histórias políticas ou relativas a conflitos, e as conotações óbvias envolvem lealdade e juramentos de lealdade.² É importante termos em mente esse uso dominante de πίστις na literatura grega ao passarmos a Paulo, pois esse tipo de uso paulino de πίστις vai muito além do que concebemos hoje como fé ou crença.³

A obra de Douglas Campbell sobre πίστις tenta apresentar um argumento semelhante. Em sua obra *Quest for Paul's gospel* [A busca pelo evangelho de Paulo], ele explica que considerar traduzir πίστις por "fidelidade" deveria ser bem natural ao examinarmos o uso de Paulo, pois esse é o significado dominante no uso helenístico mais amplo, incluindo a Septuaginta e Josefo:

> A razão provável desse domínio é o fato de a fidelidade ser um aspecto tão onipresente dos relacionamentos humanos, especialmente no contexto de uma sociedade hierárquica e extremamente consciente das posições sociais como aquela em que Paulo vivia. Idealmente, os patronos e clientes agem com fidelidade uns aos outros, como deve ocorrer idealmente em famílias, casamentos, associações políticas, associações religiosas e de aliança e assim por diante. Os parceiros nesses relacionamentos devem ser confiáveis, dignos de confiança e fiéis uns aos outros.⁴

---

²Veja Arriano, *Anábase*; Dionísio de Halicarnasso, *Antiguidades romanas*; Diodoro Sículo, *Biblioteca histórica*; Apiano, *Guerras civis*; Apiano, *Guerras estrangeiras*; Heródoto, *Histórias*; e Políbio, *Histórias*. Exceções notáveis a isso seriam as mais de três dezenas de aparições de πίστις em *Geografia*, de Estrabão, e as muitas referências a πίστις ("prova") em *Retórica*, de Aristóteles.

³É notável a resistência demonstrada pelas versões modernas em nosso idioma a traduzir πίστις por "fidelidade" em Paulo. Minha impressão é que há um interesse ideológico em preservar a teologia das "não obras" e da "justiça passiva" que pode ser enxergada no uso antropológico paulino de πίστις. Leon Morris defende, de maneira direta e sem evidências, que πίστις *nunca* significa "fidelidade" no seu uso relacionado a seres humanos no Novo Testamento; veja *1 and 2 Thessalonians*, Tyndale New Testament Commentary (Grand Rapids: Eerdmans, 1984), p. 101, nota 5 (também p. 51).

⁴Douglas A. Campbell, *The quest for Paul's gospel: a suggested strategy* (London, Reino Unido: T&T Clark, 2015), p. 186.

Campbell também argumenta que o domínio semântico de πίστις pode incluir noções de obediência, bem como perseverança, lealdade e confiabilidade:

> Um servo fiel também é um servo obediente. E, portanto, às vezes encontramos *pistis*, quando usado nesse sentido básico, ao lado de noções de submissão e de obediência em Paulo, que com frequência eram denotadas no grego por *hupakoe* ou pelos verbos *hupakouo* e *hupotasso*. Obviamente, a obediência como um tema em si está facilmente evidente em Paulo. E até mesmo Cristo é caracterizado claramente como obediente a Deus em certos textos importantes.[5]

Eu poderia observar todo tipo de textos relevantes em Paulo, e a análise de Campbell apresenta vários,[6] mas limitarei o campo de visão a 1 Tessalonicenses e Filipenses. Por que essas epístolas? Além de terem em comum uma região semelhante (a Macedônia antiga), em ambas Paulo estava escrevendo para encorajar cristãos importunados que estavam sentindo e experimentando o fardo de uma perseguição local. Além disso, e relacionado a isso, Paulo usa metáforas militares tanto em 1 Tessalonicenses quanto em Filipenses para proporcionar a essas comunidades alguma perspectiva de seu papel e de sua missão enquanto enfrentavam aflição e sofrimento com resiliência e paciência. Ele chama os cristãos tessalonicenses para serem pessoas do "dia" que estão sempre a postos e vestem a "couraça da fé e do amor e o capacete da esperança da salvação" (1Ts 5:8). Em sua Carta aos Filipenses, Paulo refere-se a Epafrodito (um filipense) como um "companheiro de lutas" (2:25). E, considerando o contexto dessa recomendação de Epafrodito, Paulo considera-o o modelo de um cristão comprometido e inabalável, que estava disposto a arriscar tudo por causa de seu ministério e missão (2:27), algo demonstrado na imagem romana do "bom soldado".[7] Com esses elementos em mente,

---

[5]Campbell, *Quest for Paul's gospel*, p. 187.
[6]De passagem, Campbell apresenta estes: Rm 1:5,8,12; 16:26; 2Co 5:7; possivelmente Gl 5:5,6,22; Fp 1:25,27; também 2:17; Fm 5,6; cf. Ef 1:15; 6:16,23; Cl 1:4,23; 2:5,7,12; 2Ts 1:3,4,11.
[7]Veja Jon E. Lendon, *Empire of honour* (Oxford: Oxford University Press, 1997), p. 237-66; Nijay K. Gupta, "Paul and the *Militia Spiritualis* topos in 1 Thessalonians", in:

faz sentido traduzir e interpretar πίστις por "lealdade" e "fidelidade" na maioria dos casos nessas cartas, com Paulo demonstrando um interesse pelo compromisso absoluto e firme deles com o evangelho, até mesmo e especialmente diante da adversidade. A melhor tradução de πίστις é determinada principalmente pelo seu uso em um discurso individual, e não em um livro inteiro, mas essas cartas como um todo aparentam preferir "fidelidade" por causa do contexto social maior dos textos e de seus propósitos retóricos.

Primeira Tessalonicenses

A Primeira Carta de Paulo aos Tessalonicenses é de encorajamento e consolo a uma igreja atribulada.[8] Já no começo da carta ele menciona o sofrimento dela e a capacidade que os cristãos dali exibiram de manter um sentimento de alegria, que estimulou tanto os apóstolos quanto outros cristãos por toda a Macedônia e também a Acaia (1:6-8).[9] Em especial, Paulo louva sua πίστις (1:8). Paulo encoraja-os e torce por eles como se fossem um barco tentando permanecer intacto durante uma tempestade ou um maratonista tentando concluir uma prova em uma subida debaixo de um sol escaldante. Em 1:3, ele faz menção dos seus incríveis e encorajadores "trabalho da fé, esforço do amor e perseverança da esperança em nosso Senhor Jesus Cristo" (NRSV). A tríade fé-esperança-amor presente aqui (repetida em 1Co 13) gerou muita reflexão teológica ao longo dos anos (e.g., Agostinho, *Encuiridion*), mas em 1Tessalonicenses em especial seria perigoso desconectá-la de sua

---

Joseph R. Dodson; Andrew W. Pitts, orgs., *Paul and the Greco-Roman philosophical tradition* (London, Reino Unido: T&T Clark, 2017), p. 13-32; e Gupta, "Fighting the good fight: the good life in Paul and the giants of philosophy", in: David Briones; Joseph R. Dodson, orgs., *Paul and the giants of philosophy* (Downers Grove: InterVarsity, 2019).

[8] Para minha interpretação da situação e do contexto dessa carta, veja Nijay K. Gupta, *1–2 Thessalonians* (Eugene: Wipf & Stock, 2015); e *1–2 Thessalonians, Zondervan Critical Introductions to the New Testament* (Grand Rapids: Zondervan, 2019).

[9] Para análises detalhadas da situação dos tessalonicenses, veja Todd D. Still, *Conflict in Thessalonica*, Journal for the Study of the New Testament Supplement (Sheffield, Reino Unido: JSOT, 1999), vol. 183; cf. também Mikael Tellbe, *Between synagogue and state: Christians, Jews, and civic authorities in 1 Thessalonians, Romans, and Philippians* (Stockholm: Almqvist & Wiksell, 2001); e James Harrison, *Paul and the imperial authorities at Thessalonica and Rome*, Wissenschaftliche Untersuchungen zum Neuen Testament (Tübingen: Mohr Siebeck, 2011), vol. 273.

base histórica. Paulo aborda o *trabalho, o esforço* e a *perseverança* deles e sua *fé, amor* e *esperança* para afirmar a marcha ininterrupta da caminhada deles com Cristo apesar da resistência e de muito atrito cultural.[10] Paulo usa a linguagem de πίστις várias vezes em sua carta, aparentemente para tranquilizá-los quanto ao compromisso deles com Cristo e para encorajá-los a avançar com vigilância e esperança.[11] Nesse contexto, faz sentido interpretar πίστις relacionando-o ao encorajamento de Paulo à *fidelidade* e à *lealdade* durante a perseverança dos tessalonicenses em meio às adversidades.

Para consideramos mais um exemplo de πίστις, poderíamos ir direto ao fim de 1Tessalonicenses. Ali, em uma seção que inclui uma admoestação extensa, Paulo exorta os tessalonicenses a viver como pessoas do dia e a vestir "a couraça πίστεως καὶ ἀγάπης e o capacete da esperança da salvação" (5:8). A expressão πίστεως καὶ ἀγάπης quase sempre aparece em nosso vernáculo como "fé e amor". A razão disso presumivelmente é o fato de 5:8 delimitar uma seção junto com 1:3 (fé, esperança e amor). À medida que tais conceitos aparentam ser teológicos e espirituais, a tradução de πίστις por "fé" reflete a linguagem teológica paulina da fé em Cristo. Mas diversos fatores questionam essa tradução em favor de algo como *lealdade* ou *fidelidade*.[12] Em primeiro lugar, Paulo aqui usa uma linguagem militar (e.g., armadura, capacete), formando um cenário em que o entendimento natural de πίστις seria fidelidade ao soberano (nesse caso, o Senhor Jesus). Em

---

[10]Veja Elizabeth Johnson, "Paul's reliance on Scripture in 1 Thessalonians", in: Christopher D. Stanley, org., *Paul and Scripture: extending the conversation* (Atlanta: Society of Biblical Literature, 2011), p. 143-61, espec. p. 155; B. J. Oropeza, "1 and 2 Thessalonians: persecution, porneia, and parousia in a new congregation", in: *Jews, Gentiles, and the opponents of Paul* (Eugene: Wipf & Stock, 2012), p. 36-65; e Andy Johnson, "Response to Witherington", *Ex Auditu* 24 (2008): p. 176-80, espec. p. 178.

[11]Veja Zeba Crook, *Reconceptualising conversion: patronage, loyalty, and conversion in the religions of the Ancient Mediterranean*, Beihefte zur Zeitschrift für die neutestamentliche Wissenschaft (Berlin: de Gruyter, 2004), vol. 130, p. 213.

[12]Ernest Best expressa a natureza de πίστις: "Para Paulo, a fé é a resposta total do homem à bondade de Deus observada na morte e na ressurreição de Cristo, pela qual o homem é redimido. Essa resposta total inclui a obediência do homem a Deus, portanto precisa resultar em atividade (empreendimento) por parte do homem", *A Commentary on the First and Second Epistles to the Thessalonians* (Peabody: Hendrickson, 1972), p. 68. Best afirma claramente: "Fé às vezes recebe o sentido de 'fidelidade', pois 1:6 menciona as tribulações experimentadas pelos tessalonicenses ao se tornarem cristãos".

segundo lugar, πίστις não aparece sozinho, mas em combinação com ἀγάπη. Como os estudiosos muitas vezes observam, o estudo do uso diacrônico de ἀγάπη é difícil.[13] A forma substantiva não aparece antes do primeiro século d.C. na literatura grega que temos hoje. Sua etimologia é incerta, e até mesmo o verbo ἀγαπάω foi usado com bem menos frequência, proporcionalmente, no grego não bíblico do que no próprio Novo Testamento.[14] Como Ceslas Spicq observa, o grego tinha quatro palavras para o amor: στοργή para o amor familiar, ἔρως para o amor sexual, φιλία para a amizade — mas qual o significado de ἀγάπη? Spicq argumenta que esse uso aponta para "o tipo mais racional de amor", um amor que não é motivado pelo impulso, mas que implica um interesse e intenção em demonstrar generosidade e bondade.[15] Porém, na prática, Spicq reconhece que o uso não bíblico de ἀγάπη se justapõe ao uso de φιλία.[16]

Como no caso em questão, Josefo nunca usa o substantivo ἀγάπη, mas faz um uso um tanto frequente do verbo ἀγαπάω e às vezes liga ἀγαπάω a πίστις no contexto de alianças sociopolíticas (*Antiguidades judaicas* 14.186; cf. 7.43; *Guerra dos judeus* 4.418). Nos *Salmos de Salomão*, observamos uma combinação semelhante dessa linguagem, mas nesse caso as palavras são os cognatos πιστός e ἀγαπάω: "O Senhor é fiel [πιστός] àqueles que o amam [τοῖς ἀγαπῶσίν] verdadeiramente, àqueles que suportam sua disciplina" (*Salmos de Salomão* 14:1). Como deveria ser óbvio aqui, o amor não diz respeito principalmente e em primeiro lugar a afeição emocional, mas a um compromisso e participação de uma aliança. Devemos situar esse conceito na estrutura da aliança de Israel; observe como o Shemá expressa a obrigação da aliança como amor: "Ame o Senhor, o seu Deus, de todo o seu coração, de toda a sua alma e de todas as suas forças" (Dt 6:5).

---

[13] Para uma análise lexicográfica útil, veja Anthony Thiselton, *Thiselton on hermeneutics* (Grand Rapids: Eerdmans, 2006), em especial o capítulo "Exegesis, lexicography and theology: 'Love, the essential and lasting criterion',1 Corinthians 13:1–7" (p. 305-34).

[14] E. Stauffer, "ἀγαπάω, ἀγάπη, ἀγαπητός", in: Gerhard Kittel; Gerhard Friedrich, orgs., *Theological dictionary of the New Testament*, tradução para o inglês de Geoffrey W. Bromiley (Grand Rapids: Eerdmans, 1964-1976), 1:36.

[15] C. Spicq, "ἀγάπη", in: J. D. Ernest, org. e trad., *Theological lexicon of the New Testament* (Peabody: Hendrickson, 1994), 1.8.

[16] Spicq, "ἀγάπη", 1:9-11.

Como Moshe Weinfeld explica: "Embora o amor entre Deus e Israel também envolva afeição e emoção, o significado prático da ordem do amor é lealdade e obediência".[17] Esse é o caso do Shemá e Salmos de Salomão 14:1, e esse é um significado bastante natural de ἀγαπάω em contextos sociopolíticos em geral da literatura helenística.

O historiador grego Apiano de Alexandria (c. 95-165 d.C.) apresenta mais um exemplo relacionado a esse uso de ἀγαπάω. Sua obra *Guerras mitridáticas* relata uma carta do rei Mitrídates, do Reino do Ponto, enviada aos chianos:

> Vocês estão favorecendo os romanos neste exato momento, e muitos dos seus cidadãos ainda estão permanecendo com eles. Vocês estão colhendo os frutos das terras romanas em Chios, pelas quais vocês não nos pagam nenhum tributo. Seu trirreme se chocou contra o meu navio e o sacudiu na batalha diante de Rodes. Eu de bom grado imputei essa falta apenas aos pilotos, na esperança de que consultassem os interesses de sua segurança e permanecessem contentes [εἰ' δύναισθε σώζεσθαι καὶ ἀγαπᾶν] (12.7.47, trad. White em LCL).[18]

Horace White traduz ἀγαπᾶν por "ficassem contentes" aqui, que é uma forma muito vaga de se referir ao compromisso dos chianos com ele. Em outra tradução, White traduz ἀγαπᾶν por "permanecer meus súditos submissos".[19] Obviamente, Mitrídates não está interessado no amor dos chianos de nenhum modo emocional ou afetivo. Mais precisamente, ele exige uma *devoção* que é tangível em uma aliança sociopolítica; e, no contexto de seu relacionamento com eles, isso significa submissão e reverência.

Como isso ilumina a expressão paulina πίστεως καὶ ἀγάπης em 1 Tessalonicenses 5:8? Provavelmente Paulo estava usando uma hendíade aqui, "devoção total", para representar um compromisso firme com o

---

[17]Moshe Weinfeld, *Deuteronomy 1–11*, Anchor Bible (New York: Doubleday, 1991), vol. 5, p. 351; cf. Jon D. Levenson, *The love of God: divine gift, human gratitude, and mutual faithfulness in Judaism* (Princeton: Princeton University Press, 2015).

[18]Mais tarde ele os ameaça com uma multa de dois mil talentos!

[19]Veja Horace White, *The Roman history of Appian of Alexandria* (London, Reino Unido: Macmillan, 1899), 1:355.

Senhor em meio à oposição. Isso não evitaria totalmente ver πίστις e ἀγάπη como virtudes cardinais cristãs separáveis. Contudo, tendemos a fazer distinções nítidas entre essas palavras — a fé é o que você *crê*, e o amor é o que você *sente* ou *faz*. Porém, quando situamos essas palavras em seu contexto antigo, muitas pessoas não fariam uma separação tão rígida entre seus significados.[20] James Dunn apresenta um argumento semelhante em relação ao uso de πίστις e ἀγάπη em Gálatas 5:6 (πίστις δι' ἀγάπης ἐνεργουμένη). Dunn resiste à tentação de separar essas palavras como se a fé fosse o início e o amor, o resultado: "A frase mais parece um só conceito — fé-pelo-amor, fé-animada-pelo-amor".[21]

Embora fora da Septuaginta/Novo Testamento πίστις e ἀγάπη nunca apareçam juntos, há situações na literatura judaica helenística em que isso acontece. Por exemplo, Josefo usa a expressão φιλίᾳ καὶ πίστει em relação ao desejo do rei de Hamate de estabelecer uma aliança com Davi (*Antiguidades judaicas* 7.107). Mais tarde, Josefo refere-se àquelas cidades que honram o imperador demonstrando πίστιν καὶ φιλίαν (*Antiguidades judaicas* 19.289). Tudo isso serve para sublinhar o fato de fé e amor serem combinados para se referir a lealdade e devoção; em uma passagem como 1Tessalonicenses 5:8, o chamado de Paulo para vestir a armadura πίστεως καὶ ἀγάπης provavelmente causou nos tessalonicenses um sentimento de convocação à guerra *cristianizada*, uma fala motivacional de um general que encoraja suas tropas a perseverar na batalha apesar de um inimigo intimidador ou circunstâncias desagradáveis.

A concentração da linguagem da fé em 1Tessalonicenses aparece no capítulo 3, em que Paulo se refere à sua preocupação com a estabilidade da πίστις dos tessalonicenses. Em 3:2, ele observa o fato de ter enviado Timóteo para verificar a situação deles e para fortalecê-los e

---

[20]David Konstan, "Trusting in Jesus", *Journal for the Study of the New Testament* 40 (2018): 247-54, espec. 251.

[21]James D. G. Dunn, *The theology of Paul the apostle* (Grand Rapids: Eerdmans, 1998), p. 638 [edição em português: *A teologia do apóstolo Paulo*, tradução de Edwino Royer (São Paulo: Paulus, 2003)], obra em que ele cita como relevante 1Tessalonicenses 1:3 e 5:8; para uma perspectiva semelhante, veja Beverly R. Gaventa, *First and Second Thessalonians*, Interpretation (Louisville: Westminster John Knox, 1998), p. 44; Campbell, *Quest for Paul's gospel*, p. 186.

encorajá-los ὑπὲρ τῆς πίστεως ὑμῶν. Seu temor era que fossem abalados pela perseguição e sua πίστις vacilasse. Temendo que o tentador atiçasse medo, pânico e desesperança, Timóteo foi enviado εἰς τὸ γνῶναι τὴν πίστιν ὑμῶν (3:5). Paulo ficou totalmente cheio de alegria quando Timóteo o informou de sua τὴν πίστιν καὶ τὴν ἀγάπην (3:6), notícias que produziram tranquilidade e alívio em Paulo (3:7). É bastante óbvio que, com πίστις nesta passagem, Paulo *não* tem em mente apenas convicções religiosas.[22]

Nossa melhor ferramenta de interpretação de πίστις é a declaração seguinte de Paulo, em que afirma ter ficado aliviado ao saber que eles "estão firmes no Senhor" (3:8).[23] Como James Thompson explica, esse uso de πίστις é semelhante ao modelo de linguagem de fidelidade, coragem e resiliência apresentado na Septuaginta e na literatura judaica helenística em relação aos compromissos inflexíveis dos grandes heróis de Israel (Eclesiástico 45:4; 46:15; 1Macabeus 2:59).[24]Thompson menciona claramente a referência à mãe fiel de 4Macabeus, que é exaltada pela sua nobreza na πίστις (4Macabeus 17:2; cf. 1:8). Em meio à tortura e aos estímulos à apostasia, a matriarca valente encoraja seus filhos a morrer com coragem por causa de εὐσεβεία (15:12). Nas palavras do narrador: "Essa mãe, que os assistiu sendo torturados e queimados um após o outro, por causa de εὐσεβεία permaneceu firme" (15:14, NRSV). Isso parece ser semelhante tematicamente ao uso paulino de πίστις em 1Tessalonicenses. No uso paulino de πίστις, trata-se muito mais de coragem e menos de doutrina como doutrina

---

[22]Assim Eugene Boring observa: "Timóteo não havia sido enviado para determinar se os novos convertidos eram ortodoxos, mas para verificar se as pressões culturais, que provavelmente já tinham dado uma guinada violenta, os haviam levado a se afastar da igreja ou ao menos a adotar uma postura mais discreta", *1 and 2 Thessalonians*, New Testament Library (Louisville: Westminster John Knox, 2015), p. 117.

[23]Jouette Bassler comenta: "Eles eram (ou deveriam ser) caracterizados pelo amor, justiça, esperança, paz e perseverança. Mas, quando Paulo relatou o que era proclamado amplamente sobre eles, o que ele mais temia perderem, o que ele mais celebrava terem, era a sua *pistis*, a sua fé, à qual ele se referiu. De uma maneira fundamental, *pistis* os definia no seu relacionamento com Deus"; *Navigating Paul* (Louisville: Westminster John Knox, 2007), p. 23.

[24]James W. Thompson, *Moral formation according to Paul: the context and coherence of Pauline ethics* (Grand Rapids: Baker, 2011), p. 69; cf. também David de Silva, *Honor, patronage, kinship, and purity: unlocking New Testament culture* (Downers Grove: InterVarsity, 2012), p. 98.

ou algo específico relativo a *convicções* cristãs.²⁵ Em geral, L. Ann Jervis capta de modo convincente o propósito geral de 1Tessalonicenses e a relação do uso paulino de πίστις com ele: "Essa carta aborda o sofrimento resultante de conduzir uma vida de fidelidade a Cristo".²⁶

Filipenses

Como 1Tessalonicenses, Filipenses também é uma carta em que Paulo apresenta consolo a uma igreja que está sofrendo.²⁷ Após expressar sua gratidão a Deus pela amizade e cooperação deles no trabalho do evangelho no começo do capítulo 1, Paulo aborda os desafios que tem enfrentado em sua situação em "cadeias". Apesar da incerteza de seu destino, ele permanece certo de que acabará sendo capaz de visitá-los e ministrar-lhes o evangelho nesse tempo de necessidade. Podemos perceber algum tumulto na igreja em Filipos, pois Paulo os encoraja a se unir e representar bem o evangelho de Cristo. O que poderia ter agitado essa comunidade em Filipos? Em 1:28, Paulo faz uma menção clara a "oponentes", que aparentemente constituíam uma ameaça à igreja. Paulo usou essa ocasião para mostrar o fato de essa situação ser não uma maldição, mas talvez até mesmo uma bênção: "Pois ele graciosamente lhes concedeu o privilégio de não apenas crer em Cristo, mas também de sofrer por ele" (1:29). Paulo também continua explicando que seu *combate* (ἀγών) é o mesmo que o deles, uma luta por causa do evangelho.

A identidade desses oponentes permanece fugidia — o estudo acadêmico do tema é volumoso e complicado.²⁸ Para nossos presentes

---

²⁵Veja Gaventa, *Thessalonians*, p. 44.

²⁶L. Ann Jervis, *At the heart of the gospel* (Grand Rapids: Eerdmans, 2007), p. 31.

²⁷Veja L. Gregory Bloomquist, "Subverted by joy: suffering and joy in Paul's Letter to the Philippians", *Interpretation* 61 (2007): 270-82; Jervis, *At the heart of the gospel*, p. 37-76. Para um comentário atualizado que foca o propósito de consolo em Filipenses, veja Paul Holloway, *Philippians*, Hermeneia (Minneapolis: Fortress, 2017).

²⁸Veja as palavras de advertência de Morna Hooker, "Phantom opponents and the real source of conflict", in: Ismo Dunderberg et al., orgs., *Fair play: diversity and conflict in early Christianity*, Novum Testamentum Supplement (Leiden: Brill, 2002), vol. 103, p. 377-95; cf. também Chris Mearns, "The identity of Paul's opponents at Philippi", *New Testament Studies* 33 (1987): 194-204; e Joseph B. Tyson, "Paul's opponents at Philippi", *Perspectives in Religious Studies* 3 (1976): 83-96.

propósitos, determinar seu perfil e interesses exatos não é necessário. Estou, sim, mais interessado no que Paulo tem a dizer aos filipenses sobre como tratar e responder a essa perseguição e sofrimento. Além de tranquilizar os filipenses diante da oposição, ele também os exorta a aprender a viver em unidade. Não devemos exagerar o problema da desunião na igreja filipense; afinal de contas, Paulo demonstra uma considerável satisfação geral com a saúde da comunidade.[29] O apóstolo está entusiasmado com o compromisso constante com o evangelho demonstrado por eles. Contudo, o tipo de recomendação que ele apresenta aparenta implicar, se não rupturas da união da sua comunidade, talvez pequenas rachaduras e fendas.[30] Ele ora por um amor mútuo abundante entre os filipenses (1:9). Ele os encoraja à cooperação (2:1,2) e ao abandono de qualquer traço de competividade (3:3,4) e queixas (2:14). E, obviamente, Paulo menciona a discórdia entre Evódia e Síntique, um problema importante a ponto de ser abordado publicamente nessa carta (4:2). Alguns consideram a possibilidade de Paulo estar apresentando recomendações gerais sobre a importância da unidade em Filipenses, mas não é difícil conceber uma comunidade sob pressão mostrando sinais de desgaste, por assim dizer, e demonstrando uma falta de paciência e excesso de tensões. É nesse contexto que Paulo aborda, obviamente entre outras coisas, a questão da πίστις.

No capítulo 1, Paulo busca passar confiança e alento aos filipenses quanto ao fato de sua prisão não ser nem um acidente lamentável nem um sinal da derrota do evangelho. Antes, ela se tornou um meio extraordinário de *impulsionar* o testemunho e o trabalho do evangelho (1:13,14). Embora Paulo saiba que está em uma situação vulnerável e incerta, ele expressa com ousadia sua determinação de "continuar com todos vocês, para o seu progresso e alegria τῆς πίστεως" (1:25).

---

[29]Davorin Peterlin talvez vá longe demais na sua monografia *Paul's Letter to the Philippians in the light of disunity in the church*, Novum Testamentum Supplement (Leiden: Brill, 1995), vol. 79; para um panorama da crítica do argumento de Peterlin, veja Nijay K. Gupta, "Mirror-reading moral issues in Paul's Letters", *Journal for the Study of the New Testament* 34 (2012): 361-81.
[30]Veja Gordon D. Fee, *Paul's Letter to the Philippians*, New International Commentary on the New Testament (Grand Rapids: Eerdmans, 1995), p. 32-4.

A pressuposição aqui é que os acontecimentos recentes e circunstâncias presentes tiveram o efeito de suprimir a πίστις deles. Em 1:27, ele apresenta uma ordem bastante conscientizadora aos filipenses: "Não importa o que aconteça, exerçam a sua cidadania de maneira digna do evangelho de Cristo, para que assim, quer eu vá e os veja, quer apenas ouça a seu respeito na minha ausência, fique eu sabendo que vocês permanecem firmes num só espírito, lutando unânimes τῇ πίστει τοῦ εὐαγγελίου".

É um erro relacionar πίστις aqui apenas com convicção religiosa, embora Paulo demonstre um interesse no entendimento (correto) deles do evangelho. John Reumann interpreta πίστις em 1:27 como "religião", uma escolha incomum, mas talvez ela se aproxime mais dos interesses de Paulo e sirva de domínio conceitual melhor do que "fé" (como crença/convicção).[31] Ben Witherington define a linguagem da fé paulina aqui como "o estilo de vida cristão, pois o tema dessa carta é conduta e ortopraxia".[32] Gordon Fee baseia corretamente as declarações paulinas sobre πίστις em 1:25,27 no interesse apresentado em 1:26: o desejo de que eles transbordem no gloriar-se em Cristo Jesus.[33] Assim, o progresso lento dos filipenses na πίστις tem alguma relação com a maneira de eles analisarem Cristo e perceberem a situação dos cristãos no mundo. Fee conecta πίστις à totalidade de uma visão cristã que inclui um compromisso com o evangelho mesmo em meio à desorientação da aflição. Essa interpretação extremamente abrangente de πίστις vai além do credo ou conceptualização e inclui a vontade e a ação. Em 1:25, faz bastante sentido traduzir πίστις por "lealdade" ou "compromisso" (*progresso alegre do seu compromisso*). Em 1:27, poderíamos ir ainda mais longe, em especial pelo fato de o texto conter o tom de uma marcha militar unificada, e entender πίστις como "missão" ou "campanha". *Quão comprometidos estão vocês, filipenses, cidadãos*

---

[31]John Reumann, *Philippians*, Anchor Yale Bible (New Haven: Yale University Press, 2008), vol. 33B, p. 228-9.

[32]Ben Witherington III, *Paul's Letter to the Philippians* (Grand Rapids: Eerdmans, 2011), p. 104. Como Witherington continua explicando, não há nenhuma evidência de que os filipenses precisavam de correção doutrinária.

[33]Gordon D. Fee, *Paul's Letter to the Philippians*, New International Commentary on the New Testament (Grand Rapids: Eerdmans, 1995), p. 153-5.

genuínos do império de Cristo, com manter a luta por essa comunidade, acreditando na sua missão e no seu progresso? Desse modo, aqui em Filipenses não estamos tão longe do tipo de recomendação e encorajamento que Paulo buscou apresentar aos tessalonicenses — a preocupação com sua πίστις era uma preocupação com seu compromisso e lealdade para com o evangelho de Jesus Cristo, em especial diante de pressões e obstáculos opressivos.

Como Dieter Georgi explica, πίστις teria sido um termo bastante "carregado" na Filipos romana (mesmo que nem todas as pessoas na cidade ou na igreja fossem pessoalmente cidadãos romanos ou etnicamente romanos).[34] Os filipenses naturalmente ouviriam πίστις como fidelidade e lealdade.[35] A partir da era de Augusto, *fides* (e πίστις) passou a ter um significado político mais profundo e mais central no mundo romano. A referência de Paulo à "πίστις do evangelho", por assim dizer, evocaria imagens de lealdade a uma comunidade e líder específicos e à sua ideologia principal. Outro texto de Filipenses (2:17) ilustra isso bem. Porém, antes de passarmos ao segundo capítulo da Carta de Paulo aos Filipenses, é válido um desvio pela obra de Xenofonte *Anábase*, que ilustra a aparência que tinha no mundo greco-romano não bíblico um grupo de pessoas com dificuldades com o progresso de uma missão e preocupações com πίστις (e ἀπιστία).

Anábase é uma história de bravura, devoção e perseverança que se passa enquanto o exército grego liderado por Xenofonte experimentava dificuldades para conseguir voltar para casa após uma série de acontecimentos infelizes (para dizer o mínimo). No livro 3, com

---

[34]Veja tb. a perspectiva histórico-social de Joseph Hellermann com respeito à natureza romanizada de Filipos; *Reconstructing honor in Roman Philippi* (Cambridge: Cambridge University Press, 2005), p. 1-109. Sobre a questão da igreja em Filipos ser romana ou ter status de cidadania, veja Eduard Verhoef, *Philippi: How Christianity began in Europe* (London, Reino Unido: Bloomsbury, 2013), p. 1-52; cf. Peter Oakes, *Philippians: from people to letters*, Society for New Testament Studies Monograph (Cambridge: Cambridge University Press, 2001), vol. 86, p. 66-8.

[35]Dieter Georgi, "God upside down", in: Richard A. Horsley, org., *Paul and Empire: religion and power in Roman imperial society* (Harrisburg: Trinity, 1997), p. 148-57, espec. p. 149 [edição em português: *Paulo e o Império: religião e poder na sociedade imperial romana*, tradução de Adail Ubirajara Sobral (São Paulo: Paulus, 2004)].

um exército cansado e exausto, titubeando sob contendas na liderança, Cleanor (o Orcomeniano) coloca-se em pé diante das tropas com palavras de estímulo. Ele começa reconhecendo muitas decepções: "Venham, companheiros de combate, vocês veem o perjúrio e a impiedade do rei; vocês igualmente veem a infidelidade [ἀπιστίαν] de Tissafernes" (3.2.4, trad. Brownson/Dillery em LCL).[36] Cleanor também observa a duplicidade de Arieu (o braço direito de Ciro), em quem as tropas gregas confiavam. Cleanor sente a dor da traição de modo especial pelo fato de Arieu ter trocado com esses gregos juramentos de lealdade (καὶ ἐδώκαμεν καὶ ἐλάβομεν πιστὰ μὴ προδώσειν ἀλλήλους; 3.2.5) e então ter se voltado contra eles.[37] Referindo-se a Arieu, Cleanor deseja que recebam seu merecido castigo dos deuses. No entanto, oferecendo uma exortação final, ele diz que, ao observarmos os atos dos traidores, "nunca mais devemos ser enganados por eles, mas precisamos lutar o mais resolutamente possível e encarar qualquer destino que seja do agrado dos deuses nos enviar" (3.2.6).

Em seguida, o próprio Xenofonte, vestido com seu melhor e mais nobre equipamento de combate, levanta-se para se dirigir ao exército. Xenofonte também começa com o "perjúrio e a infidelidade dos bárbaros" (τὴν μὲν τῶν βαρβάρων ἐπιορκίαν τε καὶ ἀπιστίαν; 3.2.7). Ele observa a falta de *confiança* (διὰ πίστεως; 3.2.8) que os generais (que foram traídos e mortos ao serem enredados nessa duplicidade) experimentaram. Ele afirma que os deuses sempre ficam do lado dos homens honestos, valentes e justos (3.2.11). Após apresentar uma série de estratégias para sobreviverem à jornada perigosa de volta para casa, o grupo faz um plano para o dia seguinte.

Mitrídates aproxima-se do acampamento deles e diz: "Fui fiel a Ciro" (Κύρῳ πιστὸς ἦν). Ele afirma que sua aproximação é "amistosa"

---

[36]Sobre o tema da lealdade e da infidelidade em *Anábase*, veja John Marincola, "Xenophon's Anabasis and Hellenica", in: Michael A. Flower, org., *The Cambridge companion to Xenophon* (Cambridge: Cambridge University Press, 2016), p. 103-18, espec. p. 110-1. Veja tb. Anton-Hermann Chroust, "Treason and patriotism in ancient Greece", *Journal of the History of Ideas* 15 (1954): 280-8; sobre a obra de Xenofonte *Anábase* em particular, veja p. 285-6.

[37]Veja Joseph Jansen, "Greek oath breakers?", *Mnemosyne* 67 (2014): 122-30.

(φίλος)[38] e pergunta se seria possível viajar junto com eles (καὶ βουλόμενον κοινῇ σὺν ὑμῖν τὸν στόλον ποιεῖσθαι; 3.3.2). Os gregos percebem a manobra de Mitrídates e consideram covardes suas intenções (3.3.4). Na verdade, ele estava conspirando com o inimigo Tissafernes — e um dos parentes de Tissafernes havia sido enviado secretamente para espiar Mitrídates e se certificar de que ele mantinha sua lealdade (πίστις; 3.3.4). Nessa ocasião, Mitrídates foi mandado embora e o exército de Xenofonte decidiu desprezar qualquer aliança enquanto estivesse em território inimigo. Porém, mais tarde Mitrídates se vinga. E, assim, as dificuldades do exército grego prosseguem pelo restante da história.

É muito notável o quanto da linguagem encontrada somente nessa curta seção de *Anábase* se assemelha à linguagem de Filipenses — linguagem de lealdade (πίστις), amizade (φίλος), dar e receber/reciprocidade (ἐδώκαμεν καὶ ἐλάβομεν) e compartilhamento aberto na comunidade (κοινός). Não estou sugerindo que Paulo tinha *Anábase* em mente ao escrever Filipenses. O que acontece é que a linguagem presente em Filipenses é comum a discursos de aliança social, política e militar em geral, em que a lealdade e o compromisso para com a liderança, ideologia e missão de um grupo eram considerados essenciais. O tema da jornada, sobrevivência e salvação em *Anábase* é paralelo a como Paulo chama os filipenses para permanecerem fortes em sua jornada, encontrando um modo de "pôr em ação a salvação de vocês", à semelhança de como Mitrídates desejava assegurar sua própria sobrevivência ligando seu destino ao deles (σωτήριος em 3.2.2; σῴζω em 3.3.4).

Voltando a Filipenses 2:17, Paulo faz um discurso aos filipenses que, de novo, é semelhante ao de um comandante tentando estimular suas tropas: "Não resmunguem nem se queixem, mas, sim, brilhem como estrelas, sirvam de exemplo, representem o Senhor e a missão com maturidade, senão o que eu fiz e represento será inútil" (2:14-16). Então Paulo considera a possibilidade de sua própria morte: "E se a

---

[38]Sobre o tema da amizade, veja Gabriel Herman, *Ritualised friendship and the Greek city* (Cambridge: Cambridge University Press, 2002), p. 4-5.

minha vida estiver sendo derramada?". Mas, em vez de se entregar ao desespero, ele diz com esperança e resiliência: "Minha vida é como uma oferta de bebida sendo derramada sobre o sacrifício e o serviço da πίστις de vocês". Paulo está dizendo aqui que, mesmo que ele morresse, sua morte se daria pelas razões certas e continuaria servindo à missão e ao serviço do evangelho. E ele insere a vida *deles* nessa história; o sofrimento e a aflição deles se identificam com a prisão de Paulo, seus destinos estão entrelaçados. Em um contexto justamente desse tipo, seria um erro reduzir a πίστις deles a convicções ou a um credo. Ele chama o modo de vida deles de *sacrificial* e identifica a energia que dedicam ao trabalho do evangelho (veja 1:3-7). Essa atividade faz parte do compromisso holístico (πίστις) deles com Jesus Cristo.

Tanto em 1Tessalonicenses quanto em Filipenses, Paulo estava especialmente interessado em fortalecer a determinação de igrejas que estavam experimentando perseguição. Em ambas as epístolas, ele mostra um interesse direto na πίστις dos cristãos. É melhor interpretar isso como convicção/fé, como se o interesse de Paulo fosse essencialmente questões doutrinárias? Uma vez que Paulo emprega metáforas militares em ambas as cartas para ajudar esses cristãos a desenvolver uma atitude resiliente em relação às suas aflições, seria responsável situar o uso paulino de πίστις no contexto de textos de conflito ou militares antigos, que utilizam a mesma constelação de termos na perspectiva do reforço de lealdade e compromisso para com a liderança, etos e missão da comunidade.[39] Obviamente, durante nosso estudo de toda a variedade no uso que Paulo faz da linguagem da fé em suas cartas, constataremos que as coisas nem sempre são totalmente nítidas e claras, e achar as palavras certas em nosso idioma para traduzir πίστις é difícil (*traduttore, traditore!*). Por razões heurísticas, identifiquei certas tendências em 1Tessalonicenss e Filipenses — especialmente à luz de seus contextos históricos e literários — que conduzem a uma preferência

---

[39]Veja Timothy Geoffrion, *The rhetorical purpose and the political and military character of Philippians: a call to stand firm* (Lewiston: Mellen, 1993); e Edgar Krentz, "Military language and metaphors in Philippians", in: B. H. McLean, org., *Origins and method: towards a new understanding of Judaism and Christianity* (Sheffield, Reino Unido: JSOT, 1993), p. 105-27.

por aqueles significados e ecos semânticos relacionados a "fidelidade" e "compromisso ousado".

Apocalipse

Antes de finalizarmos este capítulo e passarmos a outras nuanças e significados da linguagem de fé paulina, será proveitoso fazermos um breve exame do uso da linguagem de fé em Apocalipse, um texto que tem algumas semelhanças contextuais com 1Tessalonicenses e Filipenses, em especial o reforço do testemunho fiel e da esperança em uma situação de hostilidade social e perseguição. Uma das razões de ser útil incluir Apocalipse na conversa para comparação é o fato de, com frequência, achatarmos o uso paulino da linguagem de fé e impormos ao seu uso as noções de fé *versus* obras ou de fé como doutrina. Todavia, em virtude das semelhanças entre 1Tessalonicenses, Filipenses e Apocalipse quanto à perspectiva sócio-contextual, perceberemos facilmente que o uso paulino de πίστις tem um aspecto bem semelhante ao uso de πίστις em Apocalipse — e ficará claro que πίστις em Apocalipse regularmente envolve lealdade, fidelidade e testemunho sacrificial.

Nas sete cartas às sete igrejas, Apocalipse dirige-se a uma variedade de comunidades que interagem com a cultura maior. Algumas são louvadas pelo seu testemunho e integridade. Outras são condenadas pela determinação fraca e atitude soberba. Por exemplo, com relação à igreja de Esmirna, o profeta reconhece a aflição e privação material deles (θλῖψιν καὶ τὴν πτωχείαν; 2:9). De fato, mais sofrimento é previsto (2:10), tentações e provações virão das mãos do Diabo: "Vocês sofrerão perseguição durante dez dias. Seja fiel até a morte [πιστὸς ἄχρι θανάτου], e eu lhe darei a coroa da vida" (2:10).[40]

A igreja de Pérgamo encontra-se no domínio de Satanás. No entanto, esses cristãos estão permanecendo fiéis ao nome de Jesus, e essa igreja "não renunciou à sua fé em mim [τὴν πίστιν μου], nem mesmo quando Antipas, minha fiel testemunha, foi morto nessa cidade, onde Satanás habita" (2:13). A perseguição potencialmente ameaçou a πίστις desse

---

[40]Observe a semelhança notável com a epígrafe deste capítulo extraída de Pseudo-Focílides: στέργε φίλους ἄχρις θανάτου· πίστις γὰρ ἀμείνων.

povo, mas eles permaneceram leais, o que é demonstrado pelo martírio da respeitada testemunha Antipas, que é chamado de ὁ πιστός μου. Apocalipse une πίστις e πιστός como termos irmãos, talvez não com significados idênticos, mas semelhantes, a ponto de ser possível interpretar πίστις como lealdade.[41]

A igreja em Tiatira é tanto louvada quanto repreendida. Ela é censurada severamente por tolerar "Jezabel, aquela mulher", uma falsa mestra (2:20). Ela e aqueles que a seguem (2:23,24) serão julgados. Tiatira é advertida: "apeguem-se com firmeza ao que vocês têm, até que eu venha" (2:25). As palavras de encorajamento aparecem no início da carta a Tiatira:

> Conheço as suas obras — o seu amor, a sua fé, o seu serviço e a sua perseverança paciente [οἶδά σου τὰ ἔργα καὶ τὴν ἀγάπην καὶ τὴν πίστιν καὶ τὴν διακονίαν καὶ τὴν ὑπομονήν σου, καὶ τὰ ἔργα σου τὰ ἔσχατα πλείονα τῶν πρώτων] (2:19, NRSV).

A constelação de termos que aparecem aqui louva a lealdade deles: ao menos três deles também são reforçados em 1Tessalonicenses (amor, fé, perseverança); e Filipenses 2:17 usa λειτουργία de um modo semelhante a διακονία aqui. De acordo com categorias paulinas tradicionais, a união entre obras e fé em Apocalipse 2:19 poderia ser considerada estranha, mas isso é notavelmente semelhante a "obras da fé" em 1Tessalonicenses 1:3.[42]

---

[41]Veja David E. Aune, *Revelation*, Word Biblical Commentary (Grand Rapids: Zondervan, 1997), vol. 52A-C, 1:184, 3 vols. Crook também prefere a tradução "lealdade" para πίστις nesse contexto: "É lealdade a Cristo que resultou na perseguição de cristãos executada pelos romanos. Como muitos judeus antes deles, alguns cristãos não estavam dispostos a dividir sua lealdade entre líderes romanos e Deus", *Reconceptualizing conversion*, p. 213.

[42]Eugene Boring, *Revelation*, Interpretation (Louisville: Westminster John Knox, 2011), p. 95, escreve: "João não está pensando na perspectiva paulina de 'fé *versus* obras', de como o pecador culpado se torna aceitável diante de Deus ou de como Deus pode incorporar gentios na comunidade salva sem falhar nas suas promessas a Israel. 'Crer' é um verbo que simplesmente não aparece em Apocalipse; 'fé' como substantivo significa 'fidelidade' (2:13,19; 13:10) ou *a* fé, o conteúdo da fé (14:12); 'fiel' como adjetivo significa não 'aquele que crê', mas 'leal, perseverante, que tem integridade'. [...] Portanto, em Apocalipse, todo o grupo de palavras para fé e crer nunca é usado em um

Já deveria ser bastante óbvio que traduzir πίστις por fé nesse contexto pode passar uma impressão errada, pois Apocalipse usa essas cartas para reafirmar a importância da confiança firme no evangelho e em Jesus Cristo em um contexto de oposição total. Exatamente por causa disso, Greg Beale argumenta que o conjunto de termos usados em 2:19 aponta para "testemunho perseverante", algo que vai muito além do que concebemos como doutrina ou crença/convicção cognitiva.[43] Em Apocalipse 13:10, João usa πίστις para advertir que um testemunho genuíno precisa demonstrar a "perseverança fiel dos santos" (ἡ ὑπομονὴ καὶ ἡ πίστις τῶν ἁγίων; TA).[44]

Conclusão

Paulo às vezes usa πίστις com o significado de "fidelidade" ou "lealdade", em consonância com as muitas vezes que o termo tem esse significado na literatura helenística maior da época. Ainda mais especificamente, o uso do termo é natural quando um autor falante de grego tem a intenção de reforçar valores comunais e espírito de equipe a uma comunidade sob pressão. Esse é claramente o caso em 1Tessalonicenses e Filipenses, em que ambas as igrejas estavam experimentando pressão social e rejeição. Paulo mostra interesse em não apenas que esses cristãos mantenham algum tipo de compromisso mental com certas convicções (embora essa questão não deva ser totalmente excluída desse interesse), mas também que se comprometam com uma πίστις que é um pacote completo e que envolve a

---

contraste com obras, como em Paulo, e nunca tem o significado paulino de 'obediência em confiança pessoal que medeia nosso relacionamento com Deus'". O teor central do que Boring está dizendo sobre Apocalipse está correto, mas seus comentários sobre Paulo são rígidos demais, especialmente em virtude das semelhanças entre Apocalipse e 1Tessalonicenses já identificadas com respeito ao seu uso de πίστις.

[43]Gregory K. Beale, *The book of Revelation*, New International Greek Testament Commentary (Grand Rapids: Eerdmans, 1999), p. 260; veja Aune, *Revelation*, 1:202; cf. Michael J. Gorman, *The death of the Messiah and the birth of the covenant* (Eugene: Wipf & Stock, 2014), p. 73.

[44]Veja tb. Craig Koester, *Revelation and the end of all things*, 2. ed. (Grand Rapids: Eerdmans, 2018), p. 182; Greg Carey, "Revelation as counter-imperial script", in: Richard A. Horsley, org., *In the shadow of Empire: reclaiming the Bible as a history of faithful resistance* (Louisville: Westminster John Knox, 2008), p. 157-76, espec. p. 173.

vontade e um sentido ativo de lealdade. Meu objetivo neste livro é ir *além de* definições simplistas demais, rigidamente cognitivas e espiritualizadas de πίστις em Paulo. Assim, eu identifiquei, por mais heuristicamente que seja necessário neste estágio, exemplos específicos em que ele estava tratando de lealdade ou o que poderíamos chamar de "fé obediente". Mas é igualmente um erro *sempre* presumir que Paulo tem em mente lealdade com seu uso de πίστις. Como demonstrarei no capítulo seguinte (1Coríntios), Paulo era capaz de fazer usos de πίστις que situam o termo mais semanticamente no domínio da mente e em relação a palavras como sabedoria/loucura e pensamento/convicção. Paulo estava bem ciente da natureza polivalente de πίστις e potencializou esse aspecto dinâmico para proporcionar um tipo de completude à sua maneira de comunicar o caminho de Jesus.

6

SABEDORIA ESTRANHA

A sabedoria da cruz e a loucura humilde da fé em 1Coríntios

> A fé é o reconhecimento de — e uma participação em — uma pobreza de conhecimento e sabedoria autogerados e autônomos. É agarrar-se à "sabedoria estranha" de Deus em Jesus Cristo. (Nijay K. Gupta.)

No tratado de Martinho Lutero *Freedom of a Christian* [Da liberdade cristã], ele apresenta o argumento a favor de sua ênfase na fé e na liberdade das obras da lei por meio de Jesus Cristo. Lutero reconhece que ele está indo contra a corrente de uma enorme parte do pensamento cristão antes dele e que o cerca. Assim, no fim do texto, ele insiste em que, para levar sua posição a sério, os leitores precisarão pensar de maneira nova — Lutero diz que eles precisam ser *theodidacti*, ensinados por Deus. A dependência da sabedoria natural e da razão não *conduziria* alguém ao evangelho da fé de Lutero e da liberdade em Cristo, mas, sim, o *afastaria* dele.

David H. Hopper explica que essa perspectiva perpassa as obras de Lutero de maneira constante, ou seja, a ideia de que "a revelação de Deus em Cristo [deve] confundir a sabedoria do mundo em conformidade com 1Coríntios 1:18-25".[1] Hopper entra em mais detalhes com respeito à epistemologia de Lutero:

---

[1] D. H. Hopper, *Divine transcendence and the culture of change* (Grand Rapids: Eerdmans, 2010), p. 104.

A sabedoria transformadora singular de Deus é estranha para o mundo — e o mundo declara sua sentença sobre ela na morte de Jesus na cruz. Mas o Deus transcendente anula e invalida essa sentença, tornando essa sabedoria a própria base da fé, esperança e amor. A fé entende a sabedoria estranha de Deus e a justiça vinda dela como libertação, como nada menos do que a salvação prometida de Deus.[2]

Este capítulo se empenha em extrair essa noção da relação entre "sabedoria estranha" e "fé" em 1Coríntios (não totalmente de acordo com a hermenêutica de Lutero, mas captando o cerne de seu pensamento). Prestar atenção na linguagem da fé em 1Coríntios ajuda-nos a entender seu argumento principal na carta com respeito à sabedoria da cruz. Após uma breve passagem pela linguagem da fé em 1Coríntios como um todo, examinaremos o uso de πίστις em 2:5, a análise paulina da fé como uma dádiva (12:9) e o uso de πίστις (fé-esperança-amor) no famoso discurso paulino sobre ἀγάπη em 1Coríntios 13.

A linguagem da fé em 1Coríntios

A linguagem da fé aparece em praticamente cada capítulo de 1Coríntios.

Πιστεύω

Paulo com frequência usa πιστεύω como uma convenção cristã para se referir àqueles que abraçaram ("creem em") o evangelho de Jesus Cristo; observamos esse uso em 3:5 e 14:22, bem como em 15:2 e 15:11 em relação à fé na ressurreição. O uso de πιστεύω em 1:21 é mais calculado e serve ao seu argumento maior de modo mais intencional (veja comentários de 1:18-25 adiante). Mais uma passagem em que o uso paulino de πιστεύω merece um exame mais atento é 13:7: o amor tudo *crê* (veja adiante).

---

[2]Hopper, *Divine transcendence*, p. 104. Observamos conexões óbvias aqui com a comparação famosa de Lutero entre "a teologia da glória" e a "teologia da cruz" na Disputa de Heidelberg. Lutero faz uso de 1Coríntios 1:25 para explicar sua perspectiva sobre a natureza do teólogo genuíno que "compreende as coisas visíveis e manifestas de Deus vistas pelo sofrimento e pela cruz"; veja "Heidelberg disputation", in: Jaroslav Pelikan; Helmut T. Lehmann, orgs., *Luther's works* (Philadelphia: Fortress, 1957), 31.40.

Πιστός

O adjetivo πιστός ocorre cinco vezes nessa epístola. Em duas ocasiões, ele é atribuído a Deus — Paulo observa diretamente em 1Coríntios o fato de Deus ser *fiel* no chamado deles (1:9). Perto do fim da carta, ele sublinha o fato de Deus libertar fielmente seu povo por meio de provações (10:13). Essas aparições aparentam ser um tipo de marcações de começo e fim; Deus é fiel do primeiro dia até o último.

Paulo também usa πιστός em relação à confiabilidade e lealdade apostólicas. Os apóstolos são mordomos fiéis (4:2). Timóteo é um modelo dessa lealdade (4:17), bem como o próprio Paulo (7:25).

Πίστις

Πίστις aparece sete vezes nessa carta. Paulo refere-se ao ensino do evangelho, do qual a πίστις deles depende, em 2:5 (veja adiante). Mais tarde, ele usa πίστις em relação a um dom específico que o Espírito pode conceder aos cristãos (12:9; cf. 13:2). O termo é mencionado mais uma vez como parte da famosa tríade πίστις-ἐλπίς-ἀγάπη (13:13).

No discurso de Paulo sobre a ressurreição, ele tem a oportunidade de mencionar que, sem a ressurreição física de Jesus, sua πίστις é vazia (15:14,17). E, nas suas palavras finais, ele chama os coríntios para se manterem firmes "na fé" (ἐν τῇ πίστει; 16:13; veja adiante).

Sabedoria estranha, fé humilde (2:5)

O uso de πίστις em 1Coríntios 2:5 é amplamente ignorado por estudiosos e proporciona um vislumbre importante do entendimento de Paulo da relação da fé com o conhecimento e com a sabedoria. Porém, antes de tratar diretamente do texto, apresentarei um breve panorama dos problemas de Corinto, as razões de Paulo ter escrito 1Coríntios e o que ele estava tentando comunicar na seção maior da carta (1:18—2:16).

Anthony Thiselton argumenta que Paulo estava lidando com uma igreja que tentou abraçar Cristo ao mesmo tempo que também se agarrava aos valores sociais e culturais coríntios pré-cristãos.

Thiselton observa três traços que obstruíam o crescimento cristão deles:[3]

- comportamento agonístico: os cristãos coríntios tinham um "impulso para a competitividade, realizações próprias e autopromoção".
- autonomia: eles tinham "uma atitude de autossuficiência, autocongratulações e autonomia e se sentiam no direito de usufruir de liberdades".
- transcendência: eles demonstravam a "tendência de *valorizar demais dons de 'conhecimento', 'sabedoria' e 'liberdade'*, acima de dons mais básicos do cotidiano, como *o amor e o respeito pelos outros*".

Com respeito especialmente ao discurso inicial de Paulo sobre "palavras persuasivas de sabedoria" (2:4), Thiselton seleciona a obsessão dos coríntios pela associação do status e da autopromoção com suas expectativas de certo tipo de retórica.[4] Thiselton argumenta que Paulo tinha a *capacidade* de jogar o jogo deles de "glória retórica própria", mas que ele fez questão de *não* fazê-lo.[5] Para tornar claro o sentido de 1:18—2:16, é útil observar os elementos de cenário e contexto históricos a seguir.

Philotimia ("Amor à honra")

Mark Finney escreveu uma monografia importante sobre 1Coríntios, referindo-se a *philotimia* como um valor greco-romano fundamental. Certamente, isso contribuiu para a natureza combativa das divisões e das discórdias em Corinto e também desempenhou um papel nas críticas e preocupações contínuas dos coríntios com respeito à liderança apostólica de Paulo. Paulo precisa convencer os coríntios a pensar de uma forma diferente sobre a natureza da honra, sobre o que o próprio

---

[3]Anthony Thiselton, *1 Corinthians: a shorter exegetical and pastoral commentary* (Grand Rapids: Eerdmans, 2011), p. 9; cf. James D. G. Dunn, *1 Corinthians* (Sheffield, Reino Unido: Sheffield Academic Press, 1995), p. 18.
[4]Thiselton, *1 Corinthians*, p. 10.
[5]Thiselton, *1 Corinthians*, p. 19.

"tribunal adequado da reputação" deve ser e sobre como interpretar a cruz de Cristo em relação à glória e à vergonha. Paulo precisa invadir as pressuposições e valores relativos à honra dos coríntios e moldar um novo padrão de existência comunal — e ele o faz não minimizando a cruz, mas magnificando-a. Finney comenta:

> Ali, na cruz, o cristão descobre que a sabedoria e o poder consistem não no que o mundo valoriza, mas em algo bem diferente: elas são achadas não no desejo de honra, mas na rejeição abnegada do status; não em se aproveitar de outros para obter mais honra, mas em abandonar o próprio benefício em prol dos desamparados. [...] Para Paulo, o paradoxo de Cristo crucificado torna-se o único modelo para uma relação paradoxal resultante entre o movimento de Jesus e as estruturas relacionadas à honra presentes em volta deles.[6]

A cruz de Cristo exigia e estimulava um tipo de humildade e mansidão estranho às aspirações de muitos gregos e romanos. Como Victor Furnish nos lembra, a religião greco-romana tendia a basear-se em imagens de poder no culto, "como um monte de grãos, um cesto de frutas ou um falo ereto" — imagens de *vida, poder* e *abundância*.[7] Desse modo, o foco de Paulo na cruz certamente teria sido uma enorme decepção (1Co 2:2).

Retórica e sabedoria

Paulo fez questão de *não* satisfazer os desejos deles de retórica agradável aos ouvidos. Uma importante monografia de Adam White fornece um pano de fundo extensivo à questão das expectativas impostas aos oradores e da aprovação concedida a eles. White argumenta que Paulo estava sendo avaliado em relação aos critérios de oradores populares de sua época. Paulo não correspondeu às expectativas, e Apolo aparentemente se saiu muito melhor.[8]

---

[6]Mark T. Finney, *Honour and conflict in the ancient world: 1 Corinthians in its Greco-Roman setting* (London, Reino Unido: T&T Clark, 2012), p. 220.

[7]Victor Furnish, *The theology of the First Letter to the Corinthians* (Cambridge: Cambridge University Press, 1999), p. 39.

[8]Veja Adam White, *Where is the wise man? Graeco-Roman education as a background to the divisions in 1 Corinthians 1–4* (London, Reino Unido: T&T Clark, 2015).

A despeito do interesse greco-romano mais geral na retórica habilidosa, Richard Horsley enfatiza corretamente que o que provavelmente observamos em Corinto é uma versão *judaica* de um sistema de valores que dava muita importância à fala eloquente (cf. Filo; *Sabedoria de Salomão*).[9]

Em 1Coríntios 1:8—2:16, Paulo critica os coríntios pelas suas divisões triviais (1:10-17). Em vez de abordar as disputas mesquinhas e divisoras deles, ele leva a questão de volta à sua base com sua consideração da cruz (1:18). Deus busca uma "sabedoria mais sábia" do que o mundo é capaz de conceber (1:18-20). A sabedoria do mundo simplesmente não era capaz de reconhecer as novas do evangelho como boas. Assim, o plano divino envolveu uma proclamação louca do evangelho para "salvar aqueles que creem" (1:21). Os apóstolos não focavam nem em sinais para os judeus nem em sabedoria para os gregos, mas simplesmente no Cristo crucificado, em Jesus, o criminoso e louco (1:22,23).

Aqueles que rejeitam esse Jesus crucificado demonstram ser cegos e surdos, mas aqueles que são chamados — tanto judeus quanto gregos — enxergam poder na mensagem da cruz e ouvem sabedoria divina (1:24), isto é, poder e sabedoria de uma categoria e ordem totalmente diferentes do que os mortais podem produzir (1:25).

Em 1:26-31, Paulo apela à recepção deles do evangelho. Deus buscou os excluídos do mundo para demonstrar que os valores do mundo precisam passar por uma reviravolta (1:26-28).[10] Do contrário, o evangelho se tornaria mais um contexto para status, vanglória, orgulho e poder, exatamente o que ocorreu em Corinto (1:29). A mensagem da cruz proporciona a oportunidade não de vergonha, mas de nova vida, nova sabedoria, nova justiça, nova consagração, nova redenção (1:30). No entanto, para se abrir a essas coisas, ninguém pode mais afirmar o direito a qualquer vanglória; a glória pertence apenas a Deus (1:31).

---

[9] Richard A. Horsley defende que Apolo teria sido a ligação histórica entre a situação coríntia e a tradição de sabedoria helênico-judaica; veja *Wisdom and spiritual transcendence in Corinth* (Eugene: Wipf &Stock, 2008).
[10] Veja White, *Where is the wise man?*, p. 76.

No capítulo 2, Paulo passa à perspectiva sobre seu ministério em Corinto. Ele foi para Corinto "com fraqueza, temor e com muito tremor" ao ir para pregar a cruz (2:1-3). Suas palavras tiveram impacto pelo poder do Espírito, e não pela sua retórica impressionante, pois do contrário o veículo abafaria a mensagem (2:4,5).

Paulo não nega que ele foi para transmitir sabedoria — de fato ele apresentou sabedoria —, mas ela foi a sabedoria "secreta e oculta" de Deus, absurda para o ouvido, o olho e a mente naturais (2:6,7). Apenas o Espírito ilumina a sabedoria que deixa todas as pessoas desamparadas no escuro (2:8-15). Pelo Espírito (e pela πίστις), ao ter a "mente de Cristo", o cristão poderia encontrar sabedoria no evangelho "louco" de Deus e na mensagem da cruz (2:16).

Em 1Coríntios 1—4, Paulo entrelaça todos esses conceitos: divisões, sabedoria, cruz, vanglória, Espírito, edificação e apostolado.[11] Em 1Coríntios 1 e 2, a ênfase persistente está na sabedoria divina.[12] É interessante observar que, apesar da obsessão dos coríntios pela sabedoria, Paulo não hesitou em usar a palavra σοφία de modo positivo. Peter Lampe explica a questão: "Paulo apropria-se à força de um dos termos mais estimados entre os gregos. Fazendo uso do termo *sophia* como um vaso, ele o esvazia das associações entre os gregos com 'sabedoria'".[13] A pergunta que agora se apresenta a nós está relacionada a 2:5: como Paulo usa πίστις para explicar essa sabedoria secreta revelada no evangelho cruciforme de Jesus Cristo?

Ele escreve: "Minha mensagem e minha pregação não consistiram em palavras persuasivas de sabedoria, mas consistiram em demonstração do poder do Espírito, para que a fé que vocês têm não se baseasse na sabedoria humana, mas no poder de Deus" (2:4,5). Obviamente, a maioria das versões traduz πίστις por fé, e os comentaristas prestam pouca atenção em sua presença em 2:5. A maioria dos estudiosos considera esse um uso convencional de πίστις, que apresenta bem pouca

---

[11] Veja Harm-Jan Inkelaar, *Conflict over wisdom: the theme of 1 Corinthians1-4 rooted in Scripture* (Leuven: Peeters, 2011), p. 105.

[12] Veja Inkelaar, *Conflict over wisdom*, p. 105-6.

[13] Peter Lampe, "Theological wisdom and the 'word about the cross': the rhetorical scheme in 1 Corinthians 1–4", *Interpretation* 44 (1990): 117-31, espec. 122.

contribuição direta para o discurso de sabedoria paulino. Mas a formulação cuidadosa de Paulo na verdade é muito mais significativa do que é reconhecido à primeira vista.

Em primeiro lugar, 1Coríntios 2:4,5 tem um papel importante no ensino inicial de Paulo nessa carta, formando a delimitação de uma seção junto com 1:18.[14] Com respeito à relação que πίστις poderia ter com controvérsias específicas em Corinto, é preciso salientar que alguns estudiosos identificam πίστις como um tipo de termo retórico helenístico, em contextos semelhantes encorajando a tradução "convicção". Em 2:4, Paulo usou a palavra ἀπόδειξις, que também é uma terminologia helenística convencional; R. F. Collins afirma corretamente que πίστις (nesses contextos retóricos) significa "prova" e que ἀπόδειξις significa "prova demonstrativa".[15] Pheme Perkins, de maneira semelhante, traduz πίστις em 2:5 por "convicção".[16] Scott Nash explica que, quando πίστις é usado como um termo retórico, "o foco está em como os ouvintes ficam convencidos da veracidade da mensagem".[17]

Essas observações estão no caminho certo. Isto é, Paulo fez um uso proposital de linguagem retórica convencional aqui, mas ele estava fazendo mais, talvez até mesmo aludindo a um termo retórico com um pouco de ironia. Paulo talvez tenha tentado chamar a atenção deles com a palavra "convicção" (πίστις), mas tendo em mente que πίστις fosse entendido à luz de um uso profético mais judaico da linguagem da fé.

Portanto, πίστις aqui se torna uma senha para uma forma especial de a mente abraçar a "sabedoria estranha" e louca da mensagem da cruz. A razão de πίστις desempenhar o papel certo para esse significado está relacionada ao tipo de natureza invisível da fé. Crer às vezes

---

[14]Richard B. Hays, *First Corinthians*, Interpretation (Louisville: Westminster John Knox, 1997), p. 36; cf. Gordon D. Fee, *The First Epistle to the Corinthians*, 2. ed., New International Commentary on the New Testament (Grand Rapids: Eerdmans, 2014), p. 101 [edição em português: *1Coríntios* (São Paulo: Vida Nova, 2019)].

[15]Raymond F. Collins, *First Corinthians*, Sacra Pagina (Collegeville: Liturgical, 1999), vol. 7, p. 117.

[16]Pheme Perkins, *First Corinthians*, Paideia (Grand Rapids: Baker, 2012), p. 57.

[17]R. Scott Nash, *First Corinthians* (Macon: Smyth & Helwys, 2009), p. 93; cf. Craig S. Keener, *1–2 Corinthians* (Cambridge: Cambridge University Press, 2005), p. 35. É interessante que Inkeiaar *de fato* dá atenção a como ἀπόδειξις (2:4) pode funcionar como um termo retórico, mas não aborda o uso retórico de πίστις; *Conflict over wisdom*, p. 46.

pode ser comparado a agarrar-se a algo no escuro, a saltar no abismo. Essa linha de interpretação de πίστις em 2:5 pode ser demonstrada e defendida pela análise de três questões: (1) a ligação posterior de Paulo entre πίστις e a ressurreição (15:12-34), seu uso de πιστεύω em 1:21 e (3) o papel importante que πιστεύω desempenha em Isaías na Septuaginta, especialmente em relação ao seu uso em 1Coríntios 1—4.[18]

Em 15:12, Paulo responde àqueles que negam a ressurreição dos mortos. Como muitos estudiosos defendem, o aparente problema é a aversão entre os pagãos à ideia do *corpo* ressurreto e eterno. Nash explica: "A perspectiva de cadáveres revigorados era estranha à maioria dos gentios".[19] Paulo começa seu argumento a partir dessa convicção ausente. Se não haverá uma ressurreição dos corpos dos seguidores de Cristo, isso nega a ressurreição do corpo de Jesus. E a recuperação e renovação do corpo de Jesus da sentença da morte é tão central ao evangelho que a estrutura inteira do evangelho desabaria. Como muitos estudiosos afirmam, a ressurreição tem a ver não apenas com a ressurreição do corpo, mas também com a própria natureza do discipulado e da própria vida cristã — as reivindicações do evangelho prometem uma justiça e vindicação finais do sofrimento do corpo: "Se não há ressurreição, esse modo de vida de autonegação não faz sentido; aqueles que seguem o exemplo de Jesus e de Paulo são pessoas ingênuas que estão perdendo o que merecem receber nesta vida".[20]

Portanto, os cristãos que aguardam a ressurreição corporal precisam viver pela *fé*, pois a ressurreição com a qual contam é quase inconcebível. Mas, se ela demonstra ser uma mentira, essa πίστις de fato era equivocada e inútil (15:14,17). De maneira quase certamente

---

[18]A abordagem de Teresa Morgan ao uso paulino de πίστις em 1Coríntios, até mesmo 2:5, é decisivamente não epistemológica. Isto é, ela considera o uso paulino de πίστις aqui parte da dinâmica relacional entre Deus, Cristo e a humanidade e em particular "o poder divino que o ser humano fiel canaliza". Isso não aparenta captar o próprio foco claro de Paulo nessa seção na fé louca por meio da sabedoria divina; veja *Roman faith and Christian faith: pistis and fides in the early Roman Empire and the early churches* (Oxford: Oxford University Press, 2015), p. 248-52, espec. p. 252.

[19]Nash, *First Corinthians*, p. 402.

[20]Hays, *First Corinthians*, p. 262; cf. C. K. Barrett, *The First Epistle to the Corinthians* (Peabody: Hendrickson, 1968), p. 350.

intencional (à luz de 13:13), Paulo liga fé (πίστις) e *esperança* (ἐλπίζω): "Se é apenas para esta vida que temos esperança em Cristo, somos, de todos os homens, os mais dignos de compaixão" (15:19). Paulo poderia ter praticamente dito: "Se é apenas para esta vida que *temos fé em Cristo*" ou *"cremos em Cristo"*. O que a fé e a esperança têm em comum nesse contexto é um tipo de *aposta*, o *risco* da fé. Aqui há uma aposta, mas isso não significa que Paulo não percebia nenhuma evidência ou razão. O que ocorre é que a evidência precisa ser reconhecida pelos olhos da fé, vendo o que muitos não veem, reconhecendo o que é praticamente imperceptível.

Em 1:18, Paulo lançou a bomba de sua hermenêutica da cruz. Isto é, a cruz estabelece a divisão genuína entre aqueles que pensam com a sabedoria de Deus e aqueles que permanecem na letargia da loucura carnal. É quase como se a cruz fosse apresentada com um teste. Isso me faz pensar no antigo truque das moedas de dez e de cinco centavos. Uma criança pode dizer a um amigo ingênuo: "Se você me der todas as moedas de dez centavos, vou dar-lhe todas as minhas moedas *maiores* de cinco centavos". O truque é que, ainda que — para o olho ávido — as moedas de cinco centavos sejam maiores, elas *na realidade* valem menos. A pessoa precisa "estar por dentro" para reconhecer que as moedas menores valem mais.

Esse tipo de "ver com algo que não os olhos" é o que Paulo tem mente com relação à fé e seu modo de identificar aqueles que creem: "Visto que, na sabedoria de Deus, o mundo não o conheceu por meio da sabedoria humana, agradou a Deus salvar aqueles que creem por meio da loucura da pregação" (1:21). Está claro que Paulo está estabelecendo uma ligação entre loucura e aqueles que creem. "Crer" não é um termo neutro aqui. Quase certamente ele transmite uma conotação negativa do ponto de vista do mundo. *Os crentes são loucos.* Assim, nesse sentido, os crentes são tratados pelo mundo como cegos, de forma que eles de fato têm um senso de "fé cega". Eles enxergam o valor (oculto) naquelas moedinhas desinteressantes, mas o mundo não consegue tirar os olhos das moedas maiores.

Paulo poderia ter usado uma linguagem diferente para os cristãos em 1:21 (e.g., aqueles que foram "chamados"; cf. 1:24). Mas usar πιστεύω faz total sentido como uma preparação para 1:28. Deus fez uma escolha intencional do que "é insignificante [e] desprezado" — *os nadas* — para desvalorizar o que aparenta ser precioso segundo critérios mundanos. Para Paulo, essa transvaloração, difícil de explicar, impossível de demonstrar, exige os olhos e a sabedoria da fé. Essa parte termina com a condenação da vanglória (1:29) e com a elevação de Cristo (1:30). Paulo sublinha que se vangloriar leva à soberba. Mas a palavra da cruz produz fé humilde.

Essa visão do ato de crer e da fé em 1:18-30 está relacionada ao trabalho de Alexandra Brown sobre a epistemologia apocalíptica paulina. Em sua importante monografia *The cross and human transformation* [A cruz e a transformação humana], Brown argumenta que, em 1Coríntios, Paulo concentra-se em transformar a imaginação dos coríntios por meio de sua "palavra da cruz". Ela escreve: "Seu campo de batalha é o domínio da perspectiva humana; manejando a palavra da cruz, ele invade a paisagem perceptual dos seus ouvintes, atravessando seus caminhos habituais (e, ele acredita, falsos) de saber com a expressão afiada de uma nova realidade".[21]

Embora Brown *não analise* πιστεύω diretamente, ela explora o tipo de significados que Paulo associa com esse grupo de palavras em 1Coríntios. Brown observa o fato de Paulo chamar os coríntios de crentes contanto que estivessem sintonizados com o evangelho que ele pregava, que visava alterar sua percepção e interpretação do mundo em volta deles. Certamente, sua carta é corretiva, mas ele simplesmente estava desejando um aprofundamento da sua mensagem do evangelho que eles já haviam aceitado. Eles tinham abraçado Cristo, mas a mente deles ainda não havia integrado totalmente a mensagem do evangelho com respeito à sabedoria e ao poder.[22]

Brown apresenta uma longa lista de termos de "percepção" em 1Coríntios 1 e 2, para fortalecer o argumento de que Paulo se

---

[21] Alexandra Brown, *The cross and human transformation: Paul's apocalyptic word in 1 Corinthians* (Minneapolis: Fortress, 1995), p. xvii.

[22] Veja Brown, *Cross and human transformation*, p. 163. Brown entende o ensino corretivo de Paulo como tendo uma natureza epistemológica: "A Palavra que ele apresenta pode conduzir seus ouvintes à sabedoria e ao poder transfigurados da existência cruciforme apenas se ela *tanto* cria dissonância cognitiva (deslocação) *quanto* proporciona o ímpeto de se *re*-localizar no novo mundo que prescreve" (p. 163).

dedica demoradamente a essa conexão de sabedoria-cruz-percepção, mas estou surpreso com sua exclusão de πιστεύω/πίστις da relação.[23] Depois, ela apresenta uma tabela de termos/expressões assimétricas em 2:5 e exclui πίστις dali também. Sua justaposição de "sabedoria humana" com "poder de Deus" proporciona um contraste sensato, mas πίστις aqui é o que é moldado ou formado por essa fonte (sabedoria humana ou poder divino) e também é o que aceita a mensagem de Paulo (veja 2:4).[24] Cerca de duas dezenas de páginas depois, ela volta a 2:5 e faz uma breve menção à fé, mas seus comentários estão solidamente de acordo com o uso paulino de πίστις e πιστεύω em 1Coríntios 1 e 2: "O 'poder de Deus' no qual a fé se baseia em 2:5 não é nada além do poder manifestado na cruz de Cristo. A sabedoria humana na qual a fé *não* de,ve se basear é a sabedoria que percebe a cruz como loucura e, assim, a 'esvazia'".[25]

O uso de πιστεύω (1:21) e πίστις (2:5) em Paulo não é apenas convencional ou tradicional, mas também contribui para seu argumento sobre a sabedoria da cruz e transvaloração de valores. Segundo Paulo, a fé cristã exige uma percepção transfigurada que enxerga sabedoria e poder na cruz, aceitando a verdade do caminho de Jesus com humildade. Esse acesso à verdade exige pensamento, paciência e humildade cuidadosos para obter a perspectiva correta sobre a questão. Paulo reconhece em 1Coríntios que esse tipo de sabedoria de Deus é estranho — incomum e até mesmo repulsivo, assim como a cruz era ofensiva. À luz dessa natureza absurda da cruz de Cristo, a fé precisa aprender a enxergar com uma nova visão a realidade de Deus *sub contrario*.

---

[23] Veja Brown, *Cross and human transformation*, p. 24-5; cf. p. 97, em que πιστεύω/πίστις também está ausente. Ela inclui ἀπόδειξις nessa lista, o que é especialmente surpreendente, pois essas palavras aparecem juntas comumente em análises de retórica. Além disso, e talvez mais importante, das mais de 25 palavras em 1Coríntios 1 e 2 que Brown considera relacionadas à "terminologia perceptual", de acordo com Johannes Louw e Eugene Nida, várias delas (como κρίνω, φρονέω, πείθω e γινώσκω) fazem parte da mesma família semântica que πιστεύω/πίστις; veja "Hold a view, believe, trust", in: *Greek-English lexicon of the New Testament: based on semantic domains* (New York: United Bible Societies, 1996), §31.1-107 [edição em português: *Léxico grego-português do Novo Testamento: baseado em domínios semânticos* (Barueri: Sociedade Bíblica do Brasil, 2013)].

[24] See Brown, *Cross and human transformation*, p. 76.

[25] Brown, *Cross and human transformation*, p. 101.

Examinemos 1Coríntios 1 e 2 mais uma vez tendo em mente essa dimensão epistemológica de sua linguagem da fé, mas dessa vez preste atenção nos ecos de Isaías na Septuaginta nesses capítulos. Muitos estudiosos observam a forte integração entre palavra e pensamento de Isaías na Septuaginta nos primeiros capítulos de 1Coríntios:

1CORÍNTIOS	ISAÍAS NA SEPTUAGINTA (NETS)	CONTEXTO DE ISAÍAS
"Pois está escrito: 'Destruirei a sabedoria dos sábios, e [frustrarei] a inteligência dos inteligentes" (1:19)	"Portanto, vejam, eu expulsarei este povo. Eu o expulsarei e destruirei a sabedoria do sábio, a inteligência dos inteligentes ocultarei" (29:14)	Isaías descreve os caminhos misteriosos em que Deus concretiza seu plano. Ele destruirá Jerusalém, depois seus inimigos. Deus fechará as fontes de conhecimento e de sabedoria (29:11-13).
"Onde está o sábio, onde está o acadêmico? Onde está o questionador desta era? Acaso Deus não tornou louca a sabedoria deste mundo?" (1:20)	"Onde estão os acadêmicos? Onde estão os conselheiros? Onde estão aqueles que se reúnem?" (33:18)	Essa é uma profecia de julgamento escatológico dos iníquos. Quando o rei vier, ele estilhaçará os velhos sistemas.
"Agradou a Deus salvar aqueles que creem por meio da loucura da pregação" (1:21b)	"Eis que ponho em Sião uma pedra, uma pedra já experimentada, uma preciosa pedra angular para alicerce seguro; aquele que crê [nele], jamais será abalado" (28:16).	As pessoas estabeleceram suas próprias redes de segurança por meio de pactos com o Diabo (28:15), mas Deus quer lhes dar um lugar estável se confiarem nele (28:16).

■ SABEDORIA ESTRANHA ■

"Todavia, como está escrito: 'Olho nenhum viu, ouvido nenhum ouviu, mente nenhuma imaginou o que Deus preparou para os que o amam'" (2:9).	"Desde os tempos antigos, não ouvimos, nem nossos olhos viram qualquer Deus além de ti, e as tuas obras, que demonstrarás àqueles que aguardam por misericórdia" (64:4).	Israel é chamado para confiar na fidelidade do seu Deus.
"'Quem conheceu a mente do Senhor, ou o instruiu como seu conselheiro?' Nós, porém, temos a mente de Cristo" (2:16).	"Quem conheceu a mente do Senhor para que possa instruí-lo?" (40:13).	Yhwh, o Criador, conhece todas as coisas e cumprirá sua promessa de libertação. Ele não precisa de nenhum conselho ou ajuda.

Com base nos textos que Paulo citou (ou aos quais aludiu), percebemos que ele estava retomando temas em Isaías na Septuaginta que contrastam a loucura de pressuposições humanas e de decisões carnais com a sabedoria e os caminhos de Deus, com frequência imperceptíveis. Em especial na alusão a Isaías 28:16 (cf. 1Co 1:21b), há aquela forte ênfase em *fé/crer* (πιστεύω). A palavra hebraica אמן poderia ser traduzida por "aquele que confia" ou "aquele que depende" (NIV). O verbo πιστεύω demonstra especialmente o aspecto de *crer com a mente*. Segundo o texto de Isaías na Septuaginta, o mundo pode ser dividido entre aqueles com olhos que creem e aqueles sem esses olhos.[26] É interessante observar que, até mesmo fora dos textos usados formalmente em 1Coríntios, há uma conexão entre crer e entender:

Se vocês não crerem, com certeza não ficarão firmes [ἐὰν μὴ πιστεύσητε, οὐδὲ μὴ συνῆτε] (Is 7:9, NETS).

---

[26] Veja H. H. Drake Williams, *The wisdom of the wise: the presence and function of Scripture within 1 Corinthians 1:18—3:23* (Boston: Brill, 2001), p. 52, 98, 342.

> Sejam minhas testemunhas; também sou uma testemunha, diz o Senhor Deus, e o servo que escolhi para que vocês saibam e creiam e entendam [ἵναγ νῶτε καὶ πιστεύσητε καὶ συνῆτε] que eu sou. Antes de mim nenhum deus se formou, nem haverá deus algum depois de mim (Is 43:10, NETS).

Em ambas as passagens, observamos as palavras crer (πιστεύω) e entender (συνίημι) em seguida. Claramente, para Isaías, Deus estava chamando para a confiança, mas esses textos aparentam ir ainda mais longe, entendendo o tipo de mudança no pensamento e na perspectiva capaz de *ver* e *perceber* a obra de Deus onde outras pessoas não são capazes.[27] Isso atinge seu ponto culminante no quarto Cântico do Servo (52:13—53:12), a partir de 53:1: "Quem creu em nossa mensagem? E a quem foi revelado o braço do Senhor?". A ideia é que o que Deus tem em mente é *inacreditável*. Como é possível acreditar nisso se parece tão bizarro? Tão ridículo? Para isso ser aceito, o Senhor precisará fazer uma *revelação* a eles (daí ἀποκαλύπτω; Isaías 53:1b*).*

Essa corrente subjacente de Isaías na Septuaginta combina muito bem com a intenção geral de Paulo em 1Coríntios 1—4. É impossível simplesmente dar uma passada de olhos em Deus para saber o que ele tem em mente. Ou é impossível examinar o êxito e a sabedoria no mundo e concluir rapidamente que Deus está em ação. Não importa como as coisas deveriam ter funcionado inicialmente; o pecado distorceu e frustrou esses reflexos terrenos da sabedoria divina. Assim, não se pode confiar na sabedoria e nos sentidos humanos; eles não são infalíveis. Charles Cousar capta de forma muito perceptiva os pontos centrais de Paulo nesses capítulos, em especial em 1:18-25:

> O problema com "a linguagem da sabedoria mundana" é sua incapacidade de fazer o mundo conhecer a Deus; ela não pode transformar Deus em discurso. Em lugar disso, Paulo argumenta que a pregação do Messias crucificado, compreensivelmente louca na perspectiva do mundo, torna-se o instrumento pelo qual Deus confunde a sabedoria dos sábios

---

[27] Veja Inkelaar, *Conflict over wisdom*, p. 268-9.

e frustra a inteligência dos inteligentes; e, ironia das ironias, o Messias crucificado acaba por demonstrar ser a própria sabedoria de Deus.[28]

A linguagem paulina de *fé* e *crer* em 1Coríntios contribui para esses pontos relacionados à sabedoria e a conhecer Deus e seus caminhos. A fé é o modo de percepção e recepção capaz de ver luz na escuridão da sabedoria louca de Deus. Crer é a mão capaz de alcançar o nó do mistério divino e puxar o fio mais solto. Essa fé é estranha por se tratar da mente e do coração operando, pensando e interagindo de uma maneira não natural, uma maneira desconfortável no mundo. É uma fé humilde porque não pode se basear em seguranças culturais dominantes nem nos sentidos naturais em si, mas precisa se basear especialmente nos caminhos e nas promessas de Deus. Essa é a razão de eu chamar esse tipo de πίστις de "acreditar (crer) no inacreditável". É inacreditável abraçar a cruz. Cousar observa: "Na cruz, Deus não se mostra nem age como um Deus respeitável deve se mostrar e agir. Os caminhos de Deus simplesmente não são nossos caminhos".[29] Assim, a mente e o coração são ampliados. Eles não são ignorados, mas são treinados para funcionar de maneira diferente: "*Essa revelação de Deus permanece imperceptível aos critérios e cânones de conhecimento humanos*".[30] A fé é necessária para Deus fazer sentido fora do ruído dos ídolos do mundo: "Conhecer a Deus é ser remodelado como conhecedor, é abandonar a ilusão de que somos autônomos e autodidatas".[31]

Paulo e o dom da πίστις (12:9; 13:2)

Uma das questões sobre as quais os coríntios indagaram Paulo envolve dons espirituais (περὶ δὲ τῶν πνευματικῶν; 12:1). Na interpretação de Richard Hays: "Alguns dos coríntios estavam dando uma ênfase excessiva a exibições vistosas de espiritualidade, em especial o dom de falar

---

[28]Charles B. Cousar, "1 Corinthians 2:1-13", *Interpretation* 44 (1990): 169-73, espec. 170.
[29]Cousar, "1 Corinthians 2:1-13", p. 172.
[30]Cousar, "1 Corinthians 2:1-13", p. 172.
[31]Cousar, "1 Corinthians 2:1-13", p. 173; cf. semelhantemente Richard B. Hays, "Wisdom according to Paul", in: Stephen C. Barton, org., *Where shall wisdom be found?* (Edinburgh: T&T Clark, 1998), p. 111-23.

■ PAULO E A LINGUAGEM DA FÉ ■

em línguas; a aparente situação é que alguns deles estavam tumultuando ou dominando as reuniões da igreja com falas espiritualmente estimuladas e desordeiras, ininteligíveis para outros membros da comunidade".[32] Certamente, esse tipo de atitude em relação ao poder espiritual, exclusivismo e superioridade é egocêntrico. Paulo direciona o debate para edificar a comunidade com esses dons espirituais.[33]

Paulo lista diversos dons na parte inicial do capítulo 12 (v. 7-11): palavras de sabedoria e de conhecimento,[34] profecia, "discernimento de espíritos", vários tipos de línguas (e interpretação de línguas), e assim por diante. Em 12:9, Paulo menciona um dom da fé (πίστις) junto com um dom (separado) de "curar, pelo único Espírito". O que é esse "dom da fé"? Uma linha de raciocínio, defendida especialmente por Paul Sampley, é que essa é simplesmente uma referência à fé cristã.[35] Isto é, esse é um tipo de passo igualitário, pelo qual Paulo está minando qualquer percepção de superioridade produzida pelo dom. Assim, Paulo estaria dizendo: todos têm um dom, em alguns casos esse dom sendo sua fé; "consequentemente, ninguém pode se considerar sem o *charismata* doado pelo Espírito".[36] O principal problema dessa visão é o fato de Paulo estar imaginando um grupo de pessoas e dizendo hipoteticamente que *um tem o dom de sabedoria, outro tem o*

---

[32]Hays, *First Corinthians*, p. 206.
[33]Veja Gail R. O'Day, "The ethical shape of pauline spirituality", *Brethren Life and Thought* 32 (1987): 81-92, espec. 82: "O passo de Paulo aqui é situar as preocupações dos coríntios com a espiritualidade e dons espirituais no contexto do culto da comunidade reunida. [...] O culto da [comunidade] é a demonstração mais forte da comunidade vivendo no poder e nos dons do Espírito e a demonstração mais clara do propósito e da função dessa capacitação espiritual".
[34]Marion Soards faz uma associação correta aqui de sabedoria com "uma percepção concedida por Deus dos propósitos e operações misteriosos de Deus em e por meio de Jesus Cristo"; veja *1 Corinthians*, New International Biblical Commentary (Peabody: Hendrickson, 1999), p. 258; cf. David E. Garland, *First Corinthians*, Baker Exegetical Commentary on the New Testament (Grand Rapids: Baker, 2003), p. 581.
[35]Paul Sampley, "The First Letter to the Corinthians", in: Leander E. Keck, org., *The new interpreter's Bible* (Nashville: Abingdon, 2002), 10:944.
[36]Sampley, "First Letter to the Corinthians", 944; semelhantemente, veja Roy A. Harrisville, *1 Corinthians* (Minneapolis: Augsburg, 1987), p. 208.

dom de línguas e ainda outro (ἑτέρῳ) *tem um dom de fé.* Isso implicaria que *alguns* têm esse dom da πίστις, mas que outros não têm.[37]

Uma interpretação mais provável relaciona a referência a πίστις à operação de milagres.[38] Essa visão é ao menos tão antiga quanto Crisóstomo, que define essa πίστις não como "a fé das doutrinas, mas a fé dos milagres" (*Homilias em 1Coríntios* §29.5). O uso de πίστις implica que o foco não está simplesmente no *ato* de curar, mas na *fé* da pessoa que confia em Deus e age segundo essa confiança, a partir de "uma convicção sobrenatural de que Deus revelará poder ou misericórdia divinos de uma maneira especial em um caso específico", como Gordon Fee explica.[39]

Há uma identificação parcial da visão de James Dunn com a anterior, mas sua ênfase está mais na inexplicável confiança em Deus e dependência dele para algo extraordinário ocorrer; ele classifica o dom da πίστις como "uma explosão misteriosa de confiança que às vezes surge em um homem em uma situação específica de necessidade ou desafio e que lhe proporciona uma certeza completa e segura de que Deus está prestes a agir por meio de uma palavra ou ação (como impor as mãos sobre alguém doente)".[40] Para Dunn, isso certamente poderia incluir a pessoa com um dom de cura, mas também poderia ser a fé de que a pessoa *será* curada.[41]

É apropriado darmos atenção à advertência de Hays sobre impor sentido demais a essa lista de dons — seu objetivo é ser ilustrativa, e não enciclopédica.[42] No entanto, ainda acho o argumento de Dunn convincente. Como citado antes, nos primeiros capítulos de 1Coríntios, Paulo usou πίστις e πιστεύω como a maneira de uma pessoa confiar

---

[37] Ben Witherington III, *Conflict and community in Corinth* (Grand Rapids: Eerdmans, 1995), p. 257.

[38] Veja Brian Rosner; Roy Ciampa, *The First Letter to the Corinthians*, Pillar New Testament Commentary (Grand Rapids: Eerdmans, 2010), p. 577.

[39] Fee, *First Corinthians*, p. 581.

[40] Veja James D. G. Dunn, *Unity and diversity in the New Testament* (Philadelphia: Westminster, 1977), p. 211 [edição em português: *Unidade e diversidade no Novo Testamento* (Santo André: Academia Cristã, 2009)], como citado em Garland, *First Corinthians*, p. 581.

[41] Dunn, *Unity and diversity*, p. 211.

[42] Hays, *First Corinthians*, p. 211.

na sabedoria louca de Deus, "sabedoria estranha" que às vezes exige um modo invertido de pensar, que requer paciência e humildade para compreender e avaliar corretamente o caminho de Jesus diante de acusações de fraqueza e de ignomínia. Confiar nesse tipo de fé (πίστις) envolve, de novo, entrar no escuro para segurar a mão de Deus, andar pela sabedoria de Deus no crepúsculo da cruz. Esse tipo de significado ou nuança da palavra "fé" depende da vontade às vezes inescrutável de Deus. Poderíamos até mesmo ousar apresentar a tradução "dom da fé louca", uma corrida estranhamente confiante para o abismo quando você é o único capaz de ouvir a voz de Deus.[43]

Apesar do grande valor *desse* tipo de fé, Paulo quase imediatamente apresenta uma advertência: "Ainda que eu tenha o dom de profecia e saiba todos os mistérios e todo o conhecimento, e tenha [toda a fé,] capaz de mover montanhas, se não tiver amor, nada serei" (13:2). Paulo usou πίστις em 12:9 precisamente para subverter a vanglória (a fé é o risco louco de confiar no Deus invisível), mas até mesmo *esse* dom pode ser distorcido e arruinado pela ambição egoística. Em última instância, o uso dos dons do Espírito precisa servir para o bem do outro, para abençoá-lo; até mesmo a πίστις concedida por Deus e que opera milagres (ou crê em milagres) pode se tornar vazia sem essa motivação e manifestação do amor. E, permanecendo nesse tema, volto-me a πίστις em 1Coríntios 13, em que Paulo se dedica às virtudes da fé, da esperança e do amor (13:13).

Fé, esperança, amor: a fé é eterna? (13:13)

Em 1Coríntios 13, ele deixa seu discurso sobre os dons espirituais (12:1-11) e passa a uma afirmação da interdependência dos membros do corpo (transição já em 12:12-31). Com apenas treze versículos, 1Coríntios 13 apresenta o argumento de Paulo de que os dons impressionantes concedidos pelo Espírito e dependentes de sua capacitação, em

---

[43]Para uma expressão semelhante dessa ideia, veja Thiselton, *1 Corinthians*, p. 945.

última instância, são inúteis sem a motivação e a ação do amor.[44] O exercício de dons pode causar mais dano do que bem sem a presença do amor.

Obviamente, o foco de 1Coríntios 13 está no amor, ἀγάπη, mas a linguagem da fé também tem sua relevância aqui. Paulo refere-se à possibilidade de ter "toda a fé" (πᾶσαν τὴν πίστιν) e ainda assim definhar sem o amor (13:2). A partir de 13:2, Paulo dedica-se às muitas virtudes do ἀγάπη — ele é paciente, bondoso, generoso, humilde e gentil (13:4,5). Ele se alegra na verdade e na justiça (13:6). Ele suporta todas as coisas, e ele *espera* (ἐλπίζει) e *crê* (πιστεύει; 13:7). Não é necessário expor exatamente o que Paulo tem em mente aqui, mas, como a análise de 13:13 mostrará, πιστεύω prenuncia a declaração culminante e triádica de Paulo.[45] Paulo está empenhando-se para argumentar que o amor genuíno é tão resistente quanto pregos. Ele é resiliente, tenaz, à prova de água, à prova de fogo, indestrutível, impenetrável e infatigável.

A partir de 13:8b, Paulo trata da passagem de eras ou estágios. As profecias, as línguas e até mesmo o conhecimento desaparecerão. Eles não são coisas permanentes e eternas. Como Hays explica:

> Os coríntios [...] aparentemente perderam de vista a orientação temporal futura da pregação de Paulo. Eles se moveram para uma estrutura de referência que considera apenas categorias espaciais de "em cima" e "embaixo". Eles acreditam que seus dons espirituais lhes proporcionam um acesso imediato ao mundo divino, e nem sequer estão pensando sobre o acontecimento futuro do juízo e da transformação que Deus trará ao mundo. Em sua estrutura de referência, os dons espirituais de revelação receberam a importância suprema, pois proporcionam as ligações imediatas e diretas com a realidade celestial. Paulo quer relativizar esses dons, situando-os na narrativa épica em desenvolvimento

---

[44] Veja Steven L. Cox, "1 Corinthians 13 — an antidote to violence: love", *Review and Expositor* 93 (1996): 529-36. Cox resume a essência desse capítulo especialmente bem na sua conclusão: "Os dons espirituais não são um sinal de maturidade espiritual em si mesmos. [...] A maturidade espiritual é demonstrada em como nós usamos os dons espirituais de que fomos dotados. Todo cristão é incumbido de usar esses dons, com o motivo do amor como o antídoto contra o mal e a violência no mundo" (p. 535).
[45] Veja Hays, *First Corinthians*, p. 228.

da redenção de Deus do mundo: eles têm um dom a desempenhar por enquanto, mas o tempo de sua utilidade passará.[46]

Desse modo, o que dura não é aquilo que conduz à vanglória nesses dons, mas, sim, as coisas que foram feitas para permanecer: a fé, a esperança e o amor. Uma vez que a ênfase nesse capítulo está no amor, por que Paulo inclui a fé e a esperança? Devemos observar a apresentação notável dessas coisas aqui. Ele certamente poderia ter escrito: Νυνὶ δὲ μένει πίστις, ἐλπίς, ἀγάπη e parado, mas ele acrescenta τὰ τρία ταῦτα ("estes três"), que significa algo como *os grandes três*. Há provavelmente alguma formalidade na inclusão da fé e da esperança nesse capítulo sobre o amor. Isto é, essa família de três virtudes não deve ser separada; onde há amor, seus irmãos não estão longe. Certamente, isso aponta para o funcionamento da tríade já nessa época como um ensino ou tradição comum no cristianismo mais antigo (cf. 1Ts 1:3).[47]

Porém, há alguma dúvida no estudo acadêmico de 1Coríntios 13:13 sobre como Paulo vê a esperança e a fé em relação ao amor. Ele escreve: Νυνὶ δὲ μένει πίστις, ἐλπίς, ἀγάπη, τὰ τρία ταῦτα μείζων δὲ τούτων ἡ ἀγάπη. A maioria dos estudiosos interpreta esse versículo da seguinte maneira: os dons espirituais são passageiros, mas essas "três grandes" virtudes são permanentes. Myron Houghton questiona essa interpretação. Em primeiro lugar, o que Paulo quer dizer com "agora"? Isso é temporal ou lógico? Em segundo lugar, o que significa que essas coisas "permanecem"? Por fim, Paulo não

---

[46]Hays, *First Corinthians*, p. 229. Semelhantemente, Garland escreve: "Em contraste com o amor, os dons espirituais têm uma obsolescência inata. Eles não são permanentes e não são aperfeiçoados", *First Corinthians*, p. 621.

[47]Veja Wolfgang Weiss, "Glaube-Liebe-Hoffnung: Zu der *Trias* bei Paulus", *Zeitschrift für die neutestamentliche Wissenschaft* 84 (1993): 197-217. Weiss resiste à ideia de que a tradição é pré-paulina. Ele a considera de fato uma formulação paulina. Após considerar as opções do estudo acadêmico para sua origem e suas influências principais, Ceslas Spicq argumenta que nem o pensamento grego nem o judaísmo inspiraram essa tríade por si mesmos, mas que ela aparenta resultar do "ensino e da vida do Senhor, especialmente no Sermão do Monte, e do fruto do Espírito Santo na alma dos convertidos" (p. 214), *Agape in the New Testament* (St. Louis: Herder, 1963), p. 205-14; cf. A. M. Hunter, *Paul and his predecessors* (London, Reino Unido: SCM, 1961), p. 33-5.

sugere em 13:2 que o conhecimento parcial (que presumivelmente envolve fé) será substituído pelo conhecimento total? Portanto, como é que a fé pode ser permanente se será substituída pela visão (cf. 2Co 5:7)?[48] Houghton interpreta 1Coríntios 13:8-13 assim: a fé e a esperança não são permanentes (elas cessarão na volta de Cristo; Rm 8:24), mas elas sobreviverão a profecia, línguas e conhecimento. O amor é maior do que a fé e a esperança, pois apenas ele é realmente eterno.[49]

Houghton apresenta perguntas importantes sobre 1Coríntios 13:8-13, mas ele reduz a importância da fé e da esperança para Paulo.[50] Paulo trata-as como iguais em outra passagem (1Ts 1:3). E até mesmo em 1Coríntios ele enfatiza a importância absoluta da fé *e* da esperança (1Co 15). Richard Morgan abordou essa questão cerca de uma década antes de Houghton e argumentou a favor de uma interpretação que defende a *permanência* da fé ao lado da esperança e do amor.[51] Em vez de interpretar πίστις como uma forma de conhecimento temporária, talvez até mesmo inferior, Morgan interpreta o termo em 13:13 como *confiança*: "A fé é *confiança* em Deus, *dependência* de Deus, é um relacionamento pessoal com Deus. A fé diz que Deus nos agarra, segura e apoia, e não vice-versa. [...] O conhecimento ou [...] a visão não pode substituir isso, por toda a eternidade".[52]

Morgan acrescenta uma segunda observação sobre o uso paulino de πίστις. Paulo também associa a fé com *humildade*, e essa virtude também é eterna. A fé humilde "situa o centro da existência [do crente] naquele em quem ele tem fé".[53] Morgan admite que, no presente tempo, a πίστις contém um sentido de incerteza, mas, na era vindoura, embora a incerteza vá ser substituída pelo conhecimento total,

---

[48]Myron J. Houghton, "A reexamination of 1 Corinthians 13:8–13", *Bibliotheca Sacra* 153 (1996): 344–56.
[49]Veja em especial a declaração final de Houghton em "1 Corinthians 13:8–13", 356.
[50]Sobre a interpretação de νυνὶ, concordo com Hays que a orientação escatológica de 13:8-12 aponta para uma interpretação temporal, *First Corinthians*, p. 230.
[51]Richard Morgan, "Faith, hope, and love abide", *Churchman* 101 (1987): 128-39.
[52]Morgan, "Faith, hope, and love abide", 128.
[53]Morgan, "Faith, hope, and love abide", 130.

a *confiança* persistirá como "gratidão na resposta do amor ao Amor".[54] Hays a define como "a confiança que dirigimos ao Deus de Israel, que se manteve fiel às suas promessas da aliança ao propor Jesus por nossa causa e ao ressuscitá-lo para uma nova vida".[55]

Desse modo, resumindo a interpretação de πίστις em 13:13, a invocação da tríade fé-esperança-amor por parte de Paulo não foi secundária. Ela não foi uma tradição "introduzida" em seu ensino sobre o amor. Quase certamente seu desejo de escrever sobre o amor pode ter *trazido à mente* as virtudes-irmãs da fé e da esperança, mas elas também contribuíram com algo importante para sua mensagem em 1Coríntios 13. Elas ajudam a explicar e definir a natureza do amor. E é aqui que podemos voltar a 13:7: o amor tudo *crê*. O que significaria o amor *crer*? Quase certamente Paulo não está propriamente falando de "crenças" em si. Ele não está focado em *o que* o amor crê, mas no *peso* e na *força* desse ato de crer. Assim como o amor *sofre* e *suporta*, assim ele *crê* e *espera*. Isto é, ele está comprometido intimamente, sem hesitação, assim como poderíamos dizer hoje: *Eu acredito (creio) em você!* Isso significa que confiamos totalmente no outro; dependemos do outro. Colocamos algo em risco, apostamos algo na nossa dependência do outro e na confiança nele. O fato de o amor tudo crer significa que ele nunca perde a fé e a esperança.[56]

Essa interpretação de πίστις em 13:13 (com consideração de πιστεύω em 13:7) provavelmente combina com a nuança de πίστις de "lealdade que crê" ou "fé que confia". Isso faria sentido apenas à luz da qualidade abrangente da tríade fé-esperança-amor. Contudo, é necessário interpretar 1Coríntios 13 à luz do ensino fundamental sobre sabedoria e fé em 1Coríntios 1—4. O orgulho dos coríntios pela

---

[54] Morgan, "Faith, hope, and love abide", 130. Opiniões um tanto semelhantes são expressas em John W. Bowman, "Three imperishables: a meditation on 1 Corinthians13", *Interpretation* 13 (1959): 433-43. Thiselton argumenta que todas as virtudes da fé, da esperança e do amor permanecem, mas que apenas o amor não experimenta uma transformação; veja *1 Corinthians*, 1074.

[55] Hays explica a esperança como "nosso desejo ardente de ver um mundo destruído restaurado por Deus à sua inteireza apropriada". E o amor é "a prelibação da nossa união final com Deus, graciosamente concedida a nós agora e compartilhada com nossos irmãos e irmãs", *First Corinthians*, p. 230.

[56] Veja Thiselton, *1 Corinthians*, p. 1059.

espiritualidade e pela sabedoria demonstra sua atitude de autonomia, autossuficiência e superioridade. Os coríntios queriam deleitar-se no orgulho e na (van [vã])glória. A ênfase de Paulo em πίστις foi teologicamente calculada para dirigir os coríntios à fé humilde na sabedoria estranha de Deus. Isso não se orienta em torno de certas ideias agradáveis aos ouvidos, nem em truques espetaculares ou sofismas empolgantes. Isso é totalmente dependente da revelação e da obra do *deus absconditus*, o Deus escondido sob o signo da cruz.

Conclusão

Paulo podia usar a linguagem da fé para apontar para a importância de uma epistemologia cruciforme. Ter fé em Cristo é necessariamente contraintuitivo e exige uma conversão ou transformação da imaginação — portanto, "sabedoria estranha". Na segunda carta canônica de Paulo aos coríntios, esse mesmo conceito é reforçado de uma maneira ainda mais evidente e extrema. É quase como se Paulo falasse com a voz de um profeta aos coríntios, perguntando: *Quem creu na nossa mensagem? E a quem o braço do Senhor foi revelado?*

7

SOBRE FÉ E FORMAS

Πίστισ e o ministério genuíno em 2Coríntios

> Apegue-se sempre ao lado positivo da dúvida
> E agarre-se à Fé para além das formas da Fé!
> Ela não balança na tempestade das palavras rivais,
> Ela brilha no conflito do "Sim" e do "Não",
> Ela enxerga o Melhor que reluz através do Pior,
> Ela sente que o Sol se foi, mas só por uma noite,
> Ela espia o verão pelo botão em flor do inverno,
> Ela experimenta o fruto antes do cair da folha,
> Ela ouve a cotovia ainda dentro do ovo sem som,
> Ela acha a fonte onde se lamuriaria a "Miragem"!
> (Alfred Tennyson, *The ancient sage* [O sábio antigo].)

Quando pensamos sobre a linguagem da fé em Paulo, a primeira coisa que vem à mente talvez seja sua declaração da "justificação pela fé". Mas, logo em seguida, talvez venha a expressão incisiva "vivemos por fé, e não pelo que vemos". Isso às vezes é citado quando acontece algo incompreensível, talvez uma tragédia, e tudo o que pode ser dito é "vivemos por fé". Isto é, não sabemos a *razão*, mas confiamos que Deus está no controle das coisas. Às vezes isso é identificado como *fé cega*. Será que é isso que Paulo está estimulando? O tipo de fé que não faz sentido algum? As próprias epístolas extensas aos coríntios nos mostram que ele era um pensador e autor habilidoso, que investia fortemente em argumentações baseadas em evidências e raciocínios lógicos. Ele nunca encorajou os coríntios, ou aliás qualquer outra pessoa, a "somente crer".

Mas ainda assim: como devemos entender essa noção de viver *pela fé* em oposição ao *que vemos*? Quando lemos 2Coríntios 5:7 considerando o contexto de 4:1—5:10, a mensagem global tem relação direta com o entendimento paulino de como um cristão deve ver a *realidade*, especialmente à luz de como ele conhece *Cristo* e se relaciona com ele. Ele impõe uma perspectiva contrária à maneira pela qual alguns coríntios foram ensinados a pensar. Uma perspectiva — aquela dos adversários de Paulo em Corinto — promove o diagnóstico da glória e do poder exterior como indicadores de liderança e de êxito no ministério e na vida. Eles insistiam: *Na busca de sinais de vida, esteja atento a esplendor, beleza, majestade e força. Por que as coisas seriam diferentes?* Paulo, provavelmente para a decepção de uma comunidade coríntia preocupada com o status, aponta sinais de vida justamente no lado oposto — fraqueza, mansidão, o que não é e o que com frequência é desprezado. Isto é, o que está ausente para os olhos, mas visível para o espírito; o que se mostra pouco resplandecente, mas é inestimável na economia da fé.

Paulo lida com esse conflito de cosmovisões por meio da ideologia da idolatria. Os judeus eram famosos pelo seu repúdio a ídolos e esculturas de formas divinas por diversas razões, em especial pelo fato de que a fabricação e a adoração de ídolos buscava domesticar o divino e reduzi-lo a uma imagem de criatura. Os judeus entregavam-se a um Deus invisível, um Deus que deseja o tipo de atenção que vai além de apresentar pedidos diante de uma estátua. Primeiro apresentarei um panorama de 2Coríntios com um interesse nesse contexto. Então focarei mais diretamente em 4:1—5:10. Observarei em conjunto a conexão que Paulo faz da teologia da idolatria com essa situação e sua articulação de uma teologia da πίστις que confronta uma perspectiva centrada na forma e na glória.

Segunda Coríntios e a situação coríntia

Entre as cartas de Paulo, 2Coríntios é chamada de "o gigante adormecido", pois é um dos textos paulinos mais ricos teologicamente, mas que, com excessiva frequência, é ofuscado por Romanos, Gálatas e, obviamente, por sua irmã mais velha, 1Coríntios. Além disso, a interpretação de 2Coríntios está repleta de debates técnicos a respeito da situação coríntia, da identidade dos agitadores em Corinto e da natureza do texto da própria carta (em especial sua integridade literária).

No que diz respeito à unidade da carta, é comum estudiosos considerarem dois documentos separados: 2Coríntios 1—9 e 2Coríntios 10—13. Além disso, alguns a dividem em partes menores; por exemplo, uma afirmação comum é que 6:14—7:1 é uma interpolação. John Barclay provavelmente capta a atitude atual em relação à carta inteira: "Ao lermos 2Coríntios como um todo, ficamos impressionados tanto com sua coerência temática quanto com sua progressão de pensamento às vezes desconexa".[1] Embora faça pouco tempo que a maioria dos estudiosos presumiu que 2Coríntios originariamente era mais do que só uma carta paulina, a nova tendência é tal que a maioria dos estudiosos ou acha argumentos a favor da integridade textual convincentes ou então ao menos adota uma perspectiva agnóstica, não disposta a ler partes da carta com base em uma origem hipotética e uma cronologia reconstruída. Aqui eu presumo a unidade da carta.[2]

Repetindo, tomando por certo a integridade literária de 2Coríntios, podemos pressupor a presença de certos superapóstolos em Corinto que questionavam a autoridade e a eficácia de Paulo em seu ministério (11:5,13; 12:11). Embora esses agitadores não tenham sido mencionados explicitamente antes dos últimos capítulos da carta, é válido o argumento de que Paulo estrutura as cartas *na direção* de nomear explicitamente a presença e a influência desses indivíduos.[3]

---

[1] John M. G. Barclay, "2 Corinthians", in: James D. G. Dunn, org., *Eerdmans commentary on the Bible* (Grand Rapids: Eerdmans, 2003), p. 1353-73, espec. p. 1353.

[2] Defensores da unidade da carta incluem David A. deSilva, "Measuring penultimate against ultimate: an investigation of the integrity and argumentation of 2 Corinthians", *Journal for the study of the New Testament* 52 (1993): 41-70; Murray J. Harris, *The Second Epistle to the Corinthians*, New International Greek Testament Commentary (Grand Rapids: Eerdmans, 2005); George Guthrie, *2 Corinthians*, Baker Exegetical Commentary on the New Testament (Grand Rapids: Baker, 2015); David Garland, *2 Corinthians*, New American Commentary (Nashville: Broadman & Holman, 1999), p. 40. Sobre 6:14—7:1 em particular, veja Jan Lambrecht, "The fragment 2 Cor 6:14—7:1: a piea for its authenticity", *Miscellanea neotestamentica* 2 (1978): 143-61; mais recentemente, Christopher Land, *The integrity of 2 Corinthians and Paul's aggravating absence* (Sheffield, Reino Unido: Sheffield Phoenix Press, 2015), espec. p. 238-81.

[3] Veja Jerome Murphy-O'Connor, *The theology of the Second Letter to the Corinthians* (Cambridge: Cambridge University Press, 1991), p. 12.

Quem eram esses rivais? George Guthrie, partindo de sugestões e pistas na própria carta de 2Coríntios, caracteriza-os como "ministros judaico-cristãos atuando influenciados fortemente pela tradição sofista".[4] Guthrie observa o fato de Paulo abordar diante dos coríntios problemas relacionados a "aparência pública, status social, oratória poderosa, palavras de 'sabedoria' mundana, estilo acima do conteúdo, pagamento por discursar, vanglória em realizações, aplauso público", ou seja, elementos que podem ser ligados ao movimento sofista.[5]

Esses superapóstolos não apenas focavam suas próprias falas e ministérios impressionantes, mas também aparentemente criticavam Paulo diretamente. J. C. Beker imagina que eles apresentaram aos coríntios este tipo de indagação investigativa: "Como é que um homem com uma vida tão ordinária e cujas ações chamam tão pouca atenção afirma ser um apóstolo do 'evangelho da glória de Cristo' (2Co 4:4)?".[6] Ironicamente, como David deSilva mostra: "Sob muitos aspectos eles reforçavam precisamente o etos (competição, comparação entre pessoas, vanglória nos dons e nas realizações para afirmar superioridade) que Paulo havia buscado subverter em 1Coríntios".[7]

O que torna 2Coríntios esse "gigante" no Novo Testamento é a resposta magistral que Paulo apresenta a essa teologia da glória, não ao inflar seu próprio status e esplendor — ele apenas cogita essa tática para zombar deles (11:16) —, mas ao apresentar descrições elegantes "da graça de Deus concessora de vida em meio à fraqueza e à morte".[8]

Na primeira parte da carta (1:8-10), Paulo relata um incidente de risco de morte que possibilitou uma nova perspectiva sobre a vida e o ministério — não podemos ignorar a morte fatal, e não podemos

---

[4]Guthrie, *2 Corinthians*, p. 45. Veja semelhantemente Craig S. Keener, "Paul and the Corinthian believers", in: Stephen Westerholm, org., *The Blackwell companion to Paul* (Oxford: Blackwell, 2011), p. 46-62, espec. p. 58.
[5]Guthrie, *2 Corinthians*, p. 45.
[6]J. Christiaan Beker, *Paul the apostle: the triumph of God in light and thought* (Philadelphia: Fortress, 1994), p. 295.
[7]David A. deSilva, *An introduction to the New Testament* (Downers Grove: InterVarsity, 2004), p. 58; deSilva observa um orador antigo que afirmou que "o maior defeito em uma pessoa é mostrar sua humanidade, pois então a pessoa deixa de ser considerada divina" (p. 586).
[8]Barclay, "2 Corinthians", p. 1353.

escapar dela.[9] Uma pessoa poderia viver o resto da vida fazendo de conta que a morte não existe ou poderia abraçar a morte e abraçar a cruz com a esperança poderosa de encontrar vida para dar aos outros (4:12). Paulo sabia que isso soava ridículo (5:13), mas ele acreditava que o Senhor o estava ensinando a deixar sua mortificação se tornar um altar para a adoração de Deus. O âmago do ministério está no serviço, e não na supremacia. Barclay escreve: "No fato de estar machucado e envergonhado Paulo vê um motivo para refletir sobre a graça de Deus, que é suficiente precisamente em sua fraqueza; e, no restabelecimento de sua posição como o apóstolo dos coríntios, ele transforma a autojustificação em um compromisso renovado tanto com a igreja em Corinto quanto com a causa do evangelho".[10]

Em outras palavras, esses superapóstolos, e aparentemente também muitos dos cristãos coríntios, estavam avaliando a espiritualidade e o ministério com base em dimensões exteriores, a embalagem e a capa. Ao observarem Paulo e seu tipo de ministério, viam que ele não era pomposo. Ele não tinha o lustro e o brilho que era normal na oratória popular. A preocupação de Paulo era que os coríntios teriam ficado muito satisfeitos com um ministério resplandecente por fora, mas vazio por dentro. Isso é entrelaçado de forma adequada com alusões associadas com a idolatria. Os judeus antigos e os cristãos antigos eram bemconhecidos pela sua rejeição dos ídolos e argumentavam que não se deve honrar um objeto em uma forma mortal que talvez pareça impressionante, mas que não tem eficácia. Paulo também está mostrando em 2Coríntios que esses superapóstolos estão obcecados com o *exterior* e se importam muito pouco com o *interior*. Isso nos leva a uma breve, porém necessária reflexão sobre o pensamento judaico relacionado à idolatria; Paulo apela regularmente a um contraste de interior-*versus*-exterior relacionado à vida cristã que é influenciado pela maneira de os judeus (e, mais tarde, os cristãos) pensarem sobre a natureza *absconditus* de Deus. Isso dá início a uma das estratégias

---

[9]Veja Michael P. Knowles, "Paul's 'affliction' in Second Corinthians: reflection, integration, and a pastoral theology of the cross", *Journal of Pastoral Theology* 15 (2005): 64-77, espec. 65.

[10]Barclay, "2 Corinthians", p. 1356.

retóricas centrais que Paulo emprega nessa carta para combater a equivocada teologia da glória dos coríntios.

A teologia da idolatria

Os judeus no mundo antigo com frequência eram ridicularizados e criticados por não cultuarem estátuas (ou, no linguajar deles, "ídolos"). Salmos 115 reflete o desafio que isso constituía para Israel ("Onde está o Deus deles?", 115:2), mas os israelitas vieram a entender que a ostensiva ausência do seu Deus e sua invisibilidade faziam parte de sua identidade singular. Isto é, ídolos não são deuses, são objetos fabricados, e apenas Yhwh é o Criador (115:4). Embora os ídolos *aparentem* estar vivos, eles são falsos e ineficazes. Eles brilham e são imponentes, mas por dentro são vazios e mortos (115:5-7). Além disso, Israel seguia certo princípio teológico: *você se torna o que adora*: "Tornem-se como eles aqueles que os fazem e todos os que neles confiam" (15:8). Por razões heurísticas, podemos identificar três elementos distintivos da teologia da (anti-)idolatria de Israel. Em primeiro lugar, os ídolos são *fabricados*, eles não são fabricadores. Em segundo lugar, o Deus de Israel escolheu revelar-se, principal ou especialmente, pela *palavra* (e pela Torá), e não pelo que pode ser visto. Em terceiro lugar, o empreendimento de esculpir ídolos tem relação com quão impressionante é o que é visível no *exterior* (daí ídolos dourados e cobertos de joias e rubis), mas Yhwh se importa com o *interior* (e.g., Jr 20:12). Em última instância, uma teologia judaica da idolatria está muito relacionada à epistemologia, tem relação com reconhecer a invisibilidade de Deus e aprender a ver a realidade além do exterior ofuscante e, em vez disso, identificar o cerne da questão.

Qual é a relação disso com 2Coríntios? Paulo faz uso dessa teologia da idolatria (comum ao pensamento judaico nesse período) para dirigir os coríntios a um entendimento mais profundo de Deus, da missão e do ministério apostólico paulinos e da insensatez de focar o esplendor exterior para ver a obra de Deus. Às vezes, Paulo parece estar lidando com essa plataforma conceitual de (anti-)idolatria de modo mais direto ou evidente, e em 2Coríntios 4:1—5:10 sua linguagem da fé decorre desses temas e convicções epistemológicas.

Paulo menciona ídolos claramente em 6:16: "Que acordo há entre o templo de Deus e os ídolos? Pois somos santuário do Deus vivo. Como disse Deus: 'Habitarei com eles e entre eles andarei; serei o seu Deus, e eles serão o meu povo'". Na série de contrastes a partir de 6:14, Paulo chama os coríntios para romper toda parceria que eles têm com pessoas iníquas e que são contra Deus. Assim como não há comunhão entre a luz e as trevas, a justiça não pode se unir à maldade e, consequentemente, o verdadeiro templo não pode ser contaminado por ídolos. O templo, simbolicamente, representa o puro, santo, e é o verdadeiro lócus da presença de Deus, o lar acolhedor para seu Espírito e glória. Os ídolos, por outro lado, representam trevas, enfado, maldade e ausência de vida. A maioria dos estudiosos simplesmente pressupõe que 6:14—7:1 seja uma declaração sobre cristãos se separando de *pagãos*, mas há uma forte base para a visão de que Paulo está se referindo aos seus inimigos (os assim chamados superapóstolos) como os ἄπιστοι, talvez traduzido melhor por "os infiéis" do que "descrentes".[11] A comparação de cristãos judeus (ou até mesmo judeus) a ídolos é de fato uma linguagem severa, mas tenha em mente que esse é o mesmo Paulo que chegou a dizer que desejava que outros adversários judaico-cristãos se castrassem (Gl 5:12).

Mais um texto relevante em relação à teologia da (anti-)idolatria é 2Coríntios 5:1, em que Paulo afirma: "Sabemos que, se for destruíd[o] [o tabernáculo terreno] em que vivemos, temos da parte de Deus um edifício, uma casa eterna nos céus, não construída por mãos humanas

---

[11]Veja J. F. Collange, *Énigmes de la deuxième épitre aux Corinthiens: Étude exegetique de 2 Cor.* (Cambridge: Cambridge University Press, 1972), p. 305-6; David Rensberger, "2 Corinthians 6:14—7:1—a fresh examination", *Studia Biblica et Theologica* 8 (1978): 25-49; Michael Goulder, "2 Cor. 6:14—7:1 as an integral part of 2 Corinthians", *Novum Testamentum* 36 (1994): 49-57, espec. 53-7; e Gregory K. Beale, "The Old Testament background of reconciliation in 2 Corinthians 5—7 and its bearing on the literary problem of 2 Corinthians 6:14—7:1", *New Testament Studies* 35 (1989): 550-81, espec. 573; cf. também Jerome Murphy-O'Connor, "Relating 2 Corinthians to its context", *New Testament Studies* 33 (1987): 272-5, espec. 272-3; e mais recentemente Volker Rabens, "Paul's rhetoric of demarcation: separating from 'unbelievers' (2 Cor 6:14—7:1) in the Corinthian conflict", in: Reimund Bieringer et al., orgs., *Theologizing in the Corinthian conflict: studies in the exegesis and theology of 2 Corinthians* (Leuven: Peeters, 2013), p. 229-53, que defende um tipo de leitura dupla, primeiro como incrédulos, mas, em segundo lugar, "como uma referência aos oponentes de Paulo" (p. 232; cf. p. 244).

[οἰκίαν ἀχειροποίητον]". Como em 6:16, Paulo associa os coríntios com o lugar de habitação do divino, mas aqui o foco não está na comunidade como um todo, mas mais especificamente no corpo. O "tabernáculo terreno" é o corpo fraco, capaz de ser escoriado, dilacerado e até mesmo destruído (na morte física). Mas, em esperança, Paulo prevê a recepção e a habitação de "um edifício" "da parte de Deus", um lar eterno e celestial. Certamente essa caracterização recorda bastante um templo, que ele apresenta como οἰκίαν ἀχειροποίητον.

Há algumas passagens no Novo Testamento que apresentam esse mesmo tipo de linguagem. Em Marcos 14:58, são apresentados no julgamento de Jesus falsos testemunhos de que ele havia afirmado destruir o templo "feito por mãos humanas" e construir outro "não feito por mãos de homens". Hebreus 9:11 refere-se a um tabernáculo maior e perfeito "não feito por mãos humanas", e acrescenta uma observação explicativa: "não pertencente a esta criação". Essa linguagem de "[não] feito por mãos humanas" diferencia o que é feito diretamente por Deus do que é uma fabricação humana. Obviamente, isso pode ser aplicado à construção de templos, mas também havia um uso comum dessa terminologia entre judeus e cristãos em relação a ídolos:

> E estão vendo e ouvindo como este indivíduo, Paulo, está convencendo e desviando grande número de pessoas aqui em Éfeso e em quase toda a província da Ásia. Diz ele que deuses *feitos por mãos humanas* não são deuses [οὐκ εἰσὶν θεοὶ οἱ διὰ χειρῶν γινόμενοι] (At 19:26).

> Pois nunca em nossa geração, nem no tempo presente, qualquer tribo ou família ou povo ou cidade em nosso meio adorou *deuses feitos por mãos humanas* [θεοῖς χειροποιήτοις], como ocorreu em tempos passados (Judite 8:18, NRSV).

> Mas o ídolo *feito por mãos humanas* [τὸ χειροποίητον] é maldito, ele e o que o fez — este porque o fez, e aquilo que é corruptível por ter sido chamado de deus (Sabedoria 14:8, NRSV).

> O rei [babilônico] disse a [Daniel]: "Por que não adoras a Bel?". Ele responde: "Porque não culto ídolos *feitos por mãos humanas*

[εἰδωλαχειροποίητα], mas o Deus vivo, que criou o céu e a terra e tem domínio sobre todas as criaturas viventes" (Bel e o Dragão, 4b,5, NRSV).

A Septuaginta também se refere a ídolos simplesmente como τὰ χειροποίητα (as "fabricações das mãos"; Is 2:18; 10:11; 16:12; 19:1; 21:9; 31:7; 46:6; Dn 5:4,23; 6:28). Quando Paulo se refere a um novo corpo que é indestrutível, a analogia do edifício que ele usa exibe o sentido de *templo do corpo*, mas também há uma sobreposição da expressão "não feito por mãos humanas" à teologia da (anti-)idolatria. O que os templos e ídolos têm em comum é o fato de servirem de vasos, portais e caminhos para o divino. Os ídolos vão mais longe ao criarem uma representação física específica que corresponda à forma ou à imagem dos ídolos; um templo é mais uma espécie de *lugar* em que o divino pode aparecer ou habitar. No pensamento judaico, um templo genuíno está cheio da glória de Deus; já os ídolos são notoriamente vazios.[12] Os ídolos têm uma aparência de glória, mas não contêm nenhuma substância, nada sagrado, santo, divino, glorioso ou poderoso.

A passagem de 2Coríntios 4:1—5:10

Paulo podia usar essa dinâmica de interior-exterior para iluminar seu ministério e a natureza da fé cristã e, de fato, para comunicar algo sobre a transformação da realidade em sabedoria divina. Isso funciona em 2Coríntios 4:1—5:10 e recebe um foco mais específico em 5:7, em que Paulo compara a πίστις (fé) com a εἶδος (visão ou forma).

A luz e a glória do evangelho cristoforme (4:1-6)

Em 2Coríntios 4, Paulo começa com um manifesto apostólico ousado a respeito do seu ministério totalmente claro e irrepreensível.

---

[12]A relação conceitual entre ídolos e templos no mundo antigo é mais forte do que se poderia achar; em Atos 19:24, Lucas refere-se a certo Demétrio, um ourives, que fazia "templos de prata de Ártemis [ποιῶν ναοὺς ἀργυροῦς]". Lynn A. Kauppi caracteriza esses objetos como "nichos portáveis" que continham pequenas estátuas da deusa Ártemis. Esses objetos tinham aspectos tanto de ídolo quanto de templo, mas aqui o foco está na presença da divindade via objetos feitos por mortais. Veja *Foreign but familiar gods: Greco-Romans read religion in Acts* (London, Reino Unido: T&T Clark, 2006), p. 94-5; cf. também Gregory K. Beale, *The temple and the church's mission* (Downers Grove: InterVarsity, 2005), p. 225.

Ele contesta qualquer noção de ter feito uso de procedimentos secretos ou furtivos. A partir de 4:3, ele faz um jogo com a noção de "encoberto". Talvez alguns estivessem acusando Paulo de ter motivos ocultos ou intenções secretas.[13] Paulo argumenta que, pelo contrário, ele agiu de maneira pública e transparente — se sua mensagem está oculta ou encoberta, ela o está apenas "para os que estão perecendo" (4:3b). Eles são incapazes de ver "a luz do evangelho da glória de Cristo, que é a imagem de Deus" (4:4). Com o uso da imagem de luz e trevas, Paulo obviamente está empregando uma linguagem da criação, também citando: "Pois Deus, que disse: 'Das trevas resplandeça a luz', ele mesmo brilhou em nossos corações para iluminação do conhecimento da glória de Deus na face de Cristo" (4:6).

A mensagem de Paulo aqui é totalmente cristoforme. Isto é, é impossível conceber a glória de Deus sem ver a face de Jesus Cristo. Ao chamar a atenção para Cristo, Paulo contesta qualquer noção de uma teologia da glória que tenta definir o poder segundo uma medição mundana. Os contornos da glória precisam ser definidos em relação à pessoa de Jesus e à sabedoria estranha da cruz.

O evangelho da vida, uma visão mortal (4:7-12)

Paulo continua expondo a natureza do seu ministério apostólico usando a imagem agora famosa de um vaso terreno: "Temos este tesouro em vasos de barro, para mostrar que este poder que a tudo excede provém de Deus, e não de nós" (4:7). A mensagem central é bem clara: na era presente, como James Dunn explica, "o poder divino [está contido] na transitoriedade e corruptibilidade humanas — não o poder divino obliterando a fraqueza humana ou se livrando dela, mas

---

[13]Como argumentado por Ralph P. Martin, *2 Corinthians*, Word Biblical Commentary (Grand Rapids: Zondervan, 2014), vol. 40, p. 225: "Admitidamente, a escrita de Paulo exibe um forte tom polêmico durante toda a extensão do seu debate incessante com seus detratores em Corinto. Eles o acusaram de toda espécie de motivos indignos e de exibir as desvantagens desabonadoras de fraqueza física e perversidade teológica"; veja tb. Jan Lambrecht, "Reconcile yourselves...: a reading of 2 Corinthians 5:11-21", in: Reimund Bieringer; Jan Lambrecht, orgs., *Studies in 2 Corinthians* (Leuven: Leuven University Press, 1994), p. 363-412, espec. p. 363.

na fraqueza humana".[14] O que é menos claro é a razão de Paulo se referir a "vasos terrenos".[15] Há uma metáfora dominante em mente? Victor Furnish apresenta algumas possibilidades. Isso poderia se referir a vasos cultuais (Lv 11:33; 15:12) ou talvez à imagem de um oleiro moldando o barro na perspectiva da criação divina (Is 29:15; 45:9; 64:8). Furnish também menciona uma declaração interessante de Cícero, que caracteriza o corpo como um receptáculo: "Pois o corpo é por assim dizer um vaso ou uma espécie de abrigo para a alma" (*Discussões tusculanas* 1.22.52).[16]

Jerome Murphy-O'Connor aumenta as opções com sua apresentação da noção inventiva do lutador barrento: "Antes de uma luta, os lutadores passavam óleo no corpo. Quando começavam a lutar, o suor misturava-se com o óleo, de forma que, após diversas quedas no chão macio do ringue, formava-se uma crosta tão grossa de barro no corpo deles que pareciam estátuas de barro, homens feitos do mesmo material que vasos domésticos baratos".[17]

Linda McKinnish Bridges propõe ainda mais uma possibilidade. Ela associa a linguagem de Paulo com uma prática antiga comum de esconder itens pessoais valiosos em recipientes discretos. Ela menciona o fato de que, entre as descobertas de Nag Hammadi, foram achados itens valiosos guardados às claras em simples vasos de argila para protegê-los de ladrões.[18] A metáfora de Paulo faz bastante sentido à luz da sugestão de Bridge. Na interpretação de 2Coríntios 4:7, seria possível contentar-se com essa sugestão e seguir a linha de raciocínio de Paulo facilmente. Mas não consigo deixar de perguntar se não poderia haver aqui a sugestão ou o sussurro de um tipo de imagem anti-ídolo. Os judeus eram bemconhecidos por criticarem os ídolos pelo

---

[14]James D. G. Dunn, *The theology of Paul the apostle* (Grand Rapids: Eerdmans, 1998), p. 482 [edição em português: *A teologia do apóstolo Paulo*, tradução de Edwino Royer (São Paulo: Paulus, 2003)].

[15]Victor P. Furnish, *II Corinthians*, Anchor Bible (Garden City: Doubleday, 1984), vol. 34A, p. 253-4.

[16]Veja Furnish, *II Corinthians*, p. 253.

[17]Murphy-O'Connor, *Second Letter to the Corinthians*, p. 45; cf. Ceslas Spicq, "L'Image sportive de 2 Cor 4:7–9", *Ephemerides Theologicae Lovanienses* 13 (1937): 209-29.

[18]Linda M. Bridges, "2 Corinthians 4:7–15", *Interpretation* 86 (1989): 391-6, espec. 392.

fato de exibirem um exterior impressionante, mas não terem nada valioso no interior (como ridicularizado extensivamente na Epístola de Jeremias). Paulo faria uma declaração oposta sobre seu ministério humilde — ele não tem um exterior brilhante, não tem revestimento de ouro, mas seu interior irradia a glória e o poder de Deus para aqueles que têm olhos para ver.

Alguns textos judaicos de fato caracterizam os ídolos como vasos feitos de terra. Sabedoria de Salomão, por exemplo, apresenta cuidadosamente uma imagem do oleiro que amassa a "terra mole" para formar o vaso que é um ídolo (15:7,13). Ele forma do mesmo barro ferramentas úteis (como louças), mas também um "deus fútil". Que coisa mais tola, o autor exclama, pois o próprio artista é feito da terra e voltará à terra (15:8). Os ídolos deles não podem ver, respirar, ouvir, apalpar ou andar (15:15). Eles não têm nenhum espírito que os anime (15:16). Os humanos têm a vida de Deus neles; os ídolos estão mortos (15:17).

De modo semelhante, em Bel e o Dragão, Daniel diz ao rei babilônio que o ídolo diante deles é "apenas barro por dentro e bronze por fora", e ele nunca come ou bebe as ofertas (7). Se Paulo estivesse interagindo com essa imagem relativa a ídolos em 2Coríntios 4:7, seu ponto central seria que ele não é um falso mestre, um impostor, um apóstolo ilegítimo com intenções secretas. Ele é como um simples vaso de barro que esconde um tesouro glorioso. Ele é como um anti-ídolo. A camada exterior do ídolo é de bronze, mas sua carapaça é basicamente de barro. O ministério de Paulo talvez tenha a *aparência* de barro quebradiço, mas seu valor está oculto no interior.

Desse modo, Paulo proclama com ousadia que ele traz sempre o corpo da morte de Jesus nele, para poder exibir a vida de Jesus (4:10). Sua vida e obra têm aparência de morte, cheiro de morte (2:12-17), mas é impossível negar que paradoxalmente essa é a maneira de o evangelho dar vida, vida da qual os coríntios estão se beneficiando (4:12). Esse ocultamento da glória como apresentado por Paulo é captado bem por Beker:

> A dialética da cruz e da ressurreição parece remover qualquer marca óbvia da ressurreição neste mundo pelo poder do Espírito. O poder de Deus em Cristo é principalmente visto nesse contexto

como "fraqueza" e como "os sofrimentos de Cristo" (2Co 1:3-7), o que está de acordo com a marca cruciforme da experiência apostólica. E, no entanto, a experiência apostólica não é derrotista, mas vitoriosa, pois ela vive pela promessa da ressurreição final do corpo e da glória do reino que surge, que está em ação até mesmo em meio ao sofrimento.[19]

Participação do evangelho e fé — crer (acreditar) no inacreditável (4:13-15)

Em seguida, Paulo relaciona esse ministério humilde à própria natureza da fé e cita Salmos 116:

> Está escrito: "Cri, por isso falei". Com esse mesmo espírito de fé nós também cremos e, por isso, falamos, porque sabemos que aquele que ressuscitou o Senhor Jesus dentre os mortos também nos ressuscitará com Jesus e nos apresentará com vocês. Tudo isso é para o bem de vocês, para que a graça, que está alcançando um número cada vez maior de pessoas, faça que transbordem as ações de graças para a glória de Deus (2Co 4:13-15).

Em última instância, Paulo explica, a ousadia de executar esse ministério apostólico moral provém da *fé*, πίστις. E ela depende da esperança, da esperança da ressurreição, crendo que seguir o caminho de Jesus conduz à vida e à honra suprema de Deus em atos de obediência e autossacrifício. Paulo explica isso com uma citação de Salmos 116. Por que esse salmo?[20] Em primeiro lugar, Salmos 116 dedica-se ao tema do sofrimento e da morte.[21] O salmista exclama que "as cordas da morte me envolveram" e "aflição e tristeza me dominaram" (116:3).

---

[19] Beker, *Paul the apostle*, p. 301.
[20] Roy Harrisville acredita que Paulo tem pouco interesse no contexto original do salmo. O que ocorre aqui é que "o sentido original é absorvido em uma *interpretação absoluta*, e a retrospecção é consequentemente alterada em prospecção"; "Paul and the Psalms: a formal study", *Word and World* 5 (1985): 168-79, espec. 174. É claro que isso é possível, mas parece uma perspectiva reducionista.
[21] Barclay, "2 Corinthians", p. 1361.

Ele se refere a estar "sem forças" (116:6) e vulnerável a tristeza, dúvida e esquecimento total (116:8). Porém, todo o salmo exibe um tom de confiança e esperança: "Eu amo o SENHOR, porque ele me ouviu quando lhe fiz a minha súplica", ele exclama (116:1). O Senhor ouve a angústia, e ele é declarado gracioso, justo e misericordioso (116:5). Assim, esse hino poderia ser chamado *Ode a YHWH, Redentor dos fiéis sofredores.*

O pequeno trecho citado por Paulo é Salmos 116:10 (= 115:1, LXX). As respectivas traduções para nosso idioma das versões hebraica e grega do texto são estas:

> Eu mantive minha fé, ainda que tenha dito: "Estou muito aflito" (NRSV).

> Cri; por isso falei, mas eu, eu fiquei totalmente sem forças (NETS).

Paulo obviamente estava citando a Septuaginta (ἐπίστευσα, διὸ ἐλάλησα) em 2Coríntios 4:13. Em vez de fugir das críticas, de forma ousada, Paulo permaneceu ao lado da fé vocal do salmista resiliente. Observe a declaração do salmista: "Preciosa é diante dos olhos do SENHOR a morte dos seus fiéis" (Sl 116:15, NRSV = 115.6, LXX). Assim como o salmista se recusa a deixar sua situação fraca e vergonhosa ser a palavra final, assim também Paulo precisa crer em uma glória que não é tão facilmente vista a olho nu. Jerome Murphy-O'Connor capta essa ideia:

> A interpretação que Paulo acabou de apresentar da relação entre seus sofrimentos e seu ministério baseia-se na fé. À semelhança do autor de Salmos (LXX), ele crê que sua perseverança, apesar de privações e reveses, tem sua origem na graça de Deus e que seu empenho exibe "a vida de Jesus". Ele não pode apresentar nenhuma prova racional da veracidade dessas declarações. No entanto, ele enfatiza o elemento da fé (4:3) não para realçar o óbvio, mas para sugerir que as pessoas do Espírito devem ter "o espírito que é fé". Eles se orgulhavam daqueles dons do Espírito como o de falar em línguas. Eles deveriam antes cultivar o dom da fé, que lhes permitiria ir além das aparências e alcançar a realidade do plano de Deus (cf. 4:18; 5:12; 11:18). Uma vez que a

conduta de Paulo é baseada na fé, eles apenas podem entendê-lo caso também tenham fé.[22]

O que liga Paulo ao seu equivalente salmista é esse "espírito de fé" de que eles compartilham (τὸ αὐτὸ πνεῦμα τῆς πίστεως; 2Co 4:13). Alguns, como Douglas Campbell, entendem o uso paulino de Salmos 116 aqui como cristológico. Isto é, o salmo é interpretado como uma "prefiguração de Cristo" e, assim, o Espírito de fé envolve uma coparticipação com Cristo "como Cristo falando profeticamente por meio desse texto sobre seu próprio sofrimento e ressurreição".[23] Essa teoria é desnecessariamente complexa. Jan Lambrecht apresenta uma interpretação direta que é mais convincente. Paulo está simplesmente declarando que compartilha de uma atitude de confiança e de esperança em Deus apesar das circunstâncias desanimadoras.[24] No que diz respeito a Paulo (e seus propósitos retóricos nessa carta), seu uso de πιστεύω corresponde à noção de fé que crê, a qual tenho apresentado, a capacidade ou determinação de "crer (acreditar) no inacreditável", de ver com os olhos da fé e não com os olhos da carne. Não se trata de pular cegamente por capricho; essa é, antes, a vontade de viver de maneira ousada por causa de uma capacidade de ver as coisas como Deus as vê. E isso motiva seu ministério vocal e apostólico. Assim como YHWH, que, quando desejava se revelar ao seu povo, escolhia não uma forma, mas uma palavra, Paulo também executa um ministério *teofânico* de pregação da *boa Palavra* — para crer e para ser encorajado a falar.

---

[22]Murphy-O'Connor, *Second letter to the Corinthians*, p. 48; veja tb. Paul Han, *Swimming in the sea of Scripture: Paul's use of the Old Testament in 2 Corinthians 4:7—13:13* (London, Reino Unido: T&T Clark, 2014), p. 33-5.

[23]Douglas A. Campbell, "2 Corinthians 4:13: evidence in Paul that Christ believes", *Journal of Biblical Literature* 128 (2009): 337-56, espec. 347. Thomas Stegman também argumenta a favor de uma abordagem cristológica a Salmos 116 para Paulo aqui, mas Stegman prefere a tradução "Espírito de fidelidade" referindo-se "ao que é capacitado pelo Espírito, isto é, ao modo de existência amoroso e de autodoação manifestado por Jesus"; veja "Ἐπίστευσα, διὸ ἐλάλησα (2 Corinthians 4:13): Paul's Christological reading of Psalm 115:1a LXX", *Catholic Biblical Quarterly* 69 (2007): 725-45, espec. 735.

[24]Jan Lambrecht, "A matter of method (II): 2 Cor 4:13 and the recent studies of Schenck and Campbell", *Ephemerides Theologicae Lovanienses* 86 (2010): 441-8; Han, *Swimming in the sea of Scripture*, p. 30-5.

Steven Kraftchick resume adequadamente a ligação conceitual e intertextual entre Salmos 116 e o ministério de Paulo:

> Com seu uso dos termos "crer" e "falar", Paulo declara que, como o salmista, ele fala na adversidade. Ele prega porque é justamente essa ação que demonstra sua fé. Crer no Deus que ressuscitou Jesus significa entender que Deus está atuando agora em sua vida; portanto, a pregação de Paulo procede da fé. Embora sua aparência exterior seja de morte, Paulo entende essa existência como fazendo parte do seu testemunho fiel daquele que ressuscita os mortos e que por fim o ressuscitará junto com os coríntios no último dia.[25]

O poder e a esperança do evangelho invisível (4:16-18)

No fim de 2Coríntios 4, Paulo entra em mais detalhes sobre as implicações dessa perspectiva da fé, o motivo pelo qual é ousado em sua fala e em sua fé de que Cristo fala por meio dele (cf. 13:3a). Paulo vive na esperança, e não no desespero. Ele está bem ciente da natureza dolorosa do sofrimento e do fato de rejeições repetidas produzirem vergonha mundana. Ele experimenta repetidas aflições que fazem sua aparência exterior se desgastar (4:16,17). Ele situa o foco não na visão temporária, mas no que é eterno e invisível (τὰ μὴ βλεπόμενα; 4:18). Paralelos com Hebreus 11:1 ficam facilmente evidentes: "Ora, a fé é a certeza daquilo que esperamos e a prova das coisas que não vemos" [ἔλεγχος οὐ βλεπομένων].

Paulo faz uso do contraste entre a pessoa interior e a exterior. Murphy-O'Connor caracteriza a pessoa exterior como "a dimensão visível da existência humana", em que outros enxergam suas "feridas, golpes, doenças e desgastes" (e assim por diante). Em contraposição, para Murphy-O'Connor, o homem interior de Paulo é a "dimensão invisível da existência humana".[26] Paulo não tem em mente aqui o corpo e a alma. Ele está se referindo à verdade relacionada ao caráter e às

---

[25]Steven J. Kraftchick, "Death in us, life in you: the apostolic medium", in: David M. Hay, org., *Pauline theology: 1 and 2 Corinthians* (Atlanta: Society of Biblical Literature, 2002), 2:156-81, espec. 176.

[26]Murphy-O'Connor, *Second letter to the Corinthians*, p. 49.

escolhas de uma pessoa, que não podem ser vistas em uma fotografia. De novo, é possível perceber aqui um eco de uma teologia da anti-idolatria. Aquele que cultua um ídolo pressupõe que a estátua brilhante deve ser um deus poderoso, mas se ajoelha diante de um objeto morto sem nenhum poder. *O que está no interior é o que conta*, Paulo propõe. Isso apenas pode ser visto com os olhos da fé.

Aguardando a vindicação e a glória enquanto lutamos em corpos-tenda (5:1-5)

Em 2Coríntios 5, Paulo passa a dar atenção ao corpo, particularmente o corpo frágil, que ele chama em Filipenses de o "corpo humilhado" (3:21). Talvez alguns tenham dito sobre Paulo: *Pensem um pouco, como é que ele pode ser um dos agentes de Deus de boas-novas? Ele é tão frágil e fraco*. Paulo não cobriu seu rosto de óleo e disse: *Não é assim não, vejam quão forte posso parecer!* Em vez disso, ele se dedica detalhadamente à questão do corpo terreno. É necessário reconhecer que ele é de fato fraco; ele até mesmo está sujeito a ser destruído. Mas "se for destruíd[o] [o tabernáculo terreno] em que vivemos, temos da parte de Deus um edifício, uma casa eterna nos céus, não construída por mãos humanas" (2Co 5:1). Paulo está se referindo à morte e à ressurreição. De novo, em uma observação rápida do versículo paralelo de Filipenses 3:21, ele dirigiu uma mensagem semelhante àquela comunidade: "Pelo poder que o capacita a colocar todas as coisas debaixo do seu domínio, ele transformará os nossos corpos humilhados, tornando-os semelhantes ao seu corpo glorioso".

Paulo não finge que o corpo presente é um templo perfeito, sólido e indestrutível. Ele é uma tenda deteriorada, um tabernáculo biodegradável. Ele é uma habitação, mas mostra uso e desgaste. E, sim, a fragilidade desse tabernáculo faz os cristãos gemerem e ansiarem por algo mais robusto (2Co 5:4). Mas o ponto central de Paulo é que ele ousa viver na esperança de que esse corpo e suas cicatrizes e limitações não são o fim, de que essas coisas não definem a identidade cristã para sempre. Os cristãos têm um belo lar permanente (um corpo de glória) reservado para eles, um templo brilhante (5:5). Mas por enquanto eles precisam esperar, pois o tempo ainda não chegou.

Andando na fé e na esperança (5:6-10)

Por fim, chegamos às declarações culminantes de Paulo sobre a *persona* apostólica em 2Coríntios 5:6-10, sobre como Paulo quer que os coríntios — e todos os cristãos — vejam a vida e o ministério dele. Embora deseje ser revestido e não despido, honrado e não envergonhado, ele ainda assim ousa estar confiante (5:6). Viver no corpo-tenda é ser um peregrino, um viajante. E itinerantes precisam conviver com a impermanência e com o desconhecido. Assim, διὰ πίστεως ... περιπατοῦμεν, οὐ διὰ εἴδους (5:7). A palavra εἶδος aparenta ser a chave para entender o uso paulino da linguagem de πίστις aqui. Os estudiosos debatem se εἶδος significa "ver/visão" (i.e., um conceito ativo) ou "forma" (i.e., um conceito passivo).[27] Louw e Nida apresentam ambas as possibilidades: forma ou visão.[28] A única outra ocasião em que Paulo usa εἶδος é 1Tessalonicenses 5:22: "Afastem-se de toda forma [εἴδους] de mal". Aqui e em outras passagens o mais apropriado aparenta ser entender εἶδος como "o que é visto". A referência imediata em 2Coríntios 5:7 é a incapacidade de no momento ver a forma de Cristo,[29] pois Paulo explica que os cristãos agora vivem em um tempo "longe do Senhor" (5:6).[30] Mas em 2Coríntios Paulo claramente tem em mente mais do que apenas a presente ausência e o futuro aparecimento do Senhor. Expressando-o de outro modo, Paulo parece dar um *peso* epistemológico específico ao contraste entre πίστις e εἶδος.[31]

---

[27]Furnish argumenta que εἶδος tem um significado passivo e não se refere ao "ato de ver"; *II Corinthians*, p. 273.

[28]Johannes P. Louw; Eugene Albert Nida, *Greek-English lexicon of the New Testament: based on semantic domains* (New York: United Bible Societies, 1996), §588.14, §24.1 [edição em português: *Léxico grego-português do Novo Testamento: baseado em domínios semânticos* (Barueri: Sociedade Bíblica do Brasil, 2013)].

[29]Fredrik Lindgard favorece a tradução "a forma do Senhor"; veja *Paul's line of thought in 2 Corinthians 4:16—5:10* (Tübingen: Mohr Siebeck, 2005), p. 198.

[30]Observe a declaração semelhante em 1Pedro 1:8: "Mesmo não o tendo visto, vocês o amam; e, apesar de não o verem agora, creem nele e exultam com alegria indizível e gloriosa".

[31]Lindgard argumenta que 2Coríntios exibe um tipo de tensão epistemológica na qual alguns estão vivendo com uma perspectiva distorcida: "Paulo não se porta de acordo com sua forma exterior (o que algumas pessoas fazem), isto é, de acordo com sua aparência exterior, mas de acordo com sua fé"; *Paul's line of thought*, p. 199. É aqui que o entendimento em Teresa Morgan da linguagem paulina da fé é inadequado. Ela nega

Εἶδος não é um substantivo independente, é uma forma nominalizada de ὁράω, e Paulo havia acabado de concluir 2Coríntios 4 falando sobre o que se vê e o que não se vê (embora ele tenha usado formas de βλέπω). Portanto, poderíamos traduzir 5:7 de maneira crua por "vivemos pela fé, e não pela forma visível".

No texto judaico anti-idolatria de Sabedoria 15:1-16, o autor mostra a fé e a sabedoria daqueles que são leais ao único Deus em contraste com os idólatras. Sabedoria 15 discorre sobre a insensatez da criação de ídolos. A passagem menciona o artesão que decora uma figura (εἶδος) com muitas cores belas (15:4), e sua aparência (ὄψις) chama a atenção de tolos que são atraídos à "forma inanimada de uma imagem sem vida". O autor ridiculariza esses adoradores que focam a forma e sua aparência (com cores deslumbrantes), sem uma percepção genuína do conteúdo. No fim das contas, o que eles acabam cultuando é destituído de espírito e de vida, equivalendo a um cadáver.

A observação de Paulo sobre si mesmo e seu ministério apostólico segue essa mesma linha de raciocínio. Caso o foco esteja nas formas, então Paulo é pouco mais do que uma tenda desgastada que em algum momento será jogada fora. Mas viver pela πίστις significa viver com esperança e ver com novos olhos, ver além da aparência exterior das coisas e perceber e aguardar o que é eterno, o tesouro muito valioso do interior.

Apenas alguns versículos depois, Paulo diz aos coríntios que os que estão se vangloriando estão obcecados com o ornamento; eles se vangloriam da forma e aparência gloriosas, mas se importam muito pouco com o coração (2Co 5:12). Isso leva a uma declaração culminante: na nova era do reinado de Cristo, os cristãos não devem ver nem interpretar as pessoas κατὰ σάρκα com critérios "carnais", isto é, pelo que apenas o olho humano pode ver (5:16). Eles precisam ver com o olho

---

uma ênfase epistemológica em 2Coríntios 5:7 e em vez disso prefere uma interpretação na qual Paulo está provavelmente se referindo ao dom da fé concedido por Deus, que ilumina o caminho de Paulo. Mas Morgan não leva suficientemente a sério a relação de πίστις com πιστεύω em Paulo, especialmente em 4:13,14; veja *Roman faith and Christian faith: pistis and fides in the early Roman Empire and the early churches* (Oxford: Oxford University Press, 2015), p. 254-5.

perspicaz da fé, ver o tesouro oculto, perceber a renovação interior, reconhecer vida e não morte.

Para Paulo, Jesus Cristo faz toda a diferença nessa visão correta. O cristão só pode acessar essa percepção da πίστις por ter alcançado uma nova maneira de enxergar Cristo. De uma perspectiva carnal, Jesus foi um criminoso, um fracasso e um escândalo. Ele era fraco e frágil. Mas Paulo insiste: "já não o consideramos assim" (5:16). Aqueles que continuam apenas enxergando um Cristo fraco não estão vivendo pela πίστις.

Uma conexão intrigante com a passagem do Servo Sofredor de Isaías usa εἶδος no texto da Septuaginta. A passagem da Septuaginta começa com a exaltação final do Servo — ele será elevado e exaltado (52:13). Porém, logo após essa declaração, o leitor é conscientizado da realidade de que o Servo primeiro precisa enfrentar uma rejeição total por causa de sua aparência: "Assim como haverá muitos que ficarão pasmados diante de ti — assim tua aparência [εἶδος] não terá a glória dos homens e tua glória estará ausente dos homens" (52:14, NETS).

Mais adiante, é dito de novo: "Ele não tem nenhuma forma [εἶδος] ou glória, e o vimos, e ele não tinha nenhuma forma ou beleza"; e "sua forma [εἶδος] era totalmente desprovida de honra, não havendo nada nela que atraísse os homens" (53:2,3, NETS). A passagem inteira do Servo dedica-se a essa tensão entre a glória e honra genuínas do Servo (reconhecidas na sua inocência, magnanimidade e autossacrifício) e a repulsa e rejeição dos homens por causa de sua aparência ou forma. E a base de tudo isso está na *fé*: "Quem creu [πιστεύω] em nossa mensagem? E a quem foi revelado o braço do Senhor?" (53:1; veja p. 134-6). Aqueles que vivem pela *fé* são capazes de ver a glória do Servo Sofredor, e aqueles que vivem pelas *formas* apenas são capazes de ver um pária e um "zé-ninguém" patético.

Essa dialética epistemológica pode ser identificada em 2Coríntios mais claramente do que em qualquer outra carta paulina.[32] Para Paulo, conhecer Cristo significa aprender a enxergá-lo e, consequentemente,

---

[32] Para uma análise relacionada útil, veja Dominika A. Kurek-Chomycz, "The scent of (mediated) revelation?", in: Reimund Bieringer et al., orgs., *Theologizing in the Corinthian conflict: studies in the exegesis and theology of 2 Corinthians* (Leuven: Peeters, 2013), p. 69-107.

todo o resto com os olhos da fé que crê. Para alguns, "ver é crer". Paulo estava desautorizando diretamente essa atitude. E, com esse fim, ele focou o Cristo (presente e temporariamente) invisível. Para Paulo, isso exige não uma fé cega, mas um tipo especial de sintonia com esse Senhor invisível. Como C. K. Barrett explica: "A fé não funciona com base em um Cristo objetivamente autenticado; ela crê no Cristo ausente e indemonstrável, cuja história já desapareceu no passado e cuja vinda reside no futuro desconhecido".[33]

Conclusão

Com 2Coríntios 4:1—5:10 como nosso foco, a declaração temática de Paulo de que "vivemos por fé, e não pelo que vemos" em 5:5-7 merece um atento exame de seu contexto e significado. A significação da citação paulina de Salmos 116:10 em 2Coríntios 4:13 liga a *fé* à perspectiva fundamental que motiva a ousadia da proclamação apostólica da cruz e da morte transformadora de Jesus e do caminho cruciforme. Embora Paulo pudesse fazer diversos tipos de uso da linguagem da fé, 2Coríntios foca a maneira de a imaginação dos coríntios analisar a glória e a vida. Segundo Paulo, há uma *perspectiva* segundo a carne (5:16b) — uma em que os olhos carnais dão valor apenas ao que eles veem. Paulo admite que *ele também* chegou a operar de acordo com uma epistemologia segundo a carne, que o levava a condenar o Cristo fraco, mas *agora* foi apresentado a uma nova visão de Cristo (5:16c), e isso mudou a lente pela qual ele vê *todas as coisas* (5:16a). A perspectiva segundo a carne é incapaz de enxergar além das *formas*. Mas Paulo proclama a possibilidade e a necessidade de uma lente da πίστις para ver o mundo. Essa lente da *fé* não é uma maneira sofisticada de Paulo se referir a uma conjectura ou a uma opinião irrefletida. Ela é, isso sim, como um microscópio que pode tornar visíveis coisas que são invisíveis a olho nu. É isso que chamamos de *fé que crê*, a fé que pode crer

---

[33]C. K. Barrett, *The Second Epistle to the Corinthians*, Black's New Testament Commentary (Peabody: Hendrickson, 1991), p. 158; cf. Timothy B. Savage, *Power through weakness: Paul's understanding of the Christian ministry in 2 Corinthians*, Society for New Testament Studies Monograph (Cambridge: Cambridge University Press, 2004), vol. 86, p. 181.

(acreditar) no inacreditável e "ver" o que é invisível, porque os olhos foram treinados para *olhar* para as coisas certas. A glória não é encontrada no exterior vistoso, mas na densidade, determinação e grande valor da alma e da vontade. A honra não é uma questão de ausência de cicatrizes, mas de interpretação de cicatrizes vicárias como reflexo de um coração nobre.

8

"PISTISMO" ALIANCÍSTICO

Πίστισ e a questão da agência em Gálatas

> Fé significa a abertura e por fim a participação do poder redentor de Deus, em ação na morte e ressurreição de Cristo. Pela fé o cristão "morre" para o pecado e para a morte — uma vez que Cristo morreu por eles — e vive na esperança de ser ressuscitado com ele. (Victor P. Furnish, *Theology and ethics in Paul* [Teologia e ética em Paulo].)

> Pelo fato de Paulo ver a confiança/fé como um novo modo de existência tornado possível por Cristo e pela erupção da nova era no presente, ele também considera sua alternativa como um novo modo de existência, como um modo de vida, incluindo um caminho para se relacionar com Deus. (Leander Keck, *Paul and his letters* [Paulo e suas cartas].)

Πίστις e a investigação da soteriologia paulina

Talvez não haja nada mais conhecido relacionado a Paulo do que o contraste entre fé e obras, uma perspectiva reforçada na doutrina protestante e situada no centro da teologia paulina. Desse modo, a interpretação clássica de Gálatas afirma que aqueles intrusos cristãos judaicos que perturbavam os gálatas tentavam convencê-los a adotar uma orientação centrada em obras, enquanto Paulo promovia uma orientação centrada na fé. O que me incomoda nessa reconstrução convencional da situação em Gálatas é precisamente a recepção e o uso da palavra πίστις em Gálatas. Por causa de uma longa história de apropriação *cristã* da palavra πίστις (pressuposto como um termo claramente *cristão*), temos negligenciado considerar como os missionários cristãos judaicos teriam reagido ao uso paulino de πίστις para representar a abordagem *de Paulo* ao evangelho de Jesus Cristo. Em

"PISTISMO" ALIANCÍSTICO

outras palavras, tendemos a achar que há dois lados nesse cabo de guerra teológico, os missionários cristãos judaicos que defendiam as *obras da lei* (ἔργα νόμου) e Paulo, que defendia o oposto, isto é, a *fé* (πίστις ['Ιησοῦ Χριστοῦ]). No entanto, *os missionários cristãos judaicos também não teriam se identificado com a palavra πίστις em relação à sua noção de compromisso com Deus e obediência a ele?* Certamente, isso não teria sido para eles νόμος *versus* πίστις, mas, sim, teria sido πίστις *pela* νόμος (Torá).

Os judeus achavam natural usar o termo πίστις para representar seu relacionamento com Deus, mesmo que não fosse um termo popular ou preferido em sua literatura grega religiosa (veja o cap. 3). É isso que torna Gálatas um texto tão extraordinário, em especial como uma das primeiras expressões da teologia paulina disponíveis a nós. Paulo dá um passo ousado *separando* πίστις de νόμος precisamente para podermos examinar os termos *como* conceitos separáveis. Isso seria o equivalente teológico de dividir um átomo pela primeira vez: algo inédito, volátil e que subitamente faz surgir um novo modo de pensar.[1] Antes de podermos passar à razão de Paulo estabelecer esse contraste, cabe a nós examinarmos a interpretação que o padrão de fé/obras recebeu no passado.

A justaposição de fé e obras de Gálatas obviamente recebeu uma formulação teórica via Martinho Lutero (veja p. 42-5). Da sua época até meados do século 20, foi passada adiante com praticamente nenhuma hesitação a perspectiva de que a fé e as obras eram polos opostos de um espectro. As obras envolviam empenhar-se, fazer e obter, e a fé se tratava de receber e crer. Apresentando um exemplo, G. G. Findlay (1849-1919) argumenta que Paulo estabelece como opostos extremos "justiça evangélica e justiça legal" ou "salvação pela fé e [salvação] pelas obras da lei".[2] A tendência entre intérpretes de Gálatas com essa mentalidade era representar a fé como se fosse basicamente um conceito

---

[1] Veja James D. G. Dunn, *The theology of Paul's Letter to the Galatians* (Cambridge: Cambridge University Press, 1993), p. 81; também "The theology of Galatians", in: Jouette M. Bassler, org., *Pauline theology* (Minneapolis: Fortress, 1991), 1:138-46.
[2] George G. Findlay, *The Epistle to the Galatians* (New York: Armstrong, 1902), p. 140-1.

passivo. Assim, Findlay observa que as obras refletem o "mérito intrínseco do praticante", enquanto a "virtude da fé está naquele em quem ela confia".[3] A fé, Findlay explica, representa "o repouso da alma em Cristo [...] Cristo evoca a fé que liberta da escravidão legal", e ela reside na "consciência gloriosa de sua filiação divina".[4]

Obviamente, de meados até o fim do século 20, a assim chamada nova perspectiva sobre Paulo resistiu a essa interpretação, tanto rejeitando a pressuposição de que Paulo considerava o judaísmo de sua época legalista quanto tentando recuperar a natureza do cristianismo paulino. Poderia ser demonstrado facilmente que Paulo estava interessado em uma vida de obediência a Deus, e sua ênfase no juízo final de acordo com as obras foi trazida para mais perto do primeiro plano da análise da teologia paulina.[5]

---

[3] Findlay, *Galatians*, p. 228.

[4] Findlay, *Galatians*, p. 228-9. A interpretação de John Murray de Paulo no seu comentário sobre Romanos é notavelmente semelhante: "A justificação pelas obras sempre está baseada no que a pessoa é e faz; ela sempre está orientada àquela consideração de virtude conectada à pessoa justificada. A qualidade específica da fé é a confiança e compromisso com outra pessoa; ela é essencialmente extrospectiva e, sob esse aspecto, é o completo oposto das obras. A fé é *auto*rrenunciadora; as obras são *auto*congratulatórias. A fé olha para o que Deus faz; as obras dizem respeito ao que nós somos. É essa antítese de princípio que permite ao apóstolo basear a exclusão completa das obras no princípio da fé"; veja *The Epistle to the Romans* (edição original: 1968; Grand Rapids: Eerdmans, 1997), p. 123 [edição em português: *Romanos* (São José dos Campos: Fiel, 2022)]. Cf. Rudolf Bultmann, "*Pisteuō*", in: Gerhard Kittel; Gerhard Friedrich, orgs., *Theological dictionary of the New Testament: abridged edition*, tradução para o inglês de Geoffrey W. Bromiley (Grand Rapids: Eerdmans, 1985), p. 849-57, espec. p. 855: "Como uma negação da vontade própria, a fé é o ato supremo e, como tal, é o oposto das obras em todo sentido. Ela corresponde à graça, que está em um contraste total com obras que merecem remuneração".

[5] Para uma perspectiva útil do desenvolvimento da nova perspectiva sobre Paulo, veja N. T. Wright, *Paul and his recent interpreters* (Minneapolis: Fortress, 2015); James D. G. Dunn, *The new perspective on Paul* (Grand Rapids: Eerdmans, 2008), p. 1-98 [edição em português: *A nova perspectiva sobre Paulo* (São Paulo: Paulus, 2011)]; e Magnus Zetterholm, *Approaches to Paul* (Minneapolis: Fortress, 2009). Sobre o tema da natureza do judaísmo antigo, uma análise útil pode ser encontrada em M. G. Barclay, *Paul and the gift* (Grand Rapids: Eerdmans, 2015), p. 194-330. Para uma abordagem útil, "além da nova perspectiva" à questão do judaísmo e do legalismo, veja as reflexões maduras de Charles H. Talbert; Jason A. Whitlark, "Paul, Judaism, and the revisionists", in: *Getting "saved": the whole story of salvation in the New Testament* (Grand Rapids: Eerdmans, 2011), p. 11-34; cf. Francis Watson, "Constructing an antithesis: Pauline and other Jewish perspectives on divine and human agency", in: John M. G. Barclay; Simon

"PISTISMO" ALIANCÍSTICO

No século 20, certas tendências resistiram às tentativas da nova perspectiva de enfraquecer o contraste paulino entre fé e obras. Alguns defendem a noção de as obras em Paulo envolverem fazer e a fé envolver confiança em Deus. Por exemplo, Douglas Moo faz essa declaração em relação a Gálatas 3:7-14:

> O argumento de Paulo nesses versículos transcende as circunstâncias específicas de sua situação. Pois sua polêmica se dirige não apenas à lei, mas também a "fazer"; de fato, uma das razões (embora não seja a única) de Paulo negar a capacidade de a lei conduzir à justificação é precisamente por ser, pela sua própria natureza, algo a ser "feito". Portanto, os reformadores estavam totalmente justificados ao encontrar no argumento de Paulo aqui um princípio fundamental e universalmente válido sobre o valor exclusivo de crer *versus* fazer.[6]

Enquanto releio Gálatas à luz da linguagem da fé paulina no contexto antigo, minha resposta a esse tipo de contraste é esta: *como é que os judeus usavam a linguagem da fé (πίστις), e como será que eles teriam recebido ou respondido ao contraste de Paulo entre πίστις e νόμος?*[7] Outros judeus dificilmente achariam concebível qualquer pessoa (até mesmo o dissidente Paulo) se referindo a πίστις como se fosse algo que não envolvesse inerentemente uma operação ativa — os judeus simplesmente teriam tomado por certo que πίστις não apenas

---

J. Gathercole, orgs., *Divine and human agency in Paul* (London, Reino Unido: T&T Clark, 2006), p. 99-116. Sobre a ênfase da nova perspectiva no juízo final, veja Kent L. Yinger, *Paul, Judaism, and judgment according to deeds*, Society for New Testament Studies Monograph (Cambridge: Cambridge University Press, 1999), vol. 105; e N. T. Wright, *Paul and the faithfulness of God* (Minneapolis: Fortress, 2013), 2:1084-28.

[6]Douglas J. Moo, *Galatians*, Baker Exegetical Commentary on the New Testament (Grand Rapids: Baker, 2013), p. 210; veja de novo p. 324-5. Os seguintes artigos expõem mais como Moo chega a essa posição: "Genesis 15:6 in the New Testament", in: Daniel M. Gurtner; Benjamin L. Gladd, orgs., *From Creation to new creation: biblical theology and exegesis* (Peabody: Hendrickson, 2013), p. 147-62.

[7]Observe a crítica clássica de Krister Stendahl: "Ousaremos sugerir que durante séculos o Ocidente imaginou erroneamente que os autores bíblicos estavam abordando problemas que certamente são nossos, mas que nunca entraram na sua consciência"; veja "Paul and the introspective conscience of the West", in: *Paul among Jews and Gentiles* (Philadelphia: Fortress, 1976), p. 95; cf. p. 86.

é central à vida com Deus, mas também que é algo *que se faz* (veja p. 66-77).

Debates intensos relacionados à soteriologia paulina sob a categoria "agência divina e humana" estão acontecendo.[8] Um estudo de caso interessante com relação a isso é a obra de Preston Sprinkle *Paul and Judaism revisited* [Paulo e o judaísmo revisitado].[9] Sprinkle argumenta que o Antigo Testamento contém duas abordagens da salvação e da participação da aliança. Na perspectiva da abordagem deuteronômica, a agência humana influenciaria a restauração da aliança. A abordagem profética enfatizava os "atos unilaterais de restauração de Deus". Comparando em particular os Manuscritos do Mar Morto com as cartas de Paulo, Sprinkle argumenta que os manuscritos demonstram uma mistura de ambos os tipos, enquanto Paulo segue exclusivamente o modelo profético. Certamente, caso Sprinkle esteja correto, isso reforçaria a dicotomia de obras/fé, na qual Paulo estaria situando a ênfase na *agência divina* (o que significa que Deus é aquele que faz e os seres humanos têm fé nessa obra divina), e não na *agência humana* (uma abordagem deuteronômica que, nesse caso, Paulo teria rejeitado).

A interpretação feita por Sprinkle de Paulo *e* da natureza da religião do Antigo Testamento é simplista demais. Afinal de contas, os profetas certamente dependiam do próprio livro de Deuteronômio como base da aliança.[10] Em segundo lugar, como sabemos que um padrão é superior ao outro ou deve ser final (e, portanto, melhor)? Kent Yinger faz uma pergunta importante sobre essa questão: Sprinkle aparenta contrastar Paulo com Tiago em relação a esses padrões soteriológicos,

---

[8]Novamente veja John M. G. Barclay; Simon J. Gathercole, *Divine and human agency in Paul* (London, Reino Unido: T&T Clark, 2006); cf. Jason Maston, *Divine and human agency in Second Temple Judaism and Paul: a comparative study*, Wissenschaftliche Untersuchungen zum Neuen Testament (Tübingen: Mohr Siebeck, 2010), vol. 297; e Kyle Wells, *Grace and agency in Paul and Second Temple Judaism: interpreting the transformation of the heart*, Novum Testamentum Supplement (Leiden: Brill, 2014), vol. 157.

[9]Preston Sprinkle, *Paul and Judaism revisited: a study of divine and human agency in salvation* (Downers Grove: InterVarsity, 2013).

[10]Don Garlington faz a observação fundamental de que os profetas não tinham uma perspectiva incondicional sobre a restauração; Garlington observa muitas passagens de Isaías e Ezequiel que dão uma forte ênfase à obediência à aliança (i.e., uma pressuposição importante de agência humana); veja "Resenhas de *Paul and Judaism revisited*", *Journal of the Evangelical Theological Society* 57 (2014): 442-6, espec. 443.

portanto como Sprikle classificaria Jesus?[11] As novas discussões com respeito à agência divina e humana não fizeram o debate avançar além de uma dicotomia tradicional entre fé e obras.[12]

Uma afirmação básica da dicotomia obras/fé aparece em mais um contexto, a interpretação apocalíptica de Paulo.[13] Um dos representantes centrais dessa abordagem é J. Louis Martyn, e é instrutiva sua maneira de interpretar Gálatas 2:16 no seu respeitado comentário da Anchor Yale Bible. Martyn não estrutura a dicotomia νόμος/πίστις em relação a um contraste genérico entre fé e obras. O que ele faz é apresentar uma análise perspicaz do desenvolvimento de uma tradição teológica entre cristãos judeus, uma tradição com a qual Paulo concorda em alguns aspectos e da qual diverge em outros[14]. Em especial, Martyn argumenta, a posição de Paulo sobre a "retificação" depende de um entendimento correto da formulação πίστις Χριστοῦ (veja o cap. 11 adiante).

Martyn faz questão de deixar claro que Paulo estabelece a dicotomia ἔργα/πίστις para ressaltar a obra libertadora de Deus pela "morte fiel" de Cristo; daí sua preferência pela interpretação "fidelidade de Cristo" para πίστις Χριστοῦ.[15] A abordagem de Martyn destaca a hegemonia de forças antidivinas sobre a humanidade e a libertação, efetuada por Cristo, de sua tirania.[16] Ele não nega que *às vezes* Paulo se refere à importância da πίστις humana como confiança em Deus (i.e., agência humana), como ocorre com frequência em relação ao verbo πιστεύω (2:16; 3:6; cf. 3:22). No entanto, Martyn considera a retificação e a

---

[11]Veja Kent L. Yinger, "Resenhas de *Paul and Judaism revisited*", *Bulletin for Biblical Research* 25 (2015): 580-2, espec. 582. Scot McKnight apresenta alguns comentários críticos importantes sobre o livro de Sprinkle, e Sprinkle apresenta algumas respostas, tanto a McKnight quanto a outros comentaristas, em patheos.com/blogs/jesuscreed/2013/09/26/challenging-the-new-perspective-on-paul.

[12]Veka Kent L. Yinger, "*Reformation Redivivus*: syngerism and the new perspective", *Journal of Theological Interpretation* 3 (2009): 89-106.

[13]Para uma noção geral do estado da discussão do "Paulo apocalíptico", veja Ben Blackwell; John Goodrich; Jason Maston, orgs., *Paul and the apocalyptic imagination* (Minneapolis: Fortress, 2016).

[14]Veja J. Louis Martyn, *Galatians*, Anchor Yale Bible (New Haven: Yale University Press, 1997), vol. 33A, p. 263-75 ("Comment #28: God's making things right by the faith of Christ").

[15]Martyn, *Galatians*, p. 271.

[16]Martyn, *Galatians*, p. 273.

redenção paulinas puramente o resultado da invasão de Deus do domínio humano, que conduz à "gênese misteriosa da fé em Cristo".[17]

Martin de Boer, mais um defensor do Paulo apocalíptico, insiste em uma interpretação ainda *mais* unilateral da agência divina, e isso influencia profundamente sua interpretação de πίστις em Gálatas de modo geral. Em seu comentário sobre Gálatas, ele hesita em interpretar *algumas vezes* πίστις em Gálatas como algo relacionado ao que seres humanos fazem ou são. Considerando um exemplo importante, de Boer não interpreta a expressão ἐκ πίστεως em Gálatas 3 (3:7,8,9,11,12,22; cf. 2:16) como uma referência a "fé em Cristo". Sua argumentação aqui é que οἱ ἐκ πίστεως significa "as pessoas que vivem com base na fé (fidelidade de Cristo)".[18]

O que é semelhante nas abordagens adotadas por Martyn e de Boer de Gálatas 2:16 e da dicotomia ἔργα νόμου/πίστις Χριστοῦ é a tendência de ambas afastarem πίστις do domínio antropológico e situar o termo no domínio cristológico. Isto é, o que justifica não é a fé humana, mas, sim, a "fidelidade de Cristo".[19] Correndo o risco de uma simplificação exagerada, argumento que a tendência tanto dos intérpretes luteranos quanto dos intérpretes que adotam a perspectiva do Paulo apocalíptico é diminuir a importância da fé humana como uma forma de agência humana.[20] De novo, essa é uma interpretação um tanto rasa e modernista da palavra πίστις. E tratar πίστις como o *oposto* de obra, fazer ou agência humana faz pouco sentido para Paulo, para os gálatas ou também para os missionários cristãos judaicos.[21] Como muitos intérpretes de Gálatas

---

[17] Martyn, *Galatians*, p. 276.

[18] Veja Martinus de Boer, *Galatians* (Louisville: Westminster John Knox, 2011), p. 192-7.

[19] Veja J. Louis Martyn, "The gospel invades philosophy", in: Douglas Harink, org., *Paul, philosophy, and the theopolitical vision* (Eugene: Wipf & Stock, 2010), p. 13-36.

[20] Veja Beverly R. Gaventa, "Galatians", in: John W. Rogerson; James D. G. Dunn, orgs., *Eerdmans commentary on the Bible* (Grand Rapids: Eerdmans, 2003), p. 1374-84, espec. p. 1377 (sobre 2:16): "O contraste fundamental aqui [...] não é entre obras (de qualquer tipo) e fé (a de seres humanos ou de Cristo), mas entre a lei e Cristo".

[21] Veja a interpretação problemática de Richard C. H. Lenski sobre 3:12,13: "A observação feita por Paulo é que fé e fazer são coisas opostas. Fazer fornece o que é *exigido* legal e legitimamente; a fé recebe o que é *concedido* gratuitamente"; *The interpretation of St. Paul's Epistle to the Galatians* (edição original: 1946; Minneapolis: Fortress, 2008), p. 147.

mostram, o livro exibe um forte apelo a *fazer* (veja Gl 5 e 6), e em especial a própria πίστις é mencionada como aquela "que atua" (5:6).[22]

Por essas razões, a linguagem de agência divina e agência humana não é benéfica para a interpretação do uso paulino de πίστις, sobretudo ao ser situada em um tipo de fórmula de total zero. Nenhum estudioso sério de Paulo negaria que Paulo sublinha a obra salvífica anterior e suprema de Deus.[23] Infelizmente, uma vez que qualquer aspecto de agência humana se torna parte da equação, isso com frequência é interpretado como uma *diminuição* da contribuição divina. Uma abordagem matemática (*quais porcentagens divina e humana compõem a soteriologia paulina?*) já é um começo errado. Voltarei mais tarde a essa questão, mas por enquanto basta dizer que a nova perspectiva chega *mais perto* de entender a natureza da vida cristã com Deus segundo Paulo do que outras propostas. A nova perspectiva tende a focar na linguagem de "nomismo da aliança", sendo atribuída a Sanders essa formulação.[24] Quarenta anos após a apresentação dessa abordagem, a maioria dos estudiosos a considera em geral uma correção útil da pressuposição de obras de justiça legalistas no judaísmo antigo; no entanto, estudiosos (eu incluso) têm algumas dificuldades com os detalhes da descrição e aplicação de Sanders do nomismo da aliança, bem como com a maneira de outros classificarem Paulo como um "nomista da aliança".

Nomismo aliancístico ou "pistismo" aliancístico?

Resistindo à acusação de que o judaísmo da época de Paulo era centrado em obras meritórias, Sanders, após um estudo extenso de textos judaicos palestinos antigos, chega a um padrão religioso que poderia

---

[22]Veja especialmente John M. G. Barclay, *Obeying the truth: the study of Paul's ethics in Galatians* (Edinburgh: T&T Clark, 1988); também Volker Rabens, "'Indicative and imperative' as the substructure of Paul's theology-and-ethics in Galatians? A discussion of divine and human agency in Paul", in: Mark W. Eliott et al., orgs., *Galatians and Christian theology* (Grand Rapids: Baker, 2014), p. 285-305.

[23]De acordo com a obra de Barclay *Paul and the gift*, de fato há um consenso entre a maioria dos intérpretes de Paulo sobre essas questões da prioridade e da incongruência da graça de Deus.

[24]O próprio Sanders não acha que o padrão religioso de Paulo poderia ser caracterizado como nomismo da aliança; veja *Paul and Palestinian Judaism* (Minneapolis: Fortress, 1977), p. 511-4.

se encaixar na maioria desses textos com mais precisão e nuanças. Esta é a explicação de Sanders:

> O nomismo da aliança é a visão de que o lugar de uma pessoa no plano de Deus é estabelecido com base na aliança e de que a aliança exige como a resposta apropriada do homem sua obediência aos mandamentos, sem deixar de estipular meios de expiação pela transgressão. [...] A obediência mantém a posição de uma pessoa na aliança, mas não obtém a graça de Deus propriamente dita".[25] Embora Sanders encontre esse padrão religioso no judaísmo, ele não o encontra em Paulo. No entanto, outros percebem uma semelhança notável entre o nomismo da aliança de Sanders e a maneira de Paulo falar sobre a vida cristã. Por exemplo, Morna Hooker, apresentando uma comparação extensa entre as cartas de Paulo e o padrão religioso judaico em Sanders, descobre uma coerência notável.[26] De modo semelhante, Dunn argumenta que Paulo exibe a mesma ênfase na "inter-relação entre a graça divina e a resposta humana.[27]

Tanto Hooker quanto Dunn destacam a maneira de o nomismo da aliança combinar com a perspectiva de Paulo à medida que inclui tanto dádiva quanto exigência; o que eles consideram peculiar em Paulo é

---

[25] Sanders, *Paul and Palestinian Judaism*, p. 75. Uma caracterização mais robusta é encontrada na página 422, com oito componentes: "(1) Deus escolheu Israel e (2) deu a lei. A lei implica tanto (3) a promessa de Deus de manter a eleição quanto (4) a exigência de obedecer. (5) Deus recompensa a obediência e pune a transgressão. (6) A lei estipula meios de expiação, e a expiação resulta em (7) manutenção ou restabelecimento do relacionamento da aliança. (8) Todos aqueles que são mantidos na aliança pela obediência, expiação e misericórdia de Deus pertencem ao grupo que será salvo". Aqui não podemos abordar todas as reações críticas ao nomismo da aliança de Sanders, mas uma preocupação central é o foco que Sanders situa em "entrar" e "ficar dentro" (i.e., linguagem de conversão); veja Frederick J. Murphy, "Resenha de *Paul and variegated nomism*", *Catholic Biblical Quarterly* 65 (2003): 148-50, espec. 149-50.

[26] Veja Morna D. Hooker, *From Adam to Christ* (Eugene: Wipf & Stock,1990), p. 155: "Certamente, muitos terão achado que reconheceram Paulo nas páginas da primeira parte do livro de Sanders e terão concluído ao passarem à página 2: 'Então Paulo era totalmente judeu, no fim das contas'".

[27] Dunn, *New perspective on Paul*, p. 79; cf. p. 143, 199, 310, 371. Veja tb. as reflexões mais recentes de Dunn no seu epílogo a Reimund Bieringer; Didier Pollefeyt, orgs., *Paul and Judaism* (London, Reino Unido: T&T Clark, 2012), p. 208-20, espec. p. 215.

"PISTISMO" ALIANCÍSTICO

sua crítica da mediação e da centralidade da Torá. Assim, Dunn diz que Paulo escolheu referir-se à obrigação na perspectiva da "obediência da fé", e não da obediência à Torá.[28]

Proponho reestruturarmos a apropriação de Dunn e Hooker do nomismo da aliança para Paulo com um foco na linguagem de πίστις paulina, chamando-a de (na falta de uma expressão mais elegante) "*pistismo* da aliança". A ideia por trás dessa formulação é que a abordagem de Paulo da religião tem algumas semelhanças com sua vida anterior (especialmente em relação a um entendimento tanto da graça quanto da exigência de Deus), mas que, após seu encontro com Cristo, foi orientada, *não* em volta da Torá, mas apenas em volta de Cristo.[29] O termo πίστις (daí *pistismo*) é a palavra certa para representar a religião paulina em Cristo por diversas razões, em especial por ter se tornado uma palavra-símbolo para o cristianismo tão cedo em sua história (e.g., Gl 1:23).

Como Francis Watson identifica corretamente, Paulo aparenta ter escolhido πίστις para representar a religião cristã em contraste com a religião da Torá:

> "Fé" resume o modo de vida de uma congregação paulina, marcado pelo abandono de certas normas e convicções da sociedade ao seu redor e pela adoção de novas normas e convicções. "Obras" resume o estilo de vida da comunidade judaica, que busca viver em conformidade com a Lei de Moisés. As duas coisas são incompatíveis não por uma ressaltar a graça e a outra, os feitos, mas porque, consequentemente, a orientação fundamental com relação a Jesus em uma comunidade e a Moisés em outra torna as duas simplesmente inconciliáveis.[30]

---

[28]Veja Dunn, "Epilogue", p. 215. Veja semelhantemente como Hooker acha o *padrão* do nomismo da aliança apropriado para Paulo, mas certamente que *nomismo* não combina com a abordagem de Paulo; *From Adam to Christ*, p. 156, 158, 160.

[29]Brian Rosner apresenta uma pesquisa importante sobre a fuga consciente de Paulo de linguagem judaica tradicional de obediência à Torá; "Paul and the law: what he does not say", *Journal for the study of the New Testament* 32 (2010): 405-19; e *Paul and the law* (Downers Grove: InterVarsity, 2013).

[30]Francis Watson, *Paul, Judaism, and the Gentiles: beyond the new perspective* (Grand Rapids: Eerdmans, 2007), p. 346; veja tb. p. 212.

Deveria ser óbvio que a linguagem contrastiva usada por Paulo não é simplesmente a elaboração de uma boa terminologia, uma escolha arbitrária de linguagem alternativa para fazer uma separação entre o povo de Jesus e o povo de Moisés. Há uma razão pela qual Paulo escolheu essa palavra πίστις para resumir a identidade cristã. Gálatas estabelece uma maneira muito clara de πίστις poder ser separado da Torá e ser considerado significativo em uma nova contextualização ligada a Cristo (cf. 3:11,12).

Desse modo, precisamos fazer uma observação importante aqui. *Algumas* interpretações de Paulo por pouco não se limitam a transformar Paulo em um agente social que pregava a inclusão gentia; nessas versões, Paulo na realidade não tem nada novo para dizer sobre Deus ou sobre a salvação, muito menos uma crítica da Lei de Moisés. Porém, a Carta aos Gálatas, mais do que qualquer outra carta paulina, aparenta estar determinada a convencer os leitores de Paulo de que o tempo da lei passou e de que há uma razão válida para essa situação. Não é que a lei era má ou contrária aos propósitos de Deus, mas ela poderia desempenhar apenas um papel temporário em relação à "vinda da πίστις" (3:23).[31] É útil examinarmos 3:23 (e 3:25) e o uso absoluto de πίστις para entendermos melhor o uso paulino geral de πίστις em Gálatas, mas antes disso apresentarei minha própria teoria com respeito a πίστις em Gálatas.

Πίστις em Gálatas

Paulo *não* tem em mente que πίστις se refira a não obra, um tipo de dependência passiva de Cristo. Paulo usa πίστις com respeito à dinâmica relacional fundamental da aliança, à natureza de um vínculo de aliança que exige fidelidade e mutualidade com confiança em seu cerne. Os judeus da época de Paulo certamente teriam aceitado que a linguagem de πίστις era apropriada para o estilo de vida judaico com Deus, embora apenas fizesse sentido dizer que a πίστις da aliança

---

[31] Veja Richard B. Hays, "Three dramatic roles: the law in Romans 3—4", in: James D. G. Dunn, org., *Paul and the Mosaic Law* (Grand Rapids: Eerdmans, 2000), p. 151-64, espec. p. 155; cf. Rosner, *Paul and the law*.

era mediada por obras da Torá. Paulo está argumentando em Gálatas que a vinda do Messias inaugurou uma nova era, em que a mediação (de obras) da Torá não é mais válida e em que, com sua remoção, o que preenche esse vácuo é pura πίστις. Para Paulo, essa palavra πίστις representa a natureza essencial de um vínculo social com Deus em e por meio de Jesus Cristo e, por Jesus estar no centro desse relacionamento, πίστις pode se tornar uma palavra que resume a "Cristo-relação".[32] Portanto, ao ser contrastado com a Torá, o uso paulino da palavra πίστις significa particularmente algo como a "relação não mediada da aliança em e por meio de Cristo". Desse modo, voltando ao nomismo da aliança de Sanders, aqueles que estabeleceram uma conexão entre o nomismo da aliança e o cristianismo paulino estavam no caminho certo, mas não efetuaram os ajustes apropriados (ao menos não na terminologia). Sim, a parte da aliança faz sentido em Paulo, mas é melhor qualificar esse relacionamento da aliança (especialmente em relação a Gálatas) não como uma forma mais nova de *nomismo* (relacionado a Torá ou à leinão sei o que é para ver), mas, sim, como *pistismo* (πίστις), reconhecendo a singularidade e a exclusividade da Cristo-relação como o estilo de vida em Deus na nova era.

O texto de Gálatas 3:23 mostra como isso funciona em Gálatas. Já no começo de Gálatas 3, Paulo reforça uma dicotomia de πίστις/νόμος, que atinge o ponto culminante nas citações consecutivas de Deuteronômio 27:26 ("Maldito todo aquele que persiste em não praticar todas as coisas escritas no livro da Lei", em Gl 3:10) e Habacuque 2:4 ("o justo viverá pela fé", em Gl 3:11). Ossificando essa tensão ainda mais, Paulo ousa extrair as implicações com essas sete palavras inesquecíveis: ὁ δὲ νόμος οὐκ ἔστιν ἐκ πίστεως (3:12a). Após alguma elaboração relacionada aos limites da lei e à prioridade das promessas a Abraão, Paulo volta à pergunta essencial sobre o propósito da lei (3:19). Ela foi concedida "por causa das transgressões, até que viesse o Descendente a quem se referia a promessa". Apesar da tensão de πίστις/νόμος apresentada por Paulo, ele afirma que a lei nunca esteve em conflito com

---

[32]Veja semelhantemente Peter Oakes, "Πίστις as relational way of life in Galatians", *Journal for the Study of the New Testament* 40 (2018): 255-75.

as promessas divinas recebidas por Abraão (3:21). A lei desempenhou a função de "encerr[ar] tudo debaixo do pecado"[33] até o tempo apropriado do cumprimento daquelas promessas ἐκ πίστεως Ἰησοῦ Χριστοῦ δοθῇ τοῖς πιστεύουσιν (3:22). Em seguida, Paulo apresenta outra declaração sobre deferência da lei para com a promessa, dessa vez comparando o período da lei (de confinamento) ao da revelação da πίστις vindoura.

Como Hooker e outros observam, o natural para nós aqui seria Paulo comparar o período da lei com a vinda de *Cristo*,[34] mas aqui há πίστις como o termo de resumo dessa nova era. Por que πίστις? Alguns imaginam que isso simplesmente se refira à inauguração de um novo período na história da salvação focado na fé em Jesus Cristo.[35] No entanto, antes disso, Paulo não apenas estava prenunciando a vinda de Cristo, mas também estabelecendo πίστις e νόμος como dois modos de existência.[36] Além disso, πίστις em 3:23 não poderia *simplesmente* se referir à fé em Cristo, pois Abraão foi estabelecido como um protótipo da pessoa da πίστις (obviamente de um período antes de Cristo).

Uma segunda abordagem ao uso absoluto de πίστις em 3:23 argumenta que o termo se refere não à *fé humana em Cristo*, mas, sim, à πίστις *do próprio Cristo*, a assim chamada fidelidade de Cristo (veja p. 209-15). Assim, de Boer defende que Paulo estava usando πίστις como uma metonímia para Cristo e que a vinda da πίστις se refere à "morte fiel de Cristo na cruz".[37] O problema aqui é semelhante à primeira interpretação — qual a razão de usar πίστις para representar Cristo (especialmente por causa da facilidade com que isso, como uma circunlocução, geraria entendimentos errôneos)? Além disso, o tempo inteiro (em Gl 3), Paulo tem falado sobre a "fé de Abraão" e aqueles que

---

[33]Para essa tradução da expressão ἀλλὰ συνέκλεισεν ἡ γραφὴ τὰ πάντα ὑπὸ ἁμαρτίαν, reconheço minha dependência de Barclay, *Paul and the gift*, p. 407 [edição em português: *Paulo e o dom*, tradução de Fabrizio Zandonadi Catenassi; Fabiana Beckert, Jefferson Zeferino (São Paulo: Paulus, 2018)].

[34]Veja Hooker, *From Adam to Christ*, p. 173.

[35]Afirmado, e.g., por F. F. Bruce, *The Epistle to the Galatians*, New International Greek Testament Commentary (Grand Rapids: Eerdmans, 1982), p. 181; semelhantemente Moo, *Galatians*, p. 241.

[36]Veja Leander Keck, *Paul and his letters* (Philadelphia: Fortress, 1979), p. 82.

[37]De Boer, *Galatians*, p. 239.

foram modelos dessa mesma confiança em Deus, aqueles que vivem ἐκ πίστεως, em oposição àqueles que vivem de acordo com a lei. Como Dunn argumenta persuasivamente, a primeira parte de Gálatas 3 apresenta a visão contrastiva de um "(estilo de) vida caracterizado por fazer o que a lei ordena e não por crer como Abraão creu".[38]

Embora ambas as interpretações propostas de πίστις em 3:23 (πίστις humana em Cristo ou a πίστις de Cristo para com Deus) apresentem algum mérito, nenhuma delas aparenta ser muito satisfatória exegeticamente. Peter Oakes apresenta um caminho muito útil para avançar com respeito ao uso paulino de πίστις. Embora Oakes esteja mais inclinado à interpretação genitiva objetiva de πίστις Χριστοῦ, ele não descarta totalmente outras opções. Ele argumenta que πίστις Χριστοῦ funciona para Paulo como uma maneira de se referir à "vida característica daqueles que estão em um relacionamento adequado com Cristo". Mas, em virtude da qualidade genérica (ou ambígua) da expressão, talvez Paulo tivesse em mente mais do que apenas *fé humana em Cristo*. Oakes imagina que essa expressão é ampla a ponto de incluir "como Cristo se envolve nesse relacionamento" (i.e., mais do que "fé humana em Cristo").[39] Apesar das hesitações de Oakes quanto a misturar o objetivo e o subjetivo, isso combina com o uso que πίστις poderia receber no mundo antigo em geral implicando acordo social, e 3:23 faz bastante sentido à luz dessa explicação: Paulo talvez esteja usando πίστις como uma palavra que resume a "Cristo-relação" — isto é, a visão de uma era de uma nova possibilidade de relacionamento com Deus por meio de Jesus Cristo.

Essa interpretação de πίστις associada à Cristo-relação em 3:23 talvez passe a impressão de ser complicada demais (visto que implica fidelidade, mutualidade e inter-relação entre Deus, Cristo e o cristão), mas ela precisa ser julgada com base em seus méritos, e essa

---

[38] James D. G. Dunn, "Ἐκ πιστεως: a key to the meaning of πιστισ Χριστου", in: J. Ross Wagner; C. Kavin Rowe; A. Katherine Grieb, orgs., *The word leaps the gap* (Grand Rapids: Eerdmans, 2008), p. 351-66, espec. p. 362.

[39] Veja Peter Oakes, *Galatians*, Paideia (Grand Rapids: Baker, 2015), p. 88. Para ser justo, embora Oakes considere a possibilidade de πίστις desempenhar alguma função dupla (o que ele mais tarde chama de "fidelidade recíproca"), ele se situa bem firmemente na visão genitiva objetiva do debate.

interpretação liga bem 3:23 a 3:22, em que Paulo associa o cumprimento da promessa em Jesus Cristo à fé do cristão nessa promessa.

Não sou o primeiro a concentrar a atenção na dinâmica *relacional* e participativa de πίστις em relação à teologia de Paulo. Na exposição mais recente de James Dunn de Gálatas, ele realça esse aspecto da linguagem da fé paulina. Em dois ensaios, Dunn dá atenção especial ao tema da fé no centro de Gálatas.[40] Dunn observa que em Gálatas o foco de πίστις está não na ideia de não fazer, mas na confiança ativa em Deus, expressa em cooperação e relacionamento com Jesus Cristo. O problema da lei não é que se tratava de algo a fazer, mas que o evangelho de Jesus Cristo revelou a Paulo que o *próprio* relacionamento com Deus estava no centro da religião e que a lei *não* poderia ser algo que contornasse ou interrompesse essa dinâmica da πίστις. Este é o resumo de Dunn: "A imediatez do relacionamento com Deus por meio de Cristo que a fé em Cristo torna efetiva não deve ser restringida e delimitada por ordens que apenas tinham uma função limitada no propósito divino".[41] Dunn acrescenta que práticas culturais e atos rituais de fato poderiam servir de expressões dessa fé, mas transformar esse veículo e expressões em leis universais e permanentes comprometeria e obscureceria "o vínculo central do cristão com Deus por meio de Cristo".[42] O que Paulo identifica em Abraão, como precursor do evangelho πίστις, é a confiança do patriarca em Deus, "sua dependência da promessa de Deus — nada mais".[43]

---

[40]Veja James D. G. Dunn, "What's right about the old perspective on Paul?", in: Matthew S. Harmon; Jay E. Smith, orgs., *Studies in the Pauline epistles* (Grand Rapids: Zondervan, 2014), p. 214-29; e "The Christian life from the perspective of Paul's Letter to the Galatians", in: Scot McKnight; Joseph B. Modica, orgs., *The apostle Paul and the Christian life* (Grand Rapids: Baker, 2016), p. 1-18. Dunn define a fé como "simplesmente confiança, reconhecer a dependência completa de Deus; "What's right about the old perspective on Paul?", p. 220.

[41]Dunn, "Christian life", p. 9. De modo semelhante, ele escreve como na visão de Paulo uma ênfase exagerada na obediência à lei "afastou e enfraqueceu o princípio mais fundamental de um relacionamento com Deus dependente, por parte do homem, apenas da fé, da abertura à graça de Deus e de sua aceitação, da confiança na sua promessa"; "What's right about the old perspective on Paul?", p. 221.

[42]Dunn, "Christian life", p. 9.

[43]Dunn, "What's right about the Old Perspective on Paul?", p. 222.

Dunn articula o que estou argumentando neste capítulo: a πίστις é sublinhada em Gálatas com o objetivo de enfatizar a Cristo-relação como central e principal, com o papel mediador da Torá em comparação se tornando supérfluo. Isso não significa que Paulo considerava a lei má ou destrutiva, mas, sim, que ela serviu como um mecanismo limitado, porém necessário, da aliança *até* a vinda da relação de Cristo (sem mediação).[44]

A Cristo-relação em Gálatas

Textos centrais de Gálatas relativos a πίστις mostram a teoria do *pistismo* da aliança em ação, ou seja, πίστις como relacionamento da aliança com Deus sem mediação de Cristo (i.e., πίστις como a Cristo-relação).

Gálatas 1:23

Uma interpretação comum da palavra πίστις em 1:23 é o "conteúdo da mensagem do evangelho".[45] Isso não é inteiramente impossível, mas é necessário explicar o fato de que a declaração de Paulo aqui está impregnada do vocabulário cristão primitivo, no qual seria improvável πίστις carregar esse peso de um resumo abrangente do evangelho.[46]

Mais provavelmente o uso de πίστις aqui representa como essa palavra se tornou um aspecto tão notável no ensino mais antigo dos seguidores de Jesus, de tal forma que se consolidou como uma

---

[44]Sobre a natureza e a função da lei na perspectiva de Paulo, veja a análise persuasiva de Bruce Longenecker, *The triumph of Abraham's God* (Edinburgh: T&TClark, 1998), p. 117-28.

[45]A. Andrew Das, *Galatians* (St. Louis: Concordia, 2014), p. 146; veja Thomas R. Schreiner, *Galatians*, Zondervan Exegetical Commentary on the New Testament (Grand Rapids: Zondervan, 2010), p. 112; do mesmo modo, Bruce, *Galatians*, p. 105; cf., para mais análise dessa opção, de Boer, *Galatians*, p. 103; e Ben Witherington III, *Grace in Galatia* (Grand Rapids: Eerdmans, 1998), p. 125.

[46]Ernst Bammel identifica isso com "uma das declarações teológicas mais antigas do cristianismo", "Galater i.23", *Zeitschrift fur die neutestamentliche Wissenschaft* 59 (1968): 108-12; cf. James D. G. Dunn, *The Epistle to the Galatians*, Black's New Testament Commentary (Peabody: Hendrickson, 1993), p. 84.

designação de seu estilo de vida. Como Oakes argumenta, πίστις foi a palavra certa a ser usada por Paulo aqui (na boca dos primeiros cristãos), pois indicava um "estilo de vida caracterizado pela confiança em Cristo e lealdade a ele".[47]

Gálatas 2:16

Obviamente, esse versículo é um *crux interpretum* para o estudo da teologia de Paulo, sobretudo sua atitude em relação à lei judaica. Em todo o livro de Gálatas, Paulo repete o contraste entre as "obras da lei" e a "fé em Jesus Cristo". Ao longo de Gálatas 3, essas noções são apresentadas como opções exclusivas (3:2, 5,10,12; cf. Rm 4:13). Em Gálatas 2:16, Paulo relaciona essas duas opções (obras da lei/fé em Jesus Cristo) não com ἀλλά, mas com ἐὰν μή. A maioria dos tradutores e comentaristas opta pelo significado adversativo ("mas") de ἐὰν μή em 2:16, principalmente por Paulo *de fato* representar essas duas como opções opostas (mais tarde). No entanto, uma vez que o significado mais natural de ἐὰν μή é "exceto" ou "a não ser", uma tentativa de interpretação desse versículo com essa nuança não será em vão (pois por que outro motivo Paulo usaria ἐὰν μή e não ἀλλά?).[48]

E se Paulo tivesse em mente "a não ser que" com ἐὰν μή? O versículo seria assim: "sabemos que ninguém é justificado pela prática da lei, *a não ser* mediante a fé em Jesus Cristo". A principal razão de isso incomodar a maioria dos intérpretes é a aparente contradição disso com a posição de Paulo afirmada mais tarde na epístola, isto é, que

---

[47] Oakes, *Galatians*, p. 85; semelhantemente, Dunn: "Para Paulo, 'fé' havia se tornado tão característico do novo movimento ao qual ele agora pertencia que poderia funcionar como uma identificação, que era suficientemente notável para denotar e definir o próprio movimento — como igualmente a linguagem de 'pregar a Cristo'"; Dunn, *The Epistle to the Galatians*, Black's New Testament Commentary (Peabody: Hendrickson, 1994), p. 84.

[48] O par ἐὰν μή ocorre apenas oito vezes nas cartas paulinas incontestáveis. Quatro delas (Rm 11:23; 1Co 8:8; 9:16; 14:9) envolvem a expressão iniciando uma oração condicional, desse modo constituindo um tipo diferente de uso de ἐὰν μή do que vemos em Gálatas 2:16. Nos casos restantes, onde ἐὰν μή claramente faz mais sentido é na tradução "a não ser" (Rm 10:15; 1Co 14:6; 15:36), pois ἐὰν μή introduz uma qualificação ou limitação. O léxico do Novo Testamento convencional não apresenta nenhum significado de ἐὰν μή diferente de "se não, a não ser" (Vulgata Gl 2:16: *nisi*; BDAG, p. 268).

as obras e a fé são mutuamente exclusivas. No entanto, Paulo está se dirigindo a Pedro aqui, particularmente sobre uma questão na qual eles divergem. Isso talvez tenha sido o modo de Paulo conceder crédito *teoricamente* ao estilo de vida da Torá para seguidores de Jesus, em especial seguidores *judeus*. Paulo estaria dizendo: "Vamos supor que, sim, a Torá ajude a tornar alguém certo diante de Deus — isso por acaso não seria possível apenas por meio de uma reorientação da Torá em torno da Cristo-relação (διὰ πίστεως Ἰησοῦ Χριστοῦ)"? Como Andrew Das observa corretamente, opor a Torá à πίστις teria sido confuso, até mesmo ofensivo para os judeus.[49] Assim, Das interpreta ἐὰν μή como "a não ser" aqui, reconhecendo que isso "agradaria a muitos cristãos judaicos, incluindo os rivais de Paulo na Galácia.[50] David deSilva, em sua análise cuidadosa do texto grego de Gálatas, apresenta um bom resumo dos benefícios retóricos desse tipo de interpretação: "Paulo afirma aqui uma posição com que até mesmo os mestres rivais concordariam para fazer os gálatas perceberem quão absurda é a posição dos rivais de que 'obras da Torá' são essenciais para os gentios".[51] Isso está de acordo com o argumento repetido por Dunn de que em 2:16 Paulo apresenta uma visão com que os intrusos judaicos concordariam, contudo, à medida que a carta avança, a antítese vai se tornando mais notável.[52]

Será que esse uso de ἐὰν μή em 2:16 ("a não ser") não acabaria prejudicando a mensagem de Paulo? Isso seria possível, especialmente se Paulo terminasse a carta ali. Mas a posição de Paulo é bastante clara em Gálatas 3 (e.g., 3:12), e 2:16 não seria o único exemplo de uma escolha de uma palavra que aparenta contradizer sua própria mensagem (veja 3:10). Alguém poderia imaginar que nessas ocasiões Paulo

---

[49] Das, *Galatians*, p. 323 (sobre 3:12), p. 253-4 (sobre ἐὰν μή).
[50] Das, *Galatians*, p. 253.
[51] David deSilva, *Galatians: a handbook on the Greek New Testament* (Waco: Baylor University Press, 2014), p. 42. DeSilva acrescenta corretamente (p. 43) que, mesmo que Paulo tivesse em mente um sentido adversativo com ἐὰν μή ("mas"), como os leitores não teriam entendido isso naturalmente como "a não ser", visto que era o significado e uso mais comum?
[52] Veja James D. G. Dunn, "The new perspective on Paul", *Bulletin of the John Rylands University Library of Manchester* 65 (1983): 95-122, espec. 112-3.

está reconhecendo a relação entre a fé e as obras da lei, ainda que sua posição final acabe ficando clara até o fim da epístola.[53]

Dessa maneira, tratando da questão de πίστις em 2:16, apresento a aparente linha de raciocínio de Paulo aqui. Uma pessoa não pode tornar-se "correta diante de Deus" por meio de obras da Torá em si. Nenhum programa de obras e responsabilidades pode produzir esse estado; se isso fosse possível, então Cristo não seria necessário (veja 3:21b). Até mesmo aqueles cristãos que se comprometeram com uma prática contínua da Torá devem reconhecer que a Cristo-relação, união com Deus por meio de Cristo pela fé e pela fidelidade, representa o real cerne de como uma pessoa se torna correta diante de Deus. De novo, mesmo no caso de as obras da Torá servirem aos propósitos de justiça, elas precisam ser secundárias à relação com Cristo.

Gálatas 2:20

No contexto de Gálatas 2, Paulo está explicando sua defesa de uma ruptura fundamental com a Torá como o veículo necessário da revelação divina. A pergunta é levantada: "Se a busca da justificação diante de Deus por meio de Cristo envolve uma remoção do papel da Torá, será que aqueles que pertencem ao povo de Cristo não se tornam 'pecadores' como os gentios?" (2:17). Paulo pensa o contrário. Essa manobra da Torá para a Cristo-relação é, na verdade, o único modo de "viver para Deus" (2:19a). O que acontece na Cristo-relação é que o cristão — nesse caso, Paulo — *é crucificado com Cristo*. Assim, o homem escravo do pecado foi mortificado e morto, e Cristo assume o cristão. Uma palavra central aqui para Paulo é "agora" (νῦν), isto é, um tempo em que a vida debaixo dessa nova aliança (em que a Cristo-relação é central e fundamental) é vivida pela πίστις. Πίστις nem implica algo que é não obra[54] nem foca em convicções específicas propriamente ditas. A palavra πίστις tem uma nuança *relacional*, semelhante ao que alguns intérpretes chamam de união com ou participação em Cristo.

---

[53]Barclay reconhece relutantemente essa possiblidade, mas ainda assim observa que "a oposição entre a prática da Torá e a fé em Cristo acaba ficando, por fim, no mínimo bastante clara"; *Paul and the gift*, p. 373, nota 57.

[54]Contra Moo, *Galatians*, p. 159, 325.

F. F. Bruce explica nesse caso que fé significa "o vínculo de união com o Cristo ressurreto. Viver pela fé nesse sentido é equivalente a 'viver pelo Espírito' (2:5), que, como em Romanos 8:9-11, capacita o cristão a experimentar um prenúncio da vida vindoura já agora".[55]

Gálatas 3:8,9

Ao longo da parte inicial de Gálatas 3, Paulo faz questão de reconhecer que Abraão é o modelo de uma pessoa que foi justificada ao crer em Deus (3:6). Assim, aqueles que são ἐκ πίστεως demonstram ser verdadeiros herdeiros de Abraão. Como a maioria dos estudiosos paulinos observa, o apelo de Paulo a Abraão como um modelo de fé (sem obras da Torá) teria sido irônico. Os intérpretes na época de Paulo vieram a considerar Abraão um tipo de protótipo de obediência à Torá, ainda que a Torá apenas tenha surgido com Moisés (veja *Jub.* 24:11; *2Br* 57:2).[56] Como William Baird observa corretamente, Paulo apresenta uma distinção entre obediência da fé e das obras de uma maneira nunca articulada anteriormente na tradição judaica. Além disso, segundo Paulo, "é a fé" — e não guardar a lei ou a prática da circuncisão — que torna a identificação com Abraão possível.[57] Uma linhagem específica ou até mesmo a imitação da fidelidade da Torá não é o que torna alguém um "filho de Abraão" segundo a mensagem de Paulo em Gálatas 3:1-9. Em vez disso, aqueles que são identificados com o patriarca são οἱ ἐκ πίστεως. Com isso, Paulo quer dizer aqueles que "creem em Deus" (daí Gn 15:6 em Gl 3:6). Paulo liga a fé abraâmica *não* apenas ao futuro de Israel, mas também e especialmente à bênção de τὰ ἔθνη (3:8). E então ele aplica essa bênção do evangelho também diretamente aos cristãos gentios gálatas que são aceitos por Deus junto com τῷ πιστῷ Abraão. Praticamente todas as versões em inglês modernas traduzem πιστός por alguma forma de fé:

---

[55] Bruce, *Galatians*, p. 145.
[56] Veja Jon D. Levenson, "The conversion of Abraham to Judaism, Christianity, and Islam", in: Hindy Najman: Judith H. Newman, orgs., *The idea of biblical interpretation* (Boston: Brill, 2004), p. 3-40.
[57] William Baird, "Abraham in the New Testament: tradition and the new identity", *Interpretation* 42 (1988): 367-79, espec. 374.

homem de fé (NIV, ESV)
Abraão, que creu (NRSV)
Abraão, aquele que creu (NET, NASB)
Abraão, que teve fé (RSV)

Todavia, o modo mais natural de entender a expressão τῷ πιστῷ Ἀβραάμ é "Abraão fiel" (daí a KJV). Quando a Septuaginta ou o Novo Testamento usam πιστός como um adjetivo atributivo, o termo refere-se a uma pessoa ou povo como *fiel* (2Mc 1:2;Mt 24:45; Lc 12:42; Cl 4:9; 1Pe 5:12). Presumivelmente, a razão de tradutores escolherem a linguagem de *fé* é essa ser a aparente mensagem geral de Paulo em Gálatas 3:1-9: *Abraão não é nosso pai espiritual por ter sido fiel, mas por ter crido em Deus e ter sido aceito por Deus por causa de sua fé (e não por sua prática obediente da circuncisão)*. No entanto, por mais verdadeira que essa ideia geral possa ser, precisamos seguir a própria formulação de Paulo cuidadosamente. Se a intenção de Deus tivesse sido se referir a "Abraão, aquele que creu", ele não teria escolhido πιστός, mas provavelmente teria usado um particípio (e.g., τῷ πιστεύοντι Ἀβραάμ; ou talvez Ἀβραάμ ἀνθρώπῳ τῆς πίστεως; Gl 3:22; 1Co 14:22; cf. At 4:32).

Richard Hays apresenta uma explicação de por que Paulo encerraria esse discurso com uma declaração potencialmente enganosa sobre o "Abraão fiel". Ele observa que ligar o Abraão que crê a οἱ ἐκ πίστεως extrai todo o sentido singular da palavra πίστις. De novo, πίστις não simplesmente ou sempre significa fé. É uma palavra do tipo Janus com um significado duplo que pode estar de acordo com a semântica mais cognitiva do verbo πιστεύω ou com a natureza mais social ou relativa à virtude de πιστός. Assim, Hays escreve: "Paulo pode ler a declaração nas Escrituras 'Abraão creu [*episteusen*] em Deus' e concluir que Abraão deve ser chamado legitimamente de fiel (*pistos*). A ideia fundamental por trás de ambas as expressões é que Abraão depositou sua confiança em Deus; esse, para Paulo, é o significado de fidelidade".[58] Se essa interpretação está correta, Paulo reforça a noção judaica de que Abraão é um modelo de lealdade obediente a Deus. Para Paulo, ele

---

[58]Richard B. Hays, "The Letter to the Galatians", in: Leander E. Keck, org., *The new interpreter's Bible* (Nashville: Abingdon, 2000), 11:256.

não é um modelo de obediência à *Torá* (e, assim, o pai da circuncisão), mas o pai da fé genuína em Deus — e de uma fé tão profunda e comprometida que é, afinal de contas, natural chamá-lo de "Abraão fiel". O que é essencial para Paulo em seu discurso abraâmico de Gálatas 3 é a ênfase na pureza da relação de Abraão com Deus. Sua palavra para esse relacionamento é πίστις.

Gálatas 3:12

Em Gálatas 3, Paulo faz a observação geral de que uma pessoa não é justificada diante de Deus pela Torá, mas pela πίστις. Ele apresenta Habacuque 2:4 e Levítico 18:5 como sistemas rivais. Quando uma pessoa escolhe a lei para ser justificada, ela está amarrada a esse sistema e tem o dever de obedecer. Alternativamente, o caminho abraâmico é representado pelo profeta, que escreve: "o justo viverá pela ἐκ πίστεως" (Gl 3:11; cf. Hc 2:4). Paulo argumenta que, caso as pessoas escolham o caminho das obras da lei, elas estarão ligadas a esse caminho limitado, e ele não leva ao fim desejado da liberdade, vida e justificação diante de Deus (Gl 3:21b). Paulo chega a dizer que "a Lei não é baseada na fé" (3:12). Há poucas declarações de Paulo que são mais surpreendentes do que essa. Ao declarar que a lei não é baseada na fé, Paulo não explica exatamente o que isso significa — será que a lei então se opõe às promessas de Deus? De modo nenhum (3:21)! Mas a lei, em última instância, não é capaz de proporcionar um veículo para unir Deus e seu povo pela fé. A Cristo-relação proporciona a possibilidade de um novo modo de conhecer a Deus, que não é mediado, de tal forma que esse próprio modo poderia ser chamado de πίστις. Isso aparenta explicar a razão de Paulo se referir a mediadores e mediação em 3:19,20. Obviamente, Cristo é um mediador, mas, em virtude de sua condição e natureza singulares e seu relacionamento singular com o Pai, sua mediação é imediata.[59]

Pistismo aliancístico e o debate em torno da agência

Grande parte do debate atual com respeito à soteriologia de Paulo gira em torno da agência divina e humana. Se uma pessoa pensa que

---

[59] Veja N. T. Wright, *The climax of the covenant* (Minneapolis: Fortress, 1993), p. 172.

Paulo tinha uma teologia de pura agência divina, então a fé não pode demonstrar ser uma contribuição autogerada para a equação. Isso faz alguns dependerem de uma interpretação de πίστις em Paulo que foca na própria fé (fidelidade) de Cristo. Mas Paulo reestrutura o nomismo da aliança judaico e apresenta o envolvimento humano na perspectiva do *pistismo* da aliança, em que o cristão se associa com Deus pela Cristo-relação, especificamente pela fé e confiança em Cristo e compromisso com ele.

Para alguns, isso pode passar a impressão de agência humana demais (e, portanto, "sinergismo" ou "semipelagianismo").[60] Francis Watson revela o erro de organizar a agência divina e humana como uma equação. Ele explica que a "a fé gerada pelo evangelho é uma reorientação, e não uma rejeição da agência humana":[61]

> Dizer que essa fé *obtém* ou *merece* a salvação seria equivocado, pois a fé é uma resposta à graça divina anterior em Cristo, cujo fim é precisamente gerar e permitir essa resposta. No entanto, para Paulo, a agência salvífica de Deus inclui a agência humana em seu escopo, estabelecendo-a sobre um fundamento totalmente novo, em vez de excluí-la ou eliminá-la. Por essa razão, Paulo não tem nenhuma dificuldade em afirmar tanto que a justiça é pela fé quanto que aqueles que fazem o bem alcançarão glória, honra e paz escatológicas.[62]

Watson pensa que Paulo não acreditava nem em salvação pelas obras ("alcançada pelo esforço autônomo") nem em uma fé passiva. Ele apresenta a agência humana e a divina em planos separados, de tal forma que elas podem funcionar como parte de uma fórmula. A graça anterior de Deus atua no humano e, no entanto, paradoxalmente essa pessoa experimenta uma percepção de agência livre no ato da fé.[63]

É importante examinarmos o escopo inteiro do uso paulino da linguagem da fé até mesmo em Gálatas, e não apenas o contraste entre

---

[60] Para uma análise recente de como o estudo acadêmico usa e abusa da linguagem do sinergismo, veja Yinger, *"Reformation Redivivus"*.
[61] Watson, *Paul, Judaism, and the Gentiles*, p. 212.
[62] Watson, *Paul, Judaism, and the Gentiles*, p. 213.
[63] Watson, *Paul, Judaism, and the Gentiles*, p. 213.

fé e obras. Podemos e devemos dar muita importância a 5:6, em que Paulo fala sobre a relativa insignificância da circuncisão ou da incircuncisão; o que *realmente* importa é πίστις δι' ἀγάπης ἐνεργουμένη. Como em 1Tessalonicenses 1:3 (cf. 2Ts 1:11), Paulo estabelece uma harmonia entre a linguagem de fé e a de ação. Seria muito difícil argumentar que πίστις não envolve agência humana. Aqui o uso paulino de πίστις se situa no domínio conceitual da fidelidade e obediência. Martyn caracteriza essa formulação (πίστις δι' ἀγάπης ἐνεργουμένη) como "o padrão concreto de vida, estabelecido e instigado pela morte amorosa de Cristo por nós. Sob o signo da cruz, esse padrão de vida amoroso continua na comunidade na qual cada membro é servo do outro, carregando os fardos do outro".[64] Desse modo, a palavra πίστις aqui significa "fé gerada pelo evangelho, que se expressa no amor ao próximo".[65]

Conclusão

Durante muitos séculos, Gálatas foi central para entender a soteriologia de Paulo. E é nesse texto que encontramos alguns dos comentários mais incisivos do apóstolo sobre a fé e as obras na economia divina. Alguns estudiosos afirmam que os adversários de Paulo ensinaram aos gálatas a necessidade de obras da Torá, enquanto ele reforçou a justificação pela fé somente. Mas a linguagem paulina de πίστις no contexto do uso judaico antigo de πίστις, considerando especialmente seus adversários cristãos judaicos, *também* afirma que os justos vivem pela πίστις. O passo radical que Paulo deu não foi enfatizar a πίστις, mas separá-la das obras da Torá. Os judeus naturalmente teriam acreditado que seu relacionamento da aliança com Deus era baseado em confiança e fidelidade (πίστις), mas tudo isso mediado pela Torá (ἔργα νόμου). Paulo argumenta que a mediação das obras da Torá conflita com a agência relacional de Cristo, o que chamo Cristo-relação.

Tentativas anteriores comparam o padrão religioso de Paulo como expresso em Gálatas com o padrão religioso geral no judaísmo antigo

---

[64]Martyn, *Galatians*, p. 474.
[65]Martyn, *Galatians*, p. 474.

chamado de "nomismo da aliança", que envolve tanto graça quanto obrigação. Há bons motivos para afirmar que a concepção paulina de religião da aliança não experimentou uma transformação absoluta. Contudo, o nomismo não representa bem sua linguagem preferida, e ele passa a impressão de ter uma visão bem negativa sobre o nomismo de modo geral; sua expressão do relacionamento da aliança foca, em vez disso, na centralidade e na mediação singular de Cristo, a ligação orgânica viva, por assim dizer, entre Deus e seu povo, que agora está "em Cristo". Portanto, embora a expressão seja deselegante, um nome mais apropriado para a visão de Paulo é "*pistismo* da aliança".

9

E O JUSTO VIVERÁ PELA CONFIANÇA

A linguagem da fé em Romanos 1:16,17

> O evangelho da salvação só pode ser crido; é uma questão de fé somente. Requer escolha. Essa é a sua seriedade. Para aquele que não é suficientemente maduro para aceitar a contradição e descansar nela, ele se torna um escândalo — para aquele que é incapaz de escapar da necessidade da contradição, torna-se uma questão de fé. Fé é a admiração e a reverência na presença do incógnito divino. (Karl Barth, *Epístola aos Romanos*.)

A discussão acadêmica sobre as razões de Romanos ter sido escrita é notoriamente controvertida, e a maioria dos acadêmicos aceita que Paulo escreveu essa longa carta com diversos interesses em mente, incluindo as disputas na igreja e a recomendação de Febe. Jeffrey Weima provavelmente está certo quando argumenta que 1:15 apresenta uma pista importante quanto às intenções gerais de Paulo. A Carta aos Romanos é acima de tudo uma articulação e elaboração de sua proclamação do evangelho — ele entendia ser responsável por compartilhá-lo com essa comunidade.[1] Paulo não compartilhou essa mensagem com os romanos como um tratado geral, mas provavelmente previu que havia sérios questionamentos quanto à validade do ministério e da missão dele.

---

[1] Jeffrey A. D. Weima, "The reason for Romans: the evidence of its epistolary framework (1:1-15; 15:14—16:27)", *Review and Expositor* 100 (2003): 17-33.

Logo no início da carta, Paulo demonstra como as boas-novas de Jesus Cristo não são, na verdade, um desenvolvimento novo no plano de Deus, mas algo "prometido por ele de antemão por meio dos seus profetas nas Escrituras Sagradas" (1:1,2). Em seguida, ele narra seu comissionamento, pelo qual se tornou responsável para "chamar dentre todas as nações [gentios] um povo para a obediência que vem pela fé", o que inclui muitos nas igrejas de Roma (1:5,6). Ele partilha com eles o sincero desejo que tem de "pregar o evangelho também a vocês que estão em Roma" (1:15), pois ele se considerava apóstolo *deles*. A maioria dos estudiosos concorda que encontramos a tese central da carta (ou a indicação central de seu propósito) em 1:16,17: "Não me envergonho do evangelho, porque é o poder de Deus para a salvação de todo aquele que crê: primeiro do judeu, depois do grego. Porque no evangelho é revelada a justiça de Deus, uma justiça que do princípio ao fim é pela fé, como está escrito: 'O justo viverá pela fé'".[2]

Não importa se consideramos essa a principal ideia ou o argumento central da carta, esses dois versículos contêm claramente diversas palavras e conceitos-chave centrais para Romanos de maneira geral: evangelho (εὐαγγέλιον), salvação (σωτηρία), fé (πιστεύω, πίστις), judeu (Ἰουδαῖος) /gentio (Ἕλλην), justiça (δικαιοσύνη), viver/vida (ζάω). Da perspectiva dos reformadores, justificação/justiça era considerado *o* tema dominante de Romanos, embora a nova perspectiva obviamente chame ao primeiro plano também a dinâmica social judeu/gentio.[3] Mas não deve passar despercebida a frequência com que Paulo se refere a fé, confiança e crença nessa carta: a obediência da fé (1:5; também 16:26), a fé dos romanos (1:8), o encorajamento mútuo da fé (1:12), a fé πίστις de Deus (3:3), a fé em/de Jesus (3:22-26), a "lei da fé [πίστεως]" (3:27), a justificação tanto de circuncisos quanto de incircuncisos pela fé (3:30), o crente Abraão (4:3,9,16-20), o fracasso de

---

[2] Veja Richard N. Longenecker, *The Epistle to the Romans*, New International Greek Testament Commentary (Grand Rapids: Eerdmans, 2016), p. 157; Robert Jewett, *Romans*, Hermeneia (Minneapolis: Fortress, 2007), p. 135-6; cf. Mark Reasoner, *Romans in full circle* (Louisville: Westminster John Knox, 2005), p. 1-10.
[3] Sobre o primeiro assunto, veja, e.g., Peter Stuhlmacher, *Paul's Letter to the Romans: a commentary* (Louisville: Westminster John Knox, 1994); sobre o segundo, A. Katherine Grieb, *The story of Romans: a narrative defense of God's righteousness* (Grand Rapids: Eerdmans, 2002).

E O JUSTO VIVERÁ PELA CONFIANÇA

Israel no que diz respeito à fé (9:30-32) e a necessidade da fé (10:9).[4] É razoável, então, observar que o que Paulo escreve sobre a fé em 1:16,17 é muito significativo, e o fato de ele citar Habacuque 2:4 é particularmente fundamental como seu apoio a isso. Assim, este capítulo dedica atenção à interação de Paulo com Habacuque 2:4 e seu emprego desse texto tendo estas perguntas em vista:

> Por que Paulo cita Habacuque 2:4?
> De que forma essa citação tem serventia para Romanos?
> Seria esse um texto de comprovação (usado fora de contexto) ou um emprego responsável das Escrituras do Antigo Testamento?

O estudo da dinâmica intertextual de Romanos 1:16,17 e Habacuque 2:4 está carregado de discordâncias. Muitos estudiosos presumem que Paulo estava citando Habacuque como texto de comprovação, recorrendo a um texto essencial do Antigo Testamento a fim de sustentar seu evangelho livre da lei; se esse foi o caso, Paulo pretensamente não tinha interesse algum no contexto histórico ou literal original de Habacuque. Outros pensam que Paulo não somente pinçou Habacuque 2:4 para usar o versículo como um texto de comprovação, mas também intencionalmente contestou o uso original da linguagem de fé em Habacuque, afastando-o do sentido associado à fidelidade a Deus em direção a sua própria perspectiva de "fé e não obras". E outros argumentam que Paulo entende Habacuque 2:4 de maneira cristocêntrica, tratando a expressão "o justo" como uma referência a Cristo e *sua* perfeita πίστις. Isso suscita uma pergunta crucial: a πίστις de quem está em vista de acordo com o texto original de Habacuque 2:4 segundo as pressuposições populares do judaísmo do Segundo Templo e a própria concepção de Paulo?[5]

---

[4]Também poderíamos acrescentar referências à medida da fé (12:3,6) e aos chamados fracos na fé (14:1,2).
[5]Deixo de lado propostas de que Paulo usou a linguagem da fé em relação às concepções romanas de *fides* e lealdade ao Império; veja Christian Strecker, "*Fides-Pistis*-Glaube: Kontexte und Konturen einer Theologie der 'Annahme' bei Paulus", in: Michael Bachmann, org., *Lutherische und Neue Pauluspersektive*, Wissenschaftliche Untersuchungen zum Neuen Testament (Tübingen: Mohr Siebeck, 2005), vol. 182, p. 223-50.

■ PAULO E A LINGUAGEM DA FÉ ■

Romanos 1:16,17: breve análise exegética

Οὐ γὰρ ἐπαισχύνομαι τὸ εὐαγγέλιον, δύναμις γὰρ θεοῦ ἐστιν εἰς σωτηρίαν παντὶ τῷ πιστεύοντι, Ἰουδαίῳ τε πρῶτον καὶ Ἕλληνι. δικαιοσύνη γὰρ θεοῦ ἐν αὐτῷ ἀποκαλύπτεται ἐκ πίστεως εἰς πίστιν, καθὼς γέγραπται·ὁ δὲ δίκαιος ἐκ πίστεως ζήσεται (Rm 1:16,17).

A maneira pela qual essa passagem se inicia com frequência é tomada como certa, porque simplesmente se pressupõe que esse é um exemplo de lítotes.[6] Essa suposição minimiza as preocupações naturais que Paulo teria enfrentado com relação ao sofrimento e à vergonha associados ao seu evangelho e ministério. O estudo de Romanos de Halvor Moxnes é crucial. Moxnes argumenta que Paulo precisou reformular a perspectiva de honra de seus leitores, especialmente dos gentios que se associaram ao judaísmo, que podem ter sido levados a acreditar que se recebe honra pela observância da Torá (3:27,28; 4:13) ou pela circuncisão (4:9,10). Para Paulo, "a questão de honra e vergonha é agora uma questão do relacionamento deles com Cristo. Cristo agora define o que é honra e o que é vergonha".[7] Na questão da vergonha, Moxnes aponta para o problema e a perplexidade comuns entre os cristãos ao enfrentarem a zombaria dos perseguidores e críticos de diversos tipos. Paulo poderia usar um texto como Isaías 28:16 ("Eis que ponho em Sião uma pedra, uma pedra que fará os homens tropeçar; e aquele que confia nele não será envergonhado").[8] Em sua introdução ao poderoso evangelho que proclama, argumenta Moxnes, Paulo busca reformular como eles pensam sobre a glória e a honra: "Poder na fraqueza, confiança na honra enquanto aparentemente

---

[6]George Kennedy, *New Testament interpretation through rhetorical criticism* (Chapel Hill: University of North Carolina Press, 1984), p. 153; Leander Keck, *Romans*, Abingdon New Testament Commentary (Nashville: Abingdon, 2011), p. 50; Luke Timothy Johnson, *Reading Romans* (Macon: Smyth & Helwys, 2001), p. 26.

[7]Halvor Moxnes, "Honour and righteousness in Romans", *Journal for the Study of the New Testament* (1988): 61-77, espec. 72.

[8]Moxnes, "Honour and righteousness", p. 72.

envergonhado — esse era o paradoxo da existência cristã em um ambiente judaico e greco-romano".[9]

O evangelho que Paulo prega é a boa-nova para todas as pessoas, não somente para um ou outro grupo privilegiado; todos têm acesso igual a ele por meio da fé em Jesus. O que é revelado no evangelho do Senhor Jesus Cristo crucificado e ressurreto é δικαιοσύνη θεοῦ, talvez mais bem entendido como a atividade esclarecedora e corretora prometida por Deus, que foi cumprida em Cristo.[10] Graham Stanton ressalta semelhanças em como Paulo fala da natureza e do poder inexplicáveis do evangelho em Romanos 1:16,17 e 1Coríntios 1:18, passagem em que a insensata mensagem da cruz é o poder salvador de Deus. Talvez seja por causa dessa loucura aparente, na insensatez da cruz, que Paulo precisa ressaltar que se exige fé para ver a justiça de Deus em ação apesar da fachada de vergonha e escândalo. Assim, Paulo escreve em Romanos 4 que Abraão não cedeu à dúvida nem quebrou sua confiança com Deus, quando a promessa de um filho foi confrontada com a realidade de que o corpo idoso dele e o de Sara estavam mortos demais para produzir vida nova (4:18,19).[11]

Para apoiar a dimensão da confiança do evangelho de Paulo, ele cita Habacuque 2:4, aproximando o texto da Septuaginta:

ὁ δὲ δίκαιος ἐκ πίστεώς μου ζήσεται (Hc 2:4, LXX).

ὁ δὲ δίκαιος ἐκ πίστεως ζήσεται (Rm 1:17b).

Claramente, Paulo está especialmente interessado nos termos πίστις e δίκαιος, mas o sentido das duas palavras — no contexto de Habacuque

---

[9] Moxnes, "Honour and righteousness", p. 73.
[10] Devo a Graham Stanton parte dessa linguagem e posteriores conexões com 1Coríntios 1:18; veja Markus Bockmuehl; David Lincicum, orgs., *Studies in Matthew and early Christianity*, Wissenschaftliche Untersuchungen zum Neuen Testament (Tübingen: Mohr Siebeck, 2013), vol. 309, p. 284.
[11] Veja Mark Seifrid, "Paul's use of Habakkuk 2:4 in Romans 1:17: reflections on Israel's exile in Romans", in: Sang-Won Son, org., *History and exegesis: New Testament essays in honor of dr. E. Earle Ellis for his 80th birthday* (Edinburgh: T&T Clark, 2006), p. 133-49, espec. p. 143.

2:4 e Romanos 1:17 — é debatido (como também ζάω). O que podemos dizer com segurança é que Paulo recorreu a essa breve linha em Habacuque para reforçar a centralidade e produtividade de uma maneira de viver com Deus determinada por πίστις. Para ver que conexão Habacuque 2:4 pode ter para Paulo, vamos considerar, primeiro, a mensagem de Habacuque 2 em seu contexto original e sua recepção na época de Paulo.

O texto de Habacuque 2:4 como texto original e sua recepção inicial

Tradicionalmente, Habacuque está situado no crepúsculo do Império Assírio. O profeta luta com o problema de Deus apoiar a conquista violenta por parte dos caldeus (cf. 1:5-11a: "estou instigando os caldeus", em 1:6, NRSV). Habacuque reconhece que o Senhor está fazendo isso para reprovar seu povo desobediente (1:12). Mas ele se sente no direito de questionar esse ato divino: "Teus olhos são tão puros que não suportam ver o mal; não podes tolerar a maldade. Então, por que toleras os perversos? Por que ficas calado enquanto os ímpios devoram os que são mais justos que eles?" (1:13; cf. 2:1). O Senhor responde ao ordenar que Habacuque registre uma visão. O povo de Deus precisa esperar pelo "tempo designado" que vai demonstrar a justiça de Deus (a *equidade de Deus*), que virá *exatamente no tempo certo*. Theodore Hiebert resume os temas centrais desse livro profético assim:

> Em uma época em que os ímpios estão no controle, quando a visão que trata da intenção de Deus em restabelecer a justiça ainda não se tornou realidade, Habacuque é chamado nesse ínterim a confiar nas promessas de Deus e a permanecer fiel. [...] Habacuque é orientado a manter o compromisso de fidelidade com a justiça de Deus e a persistir em seus princípios, mesmo quando tal justiça parece estar ausente no mundo em volta dele. Essa é a mensagem da segunda resposta de Deus.[12]

---

[12]Theodore Hiebert, "The book of Habakkuk", in: Leander E. Keck, org., *The New Interpreter's Bible* (Nashville: Abingdon, 1997), 7:623-55, espec. p. 642.

Uma vez que o que é *visível* a Israel é opressão e banho de sangue, os israelitas são chamados a confiar em Deus apesar das aparências (daí o foco na *visão* em 2:2,3). Então, para resumir: "Os que não perdem a fé, que continuam fiéis, mesmo que pareça não haver razão para isso," sobreviverão e verão a justiça de Deus prevalecer.[13]

Qual é o significado de אמונה em 2:4? Daniel Harrington traz o argumento sensato de que isso se refere à "confiança em Deus", não simplesmente como uma crença, mas como uma vida inteira de confiança na justiça de Deus e na garantia de suas promessas de livramento.[14]

O texto de 2:4 na Septuaginta é um pouco diferente do Texto Massorético: ὁ δὲ δίκαιος ἐκ πίστεώς μου ζήσεται. Isso é uma referência ao justo que vive pela *minha* (μου) fidelidade/confiança.[15] Desta Heliso explica que essa diferença Texto Massorético/Septuaginta pode ter resultado de uma *Vorlage* hebraica incluindo de fato o pronome na primeira pessoa. Ou pode ter sido um erro mecânico, uma vez que os sufixos hebraicos *yod* e *waw* são parecidos. Ou a diferença pode ter sido proposital — afinal, é bastante comum o Antigo Testamento se referir à fidelidade de Deus (Dt 32:4; Sl 36:5; Is 11:5; 25:1; Lm 3:23).[16]

O 1QPesher de Habacuque de Qumran refere-se a Habacuque 2:4b e, ao que tudo indica, segue o Texto Massorético: "E o justo viverá pela confiança *dele*". E 1QpHab 7:17—8:3 fornece a seguinte interpretação: essa afirmação "diz respeito a todos os que observam a Torá na Casa de Judá, a quem Deus salvará da casa do julgamento em virtude de sua tribulação e de sua fidelidade ao Justo Mestre".[17] Na literatura rabínica

---

[13]Donald Gowan, "Habakkuk, book of", in: Katharine Doob Sakenfeld, org., *The new interpreter's dictionary of the Bible* (Nashville: Abingdon, 2006-2009), 2:708.

[14]Daniel J. Harrington, "Paul's use of the Old Testament in Romans", Studies in Christian-Jewish Relations 4 (2009): 1-8, espec. 2-3; cf. também Arland J. Hultgren, *Paul's Letter to the Romans* (Grand Rapids: Eerdmans, 2011), p. 79: "Em ambos os textos, a ênfase está na fé como fidelidade e/ou confiança em Deus (Habacuque) ou na justiça de Deus (Paulo) como o meio para a vida em seu sentido mais pleno".

[15]Veja D.-A. Koch, "Der Text von Hab 2:4b in der Septuaginta und im Neuen Testament", *Zeitschrift für die neutestamentliche Wissenschaft* 76 (1985): 68-85.

[16]Veja Desta Heliso, Pistis *and the righteous one: a study of Romans 1:17 against the background of Scripture and Second Temple Jewish literature*, Wissenschaftliche Untersuchungen zum Neuen Testament (Tübingen: Mohr Siebeck, 2007), vol. 235, p. 52-3.

[17]Como citado em James H. Charlesworth, "Revelation and perspicacity in Qumran hermeneutics?", in: Adolfo D. Roitman; Lawrence H. Schiffman; Shani Tzoref, orgs.,

antiga, Habacuque 2:4b era empregado como uma pedra de esquina para a fidelidade aliancística judaica:

> R. Simlai disse: "Seiscentos e treze mandamentos foram dados a Moisés. [...] Então veio Davi e os reduziu a onze [Sl 15]. Então veio Isaías e os reduziu a seis [33:15]. Então veio Miqueias e os reduziu a três [6.8]. Então Isaías [56:1]. Então veio Amós e os reduziu a um, quando disse: 'Buscai-me e vivei' [5:4]. Ou poderíamos dizer: então veio Habacuque [2:4] e os reduziu a um, como se diz: 'O justo viverá pela fé [fidelidade] dele'" (*b. Mak.* 23b).[18]

E, é claro, vemos Habacuque 2:4b três vezes no Novo Testamento; além de Romanos 1:17, é citado por Paulo em Gálatas 3:11 com relação à maneira de confiar representada por Abraão (3:9), em contraste com a maneira em que opera a Torá, que traz em si uma maldição (3:10,11). Paulo afirma explicitamente que a Torá não é ἐκ πίστεως; em vez disso, a maneira de πίστις de Abraão vem com a promessa do Espírito (3:14).[19]

Em Hebreus 10, o autor chama os leitores à perseverança em fé (10:22,23) e a se afastarem do pecado (10:26). Ele os lembra de sua coragem e resiliência iniciais em meio à perseguição (10:32-34). Assim, eles são lembrados a perseverar, e Habacuque 2:3,4 é citado. O foco está em que o justo não "retroceda" (10:39). O texto de Hebreus 10:38 é semelhante a Habacuque 2:4 na LXX:

ὁ δὲ δίκαιός μου ἐκ πίστεως ζήσεται (Hb 10:38).

ὁ δὲ δίκαιος ἐκ πίστεώς μου ζήσεται (Hc 2:4, LXX).

The Dead Sea Scrolls and contemporary culture (Boston: Brill, 2011), p. 161-80, espec. p. 174; veja Timothy Lim, *Pesharim* (London, Reino Unido: Continuum, 2002), p. 85.

[18] Como citado em M. Eugene Boring, *Mark*, New Testament Library (Louisville: Westminster John Knox, 2006), p. 344, nota 33; veja tb. Geza Vermes, *The religion of Jesus the Jew* (Minneapolis: Fortress, 1993), p. 44.

[19] J. Louis Martyn dá muito valor à maneira de Paulo contrastar Levítico 18:5 e Habacuque 2:4, em que o primeiro texto apoia "o caminho para a vida [...] pela observância da lei", e o segundo aponta um caminho de fé que conduz à vida; veja "Paul's understanding of the textual contradiction between Hab 2:4 and Lev 18:5", in: Craig A. Evans; Shemaryahu Talmon, orgs., *The quest for context and meaning* (Boston: Brill, 1997), p. 465-74, espec. p. 465-71.

O pronome μου aparece com ὁ δὲ δίκαιος, de forma que significa "o meu justo", e não "minha fé [fidelidade]".[20] No fim das contas, o argumento que Hebreus está defendendo é muito claro: "O justo é o cristão que demonstra fidelidade a Deus à medida que caminha para o alvo da vida, entendido em termos escatológicos".[21]

Πίστις de quem?

Antes de analisar o sentido de πίστις em Romanos 1:16,17, precisamos tratar da questão do referente de ὁ δίκαιος. A maioria dos intérpretes de Romanos entende ser essa uma referência genérica ao crente que demonstra fé. No entanto, há algum apoio para a interpretação messiânica de Habacuque 2:4 por Paulo na qual esse "O Justo" é uma referência a Jesus.[22] Richard Hays, por exemplo, argumenta que ὁ δίκαιος era, na época de Paulo, um título associado à figura do Messias.[23] Além disso, ele postula que uma interpretação messiânica/cristológica de ὁ δίκαιος se encaixaria na "hermenêutica apocalíptica" de Paulo.[24]

Em apoio a isso, alguns recorrem a 1Enoque 38:2, que se refere a "O Justo" que virá com julgamento. Em Atos também "O Justo" é usado como um título cristológico (veja 3:13-15; 7:51-53). Hays explica:

---

[20]Para uma análise da localização de μου em diversos manuscritos da Septuaginta, veja Gert J. Steyn, *A quest for the Assumed LXX Vorlage of the explicit quotations in Hebrews* (Göttingen: Vandenhoeck & Ruprecht, 2011), p. 317, espec. notas 118-22.

[21]William Lane, *Hebrews 9—13*, World Biblical Commentary (Grand Rapids: Zondervan, 1991), vol. 47B, p. 305. Para insights sobre a importância de πίστις em Hebreus, veja Luke Timothy Johnson, *Hebrews*, New Testament Library (Louisville: Westminster John Knox, 2006), p. 273; e Matthew C. Easter, *Faith and the faithfulness of Jesus in Hebrews*, Society for New Testament Studies Monograph (Cambridge: Cambridge University Press, 2014), vol. 160.

[22]Muitos entendem que as origens do apoio moderno dos acadêmicos a isso remontam a A. T. Hanson, *Studies in Paul's technique and theology* (London, Reino Unido: SPCK, 1974), p. 39-45; cf. também C. H. Dodd, *According to the Scriptures* (London, Reino Unido: Nisbet, 1952), p. 49-51; Richard B. Hays, "'The Righteous One': an eschatological deliverer: a case study in Paul's apocalyptic hermeneutics", in: Joel Marcus; Marion L. Soards, orgs., *Apocalyptic and the New Testament*, Journal for the Study of the New Testament Supplement (Sheffield, Reino Unido: JSOT, 1988), vol. 24, p. 191-215; e Leander Keck, *Romans*, Abingdon New Testament Commentary (Nashville: Abingdon, 2005), p. 54.

[23]Hays, "Righteous One", p. 192.

[24]Hays, "Righteous One", p. 192.

O termo ocorre *somente* em discursos dirigidos a públicos judaicos — aliás, somente a públicos judaicos em Jerusalém — e, em todos os casos, o termo é usado sem explicação alguma, como se seu significado fosse pressuposto como autoevidente pelos ouvintes. Lucas não usa esse título em seu arcabouço redacional nem em composições sobre cristologia; não há razão para considerá-lo um *theologoumenon* lucano.[25]

Outros textos neotestamentários são notáveis também por usarem "O Justo" como designação cristológica (1Pe 3:18; Tg 5:6; 1Jo 2:1,29; 3:7b). Voltando a Romanos 1:16,17, Hays argumenta que a defesa que Paulo faz da fidelidade aliancística está alinhada com questões-chave suscitadas em Habacuque: "Como Deus pode permitir que os ímpios oprimam os justos? Deus abandonou seu povo?"[26] Hays enxerga a πίστις de Jesus Cristo (O Justo) como a manifestação da própria justiça de Deus.[27]

A interpretação messiânica/cristológica que Hays faz de Habacuque 2:4b em Romanos 1:17 é possível, mas não é convincente.[28] Em primeiro lugar, a omissão de Paulo (provavelmente intencional) do pronome pessoal confere ao dito uma característica genérica e, obviamente, Paulo é muito insistente a respeito da πίστις cristã em Romanos (1:8,12). Craig Keener observa como Romanos 4:5 faz eco à tese de Habacuque 2:4b/Romanos 1:17: "Mas alguém que sem obras confia naquele que justifica os ímpios, tal fé lhe é imputada como justiça".[29] Wolfgang Kraus rejeita a acusação de que isso situa a ênfase

---

[25]Hays, "Righteous One", p. 197.
[26]Hays, "Righteous One", p. 207.
[27]Hays, "Righteous One", p. 208-9.
[28]Heliso tende bastante à interpretação messiânica de Hebreus 2:4b em Romanos 1:17, mas mesmo assim é forçado a concordar que "nenhum escrito judaico pré-paulino cita Habacuque 2:4 de maneira tal que a citação possa ser entendida de forma messiânica" (embora ele creia que o texto da Septuaginta pudesse ser entendido dessa forma); *Pistis and the Righteous One*, p. 164.
[29]Craig Keener, *Romans*, New Covenant Commentary Series (Eugene: Wipf & Stock, 2009), p. 30; também Wolfgang Kraus, "Πίστις ist zwar für Paulus stets mit Jesus verbunden, aber für Paulus hat der Glaube an Jesus Christus nach Gal 3 und insbesondere Rom 4 die gleiche Struktur wie das Vertrauen, das Abraham in Gott setzte"; veja "Hab 2,3-4 in der hebräischen und griechischen Texttradition mit einem Ausblick auf das Neue Testament", in: Thomas S. Caulley; Hermann Lichtenberger, orgs., *Die Septuaginta*

salvífica na fé humana (e não na libertação divina):[30] "Fé/confiança em Habacuque 2:4 é de fato não um pré-requisito para obter a justiça, mas uma resposta à promessa de Deus e, assim, o modo que conduz à vida".[31]

Richard Carlson defende a ideia de que Paulo está apresentando Habacuque 2:4b de forma intencionalmente maleável, capaz de representar o melhor modo de vida para o justo. Assim, Deus se mostrará fiel, Cristo é a manifestação dessa fidelidade e a verdadeira fé é modelada por Abraão e "vivida por todos os cristãos em seu relacionamento uns com os outros".[32]

Confiança, fé ou fidelidade?
Traduzindo e interpretando אמונה e πίστις

Olhando em retrospectiva o contexto original de Habacuque 2:4b, certamente "o justo viverá pela fé" não era uma referência à fé *cristã*. O termo hebraico אמונה com frequência envolvia compromisso com o relacionamento de aliança com Deus. Ainda assim, alguns estudiosos creem que Paulo *não* tinha a intenção de recorrer ao contexto original do livro de Habacuque, mas, antes, encontrou as palavras-chave no texto grego de Habacuque 2:4b considerando-as um apoio à sua mensagem do evangelho.[33] Mark Seifrid, por exemplo, argumenta que Paulo *redefiniu* o significado de πίστις para seus leitores romanos. Seifrid observa que, se a Septuaginta pressupõe o sentido hebraico de fidelidade, isso é notoriamente diferente do emprego que Paulo faz de πίστις: "Em contraste com a tradição judaica, Paulo não entende 'fé' como uma

---

und das frühe Christentum, Wissenschaftliche Untersuchungen zum Neuen Testament (Tübingen: Mohr Siebeck, 2011), vol. 277, p. 153-73, espec. p. 170.

[30]Para tal acusação, veja Douglas A. Campbell, "Romans 1:17—A *Crux Interpretum* for the ΠΙΣΤΙΣ ΧΡΙΣΤΟΥ debate", *Journal of Biblical Literature* 113 (1994): 265-85.

[31]Kraus, "Hab 2,3–4 in der hebräischen und griechischen Texttradition", p. 170 (TA).

[32]Richard Carlson, "Whose faith? Reexamining the Habakkuk 2:4 citation with the communicative act of Romans 1:1-17", in: K. L. Noll; Brooks Schramm, orgs., *Raising up a faithful exegete: essays in honor of Richard D. Nelson* (Winona Lake: Eisenbrauns, 2010), p. 293-324, espec. p. 324.

[33]Veja, p. ex., John Barton, *Oracles of God* (Oxford: Oxford University Press, 2007), p. 245.

qualidade ou virtude humana. O contexto deixa isso claro. Na proclamação ('de fé'), a justiça de Deus é *revelada* e, assim, produz a fé".[34] Douglas Moo não propõe uma diferença tão acentuada entre o significado original de Habacuque 2:4b e o interesse de Paulo em Romanos 1:17, mas, mesmo assim, enfatiza que "fé" para Paulo era crer em Deus e não confiar em "habilidades, atividades ou certezas humanas".[35]

Dada a importância de Habacuque 2:4 para o judaísmo antigo e também para Paulo (bem como para o autor de Hebreus), é improvável que Paulo esteja forçando esse texto para fornecer apoio a um evangelho da fé (*versus* obras). Antes, o que tanto Habacuque 2:4b quanto os interesses de Paulo em Romanos 1:16-17 têm em comum é a ênfase na *confiança irrestrita em Deus*. Rikki Watts explica de maneira adequada como Habacuque e Romanos compartilham a preocupação de justificar "as ações misteriosas de Deus":[36]

> Lamentando o fracasso aparente da Lei para restringir a iniquidade, o profeta havia recorrido à intervenção justa de Yahweh somente para então encarar a perspectiva escandalosa de sua aparente injustiça em parecer favorecer os ímpios caldeus em prejuízo de seu próprio povo. É, portanto, como resposta à questão da teodiceia que o tema da fé e da fidelidade surge. Da mesma maneira refletindo sobre a ineficácia da Lei, Paulo também está bem consciente das implicações problemáticas de seu evangelho. Mas, como no caso de Habacuque e como ele esboça na sua afirmação que enuncia sua tese (Rm 1:16,17), a salvação deve novamente ser encontrada por meio da fé na fidelidade da surpreendente e agora escatológica revelação do poder salvífico do justo Yahweh.[37]

---

[34]Mark Seifrid, "Romans", in: G. K. Beale; D. A. Carson, orgs., *Commentary on the New Testament use of the Old Testament* (Grand Rapids: Baker, 2007), p. 608. Seifrid também explica que "viver por fé" para Paulo não aponta para a atividade do crente como ponto de interesse central, mas, antes, para a noção de participar da salvação e compartilhar do evangelho.

[35]Douglas J. Moo, *The Epistle to the Romans*, New International Commentary on the New Testament (Grand Rapids: Eerdmans, 1996), p. 79.

[36]Rikki Watts, "'For I am not ashamed of the Gospel': Romans 1:16-17 and Habakkuk 2:4", in: Sven K. Soderlund; N. T. Wright, orgs., *Romans and the people of God: essays in honor of Gordon D. Fee* (Grand Rapids: Eerdmans, 1999), p. 3-25, espec. p. 3.

[37]Watts, "For I am not ashamed", p. 3-4.

O ponto em questão não é obras ou fé nem fé *versus* fidelidade.[38] Para Paulo, o evangelho não convoca os crentes nem a *crenças* nem a *ações obedientes* em si. Antes, é um chamado à confiança. Novamente, Watts conclui que a força do argumento por trás da intertextualidade de Habacuque 2:4 e Romanos 1:17 é o interesse tanto pela "fidelidade aliancística de Deus quanto pela necessidade recíproca de obediência da fé e perseverança por parte do ouvinte como o caminho da vida".[39]

A interpretação de Karl Barth da linguagem da fé em Romanos 1:17 faz justiça a *ambos*, tanto àquele sentido de "acreditar no inacreditável", em que se ousa depositar fé na loucura do evangelho, quanto à necessidade de se agarrar ao Deus invisível, o *deus absconditus*, e segurar firme. Barth consegue apresentar de maneira convincente o que eu chamo de "fé confiante", o que inclui tanto a "fé que crê" (sintonizar coração e mente com a frequência do evangelho para olhar com a fé em vez olhar com os olhos) quanto a "fé que obedece" (inclinar a vontade humana para o compromisso de viver e agir com confiança e obediência).

Com respeito à capacidade de enxergar sabedoria na loucura do evangelho, Barth recorre ao pensamento de Lutero:

> A fé orienta-se pelas coisas que são invisíveis. Aliás, somente quando aquilo em que se crê está escondido é que pode haver oportunidade para a fé. E, além disso, estão mais profundamente escondidas aquelas coisas que mais claramente contradizem a experiência óbvia dos sentidos. Por isso, quando Deus vivifica, ele mata; quando ele justifica, ele impõe culpa; quando ele nos conduz ao céu, ele nos lança no inferno.

---

[38] Ray Clendenen deixa sem fundamentação sua afirmação de que fé e fidelidade são dois conceitos claramente distintos, sendo aquele passivo e este ativo; veja "Salvation by faith or by faithfulness in the book of Habakkuk", *Bulletin for Biblical Research* 24 (2014): 505-15, espec. 512.

[39] Watts, "For I am not ashamed", p. 25. De forma semelhante, Paul Sampley sublinha o interesse de Paulo pela fé que confia e pela recepção do evangelho: "Fé é a pedra fundamental para judeus e gentios. A fé relativiza a questão da circuncisão ou não, se é gentio ou não. A decisão tornou-se o critério de admissão, não ascendência e não o cumprimento de certos rituais e procedimentos"; veja "Romans and Galatians: comparison and contrast", in: J. T. Butler et al., orgs., *Understanding the Word* (Sheffield, Reino Unido: JSOT, 1985), p. 315-39, espec. p. 327-8.

Isto é, a fé *inverte* a realidade, por assim dizer, para "colocar do lado certo" o evangelho "de ponta-cabeça". Mas isso exige muito mais do que crença, se com isso queremos dizer assentimento a doutrinas. Na visão de Barth, Paulo está afirmando isto: "O crente é o homem que coloca sua confiança em Deus, no próprio Deus, e em Deus somente; isso quer dizer o homem que, percebendo a fidelidade de Deus exatamente no fato de que ele nos colocou na esfera daquilo que contradiz o curso deste mundo, vai ao encontro da fidelidade de Deus com a fidelidade correspondente, e com Deus diz 'Mesmo assim' e 'Apesar isso'".[40]

De πίστις em πίστις

Relacionada a tudo isso está a expressão tão debatida ἐκ πίστεως εἰς πίστιν (Rm 1:17), que obviamente põe em evidência a citação de Habacuque 2:4b. Há quatro maneiras principais de interpretar essa expressão. Uma opção pode ser chamada de *continuativa*, na qual Paulo está mostrando a continuação da fé segundo o estilo do Antigo Testamento à fé do Novo Testamento. Essa posição era popular entre os teólogos patrísticos. Orígenes escreveu assim: "As primeiras pessoas estavam na fé porque acreditavam em Deus e em Moisés, seu servo, e agora, dessa fé passaram para a fé do evangelho".[41]

Outra interpretação possível é a *progressiva*; isto é, algo como "começando com fé e terminando com fé". Essa posição com frequência é atribuída a João Calvino, visto que ele explicou essa expressão como denotando "o progresso diário de cada crente".[42]

Uma terceira concepção trata cada πίστις como uma referência a um parceiro diferente no relacionamento de aliança, isto é, da πίστις

---

[40]Karl Barth, *The Epistle to the Romans*, tradução para o inglês de Edwyn C. Hoskyns (London, Reino Unido: Oxford University Press, 1968), p. 39.

[41]Como citado em Longenecker, *Romans*, p. 177; Origen [Orígenes], *Ad Romanos*, in: Jacques-Paul Migne, org., *Patrologia Graeca* (Paris, 1857-1886), 14:861; veja tb. Tertullian [Tertuliano], *Adversus Marcionem* 5.13.

[42]John Calvin [João Calvino], *Commentary on Romans 1—16* (Grand Rapids: Baker, 1993), p. 28; veja de forma semelhante John W. Taylor, "From faith to faith: Romans 1.17 in the light of Greek idiom", *New Testament Studies* 50 (2004): 337-48; cf. C. Kruse, *Paul's Letter to the Romans*, Pillar New Testament Commentary (Grand Rapids: Eerdmans, 2012), p. 75-8.

divina para a πίστις humana. Assim, Ambrosiastro explica a interpretação *aliancística*: "O que isso significa se não que 'a fé de Deus' está nele porque ele promete e 'a fé do homem' está nele porque ele crê naquele que promete?".[43] Essa é também a concepção adotada por Karl Barth e por James Dunn.[44]

E, por fim, uma interpretação muito popular é a concepção *retórica*, que não tenta entender dada ocorrência de πίστις de forma isolada, mas à luz de seu efeito literário; assim, a expressão poderia ser traduzida por algo como: "fé e fé somente". O que se está comunicando é a pureza ou exclusividade da fé.[45]

É difícil julgar entre essas opções, o que provavelmente atesta a ambiguidade da maneira pela qual Paulo formulou a expressão. Considero a concepção aliancística a menos provável, porque requer a separação de πίστις em duas partes sem explicação. A interpretação de ἐκ πίστεως εἰς πίστιν depende de como se entende o modo pelo qual Paulo emprega Habacuque 2:4, o que encontramos em Romanos. Mas o emprego de πιστεύω em 1:16 também contribui para essa discussão. Minha inclinação é enxergar a linguagem de fé e a citação de Habacuque 2:4b como pertencendo primordialmente à fé e confiança *humanas*. Uma vez que Romanos 1:17 começa com o foco na *nova* revelação da justiça de Deus no evangelho (ἐν αὐτῷ), tendo a aceitar a concepção retórica; isto é, Paulo reforça a condição absoluta da πίστις, a confiança. Poderíamos parafrasear isso desta maneira: *Neste evangelho, a justiça de Deus foi levada à revelação plena que espera a completa e exclusiva verdade [confiança], exatamente como está registrado na Escritura: "O justo viverá pela confiança"*.

---

[43]Ambrosiaster [Ambrosiastro], *Ad Romanos*, in: Jacques-Paul Migne, org., *Patrologia latina* (Paris, 1844-1864), 17:56 e in: Corpus Scriptorum Ecclesiasticorum Latinorum 81:3; como citado em Longenecker, *Romans*, p. 177.

[44]Cf. Barth, *Romans*, p. 41.

[45]Assim C. E. B. Cranfield, *A critical and exegetical commentary on the Epistle to the Romans*, International Critical Commentary (Edinburgh: T&T Clark, 1975), 1:99-100; C. K. Barrett, *The Epistle to the Romans*, Black's New Testament Commentary (Peabody: Hendrickson, 1991), p. 31; e Joseph Fitzmyer, *Romans*, Anchor Bible (New York: Doubleday, 1993), vol. 33, p. 263.

Conclusão

No emprego que Paulo faz de Habacuque 2:4b em Romanos 1:17, ele não está simplesmente usando o texto profético como texto de comprovação nem distorcendo uma compreensão judaica de *emunah* ao transpor o conceito para uma chamada fé paulina (i.e., em contraposição às obras). Antes, temos aqui um uso abrangente de πίστις que podemos chamar de "fé confiante". Paulo confirma que ele é ousado em sua proclamação do evangelho porque este é poderoso e eficaz para a salvação de todos os que creem. O que se espera não é o compromisso com a Torá, mas, em vez disso, a confiança em Deus, plena e simples. Isso é captado de forma primorosa pela interpretação que Elizabeth Achtemeier faz de Habacuque:

> Habacuque [...] faz a afirmação de que o relacionamento com Deus é cumprido por "fidelidade". Isso não significa estabilidade, retidão e honestidade moral. Não significa a realização adequada de tarefas éticas ou cúlticas. Antes, fidelidade significa confiança, dependência, apego a Deus; significa viver e mover-se por ele, ter seu ser nele somente; significa confiar nele para cada sopro de vida, em cada direção que se toma, para as decisões, para os objetivos e para os resultados. [...] Fidelidade significa colocar toda a vida nas mãos de Deus e confiar que ele vai conduzi-la até o fim, apesar de todas as circunstâncias exteriores e interiores; apesar de todo o pecado e culpa pessoais; apesar de todas as distorções psicológicas e sociais. Fidelidade é viver pelo poder de Deus em vez de viver pelo seu próprio poder. E é ali que a vida é vida de verdade, porque extrai sua vitalidade do Deus vivo, que é a fonte da vida.[46]

---

[46] Elizabeth Achtemeier, *Nahum—Malachi*, Interpretation (Louisville: Westminster John Knox, 1986), p. 46; como citado em Clendenen, "Salvation by faith", p. 515.

10

REVISITANDO A FÉ DE CRISTO

Πίστισ Χριστοῦ e a Cristo-relação em Paulo

O chamado debate πίστις Χριστοῦ é uma daquelas disputas que experimenta um avivamento e uma renovação de intensidade de tempos em tempos. Todos concordam que na verdade essa não é uma questão crucialmente decisiva nos estudos paulinos, mas continua sendo um enigma à espera de uma solução satisfatória. Antes de oferecer minha sugestão ao tema, aqui está um breve resumo da questão para os não iniciados.[1]

Paulo tem uma maneira rotineira de se referir à fonte ou essência da vida cristã: πίστις Χριστοῦ, expressão que, traduzida de forma crua, é "fé de Cristo". Há ao menos dois significados/duas traduções possíveis dessa expressão com base na interpretação da forma genitiva da palavra Χριστοῦ e sua relação com o substantivo associado πίστις:

1. fé *em* Cristo;
2. fidelidade de Cristo/a fidelidade demonstrada por Cristo.

---

[1] Há muitas análises bem úteis sobre esse debate: veja Debbie Hunn, "Debating the Faithfulness of Jesus Christ in Twentieth-Century Scholarship", in: Michael F. Bird; Preston M. Sprinkle, orgs., *The faith of Jesus Christ: exegetical, biblical, and theological studies* (Peabody: Hendrickson, 2009), p. 15-31; Matthew Easter, "The *pistis Christou* debate: main arguments and responses in summary", *Currents in Biblical Research* 9 (2010): 33-47; e Chris Kugler, "ΠΙΣΤΙΣ ΧΡΙΣΤΟΥ: the current state of Paul and the key arguments", *Currents in Biblical Research* 14 (2016): 244-55.

A primeira opção entende a expressão como uma referência à fé que os cristãos têm *em* Cristo. A segunda opção vê πίστις como algo que o *próprio* Cristo tem ou demonstra. A maioria dos estudiosos reconhece que πίστις pode significar fé (i.e., crença, ter fé) ou fidelidade (i.e., lealdade, obediência, compromisso). Se Χριστοῦ é um genitivo objetivo, então a expressão se refere à crença (o crer) *em* Cristo. Se o genitivo é subjetivo, então está comunicando a ideia de fidelidade *de* Cristo. A expressão "fé de Cristo" aparece em sua forma πίστις + Χριστοῦ (fé + de Cristo) em seis textos importantes em Paulo: Romanos 3:22,26; Gálatas 2:16 (duas vezes); 3:11; Filipenses 3:9.

Como decidimos qual opção é exegeticamente mais sólida? Os estudiosos recorrem a pistas sintáticas para defender seu argumento (tais como a presença do artigo ou de certos padrões do genitivo), mas esses fatores têm se mostrado inconclusivos.[2] Diversas outras características são realçadas na esperança de uma resolução:

- o uso absoluto de πίστις em Gálatas;
- a expressão paralela "obras da lei";
- o uso que Paulo faz de ἐκ πίστεως em Gálatas 3 (e Rm 1);
- o apelo a Abraão como o modelo de πίστις;
- linguagem semelhante no Novo Testamento fora das cartas não questionadas de Paulo.
- a história inicial da recepção.[3]

Talvez o mais importante de tudo seja que os estudiosos defendem seu ponto de vista com base no fluxo e na melhor redação das passagens mais amplas em que πίστις Χριστοῦ aparece. Infelizmente (1) as duas interpretações *podem* fazer sentido em todas as passagens relevantes e (2) uma vez que Paulo *poderia* ter expressado qualquer um

---

[2]Veja Easter, "*Pistis Christou* debate", 34.
[3]Veja Roy Harrisville, "ΠΙΣΤΙΣ ΧΡΙΣΤΟΥ: witness of the fathers", *Novum Testamentum* 36 (1994): 233-41; Mark W. Elliott, "Πίστις Χριστοῦ in the church fathers and beyond", in: Bird; Sprinkle, orgs., *The faith of Jesus Christ*, p. 279-90; e Michael R. Whitenton, "After ΠΙΣΤΙΣ ΧΡΙΣΤΟΥ: neglected evidence from the apostolic Fathers", *Journal of Theological Studies* 61 (2010): 82-109. Para um estudo da recepção mais amplo, veja Benjamin Schliesser, "'Exegetical amnesia' and ΠΙΣΤΙΣ ΧΡΙΣΤΟΥ: the 'faith *of* Christ' in nineteenth--century Pauline scholarship", *Journal of Theological Studies* 66 (2015): 61-89.

dos dois sentimentos de uma forma mais direta, o leitor fica se perguntando por que ele insistiu exatamente nessa formulação particular.

Porventura o ponto mais forte a favor do genitivo objetivo seja a simples constatação de que Paulo *de fato* se refere em toda parte de seus escritos à "fé/crença em Cristo", assim que esse conceito teológico é solidamente estabelecido em suas cartas. O que a maioria considera atraente no genitivo subjetivo é a maneira que ele concentra o foco soteriológico de Paulo na pessoa e obra de Cristo e não na πίστις humana.[4] A interpretação objetiva é mais convincente, especialmente porque Paulo nunca apela claramente e explicitamente à fidelidade de Cristo a Deus (mesmo que sua obediência seja louvada, e.g., em Fp 2:5-11; Rm 5:19).[5] Além disso, há uma distorção na conversa logo de início quando há uma referência ao genitivo objetivo como a "concepção antropológica" e ao genitivo subjetivo como a "concepção cristológica", porque isso parece implicar que a primeira desenfatiza a agência dominante de Cristo. Mas isso com certeza não é sugerido por Paulo em Gálatas 3.26, em que ele claramente ressalta a fé humana em Cristo (πάντες γὰρ υἱοὶ θεοῦ ἐστε διὰ τῆς πίστεως ἐν Χριστῷ Ἰησοῦ). Isto é, nenhum intérprete responsável de Paulo conclui que aqui a fé humana é *o* fator primordial na autoidentificação como filho de Deus; em vez disso, a fé é o *meio* humano conferido para receber e viver essa condição *em e por meio de Cristo Jesus*. Os proponentes do genitivo objetivo e do genitivo subjetivo às vezes estabelecem um rígido ou um/ou outro, que parece diminuir *ou* a plataforma do crer humano *ou* a centralidade da lealdade exemplar de Cristo. E assim somos lembrados de que a formulação πίστις Χριστοῦ em si é frustrantemente obscura em Paulo.

Outras interpretações possíveis de πίστις Χριστοῦ

As concepções objetiva e subjetiva são obviamente as opções mais populares e as que recebem maior atenção na academicismo. Mas há

---

[4]Veja, classicamente, Richard B. Hays, "Πίστις and Pauline Christology: what is at stake?", in: *The faith of Jesus Christ* (Grand Rapids: Eerdmans, 2002), p. 272-98.

[5]Veja Jouette Bassler, *Navigating Paul* (Louisville: Westminster John Knox, 2007), p. 23-34.

também outras interpretações possíveis. Por exemplo, Shuji Ota argumenta que πίστις Χριστοῦ é um genitivo subjetivo, mas a orientação da fidelidade de Cristo na expressão paulina é em direção à *humanidade*, e não em direção a Deus. Um de seus melhores exemplos na argumentação a favor disso é Gálatas 2:20, em que Paulo explica como seu próprio eu pós-crucificado vive por πίστις no Filho de Deus. Ota argumenta que aqui não é pela sua *própria* fé nem pela fidelidade de Cristo a Deus, mas é com base na *fidelidade de Cristo a Paulo* que ele é capaz de viver.[6] Observe como o versículo termina: "que *me* amou e se entregou por *mim*".

Outra interpretação possível é às vezes chamada de "terceira concepção" ou a concepção "do evento escatológico".[7] Desse ponto de vista, o foco está em Gálatas 3:23-26, em que Paulo se refere à vinda da πίστις.[8] Teria sido natural (ou esperado) para Paulo afirmar que, na época do cumprimento, *Cristo* veio — portanto, por que πίστις? Preston Sprinkle argumenta que aqui a maneira mais sensata de interpretar πίστις é ver o termo como um sinônimo de "evangelho". Isso parece fazer sentido em Gálatas 1:23, mas não explica por que Paulo parece ter preferido a terminologia da fé. Benjamin Schliesser também apoia a terceira concepção, mas dá mais atenção direta à escolha das palavras por Paulo. Com Gálatas 3:23,25 em vista, Schliesser argumenta que πίστις funciona como uma palavra-resumo para (citando Dieter Lührmann) "um grande complexo inteiro".[9] Colocando isso de outra maneira, refere-se a mais do que fé humana ou fidelidade de Cristo em si; antes, aponta para "o evento da salvação, o ato redentor escatológico de Deus".[10] Schliesser concentra o foco na linguagem "participacionista" ao afirmar que Paulo imagina esse evento como envolvendo o unir-se com Cristo por meio da fé. Assim, Schliesser argumenta a favor

---

[6]Shuji Ota, "ΠΙΣΤΙΣ ΧΡΙΣΤΟΥ: Christ's faithfulness to whom?", *Hitotsubashi Journal of Arts and Sciences* 55 (2014): 15-26, espec. 26.

[7]Veja Benjamin Schliesser, "'Christ-faith'as an eschatological event (Galatians 3.23-26): a 'third view' on Πίστις Χριστοῦ", *Journal for the Study of the New Testament* 38 (2016): 277-300; e Preston Sprinkle, "Πίστις Χριστοῦ as an eschatological event", in: Bird; Sprinkle, orgs., *The faith of Jesus Christ*, p. 166-84.

[8]Schliesser, "Christ-faith", 284.

[9]Schliesser, "Christ-faith", 285.

[10]Schliesser, "Christ-faith", 285.

do que ele chama "genitivo relacional", que ele apresenta com contornos espaciais, entrando no âmbito ou na esfera de Cristo.[11]

Πίστις Χριστοῦ e a centralidade da Cristo-relação

Por muito tempo defendi a posição do genitivo objetivo da expressão πίστις Χριστοῦ, mas, quando concluí a pesquisa para este livro, simpatizei mais com a "terceira concepção". No fim das contas, a natureza desse debate reforça a noção de que πίστις Χριστοῦ (e a linguagem de πίστις de Paulo em geral) é difícil de definir e conectar com referentes e ações bem específicos. Está correto associar a πίστις de Paulo com o evangelho e com a participação em Cristo. Para Paulo, πίστις Χριστοῦ é uma referência ao fato e à experiência da Cristo-relação. Isso envolve a conexão de Cristo com Deus, sem dúvida, e envolve a fé humana, mas também a mão estendida de Cristo aos que creem. Em sintonia com isso, tenho simpatia pela proposta de Schliesser. A Cristo-relação acontece pela graça de Deus e é iniciada por Cristo, mas os crentes participam nela *pela fé*. Ambos os lados do relacionamento estão em vista, mas provavelmente para Paulo πίστις Χριστοῦ é uma expressão que simplesmente representa a agência de Cristo, especialmente como uma plataforma ou mediação que conecta o povo de Deus a Deus de uma maneira pessoal e transformadora.

Ota chega a uma conclusão semelhante. Ele argumenta que o uso absoluto de πίστις não pode se referir à fé de um indivíduo. Antes, "refere-se a uma *dispensação ou a um sistema objetivo de salvação efetuado por Deus* comparável à Torá do judaísmo".[12] Ota argumenta que isso não é uma realidade individual (ou uma fé pessoal e individualizada), mas uma realidade coletiva-comunal dada pela graça de Deus. Essa nova realidade não está focada nem na fé humana nem na

---

[11]Schliesser dá crédito a Morna Hooker por inspirar esse conceito de transmigração espacial.

[12]Shuji Ota, "The absolute use of ΠΙΣΤΙΣ and ΠΙΣΤΙΣ ΧΡΙΣΤΟΥ in Paul", *Annual of the Japanese Biblical Institute* 23 (1997): 64-82, espec. 76.

fidelidade de Cristo a Deus. Antes, ela inclui a fé humana mais a fidelidade do Cristo em que se crê, assim como "a palavra de proclamação que cria seu relacionamento".[13]

A questão da tradução

Um dos maiores desafios para a terceira concepção (não importa a versão) é a questão da tradução: *qual é a formulação mais fácil no vernáculo simples?* Nem "fé em Cristo" nem "fidelidade de Cristo" faz justiça a essa perspectiva. Embora a expressão não seja elegante, sugiro "Cristo-relação", que é apropriadamente centrada em Cristo, respeitando o aspecto relacional da πίστις, mas deixando subentendido *quem está fazendo o quê.*

A importância da fé humana na Cristo-relação

Nesse debate, é fácil tratar a posição do genitivo objetivo como um tipo de abordagem orientada por obras — nesse caso a obra humana é a fé. Assim, alguns do lado do genitivo subjetivo podem alegar um tipo de agência cristológica superior. Mas precisamos tomar cuidado em não vender por muito pouco a fé humana na concepção de Paulo. Paulo exorta seus convertidos a continuamente *escolherem* pensar com a mente de Cristo e enxergar com os olhos da fé. Por exemplo, em 2Coríntios Paulo insiste que os coríntios escolheram visões mundanas ou carnais. Eles fizeram sua avaliação com base em aparências e glória exterior. Em vez disso, eles devem ser como Paulo, que aprendeu a desconsiderar a perspectiva carnal (κατὰ σάρκα) e aprendeu a andar por πίστις, e não por εἶδος (5:7). Paulo não se orgulhava de tal atitude e não a considerava um mérito, algo que o engrandecia. *Escolher* viver

---

[13]Ota, "Absolute use of ΠΙΣΤΙΣ and ΠΙΣΤΙΣ ΧΡΙΣΤΟΥ", 76; cf. 82. Ota está correto em geral, mas eu faço uma objeção quando ele argumenta que a inclusão de um modificador genitivo (Χριστοῦ) explica em determinado caso mais claramente o foco dessa realidade. Πίστις Χριστοῦ não é uma referência especial à fidelidade de Cristo, mas à realidade da "Cristo-relação" sem entrar em mais especificações. O que é importante para Paulo é que Cristo é sempre o centro — o centro da fé, o centro da salvação, o centro do relacionamento com Deus.

pela fé é reconhecer a própria pobreza de visão e discernimento. Exige negar-se a si mesmo e depender de Cristo.[14] "Fé em Cristo" não é nada mais do que um chamado a ser liberto pela "fidelidade *de* Cristo".

---

[14]Veja Jeanette Hagen, "Faith as participation: an exegetical study of some key Pauline texts" (dissertação de ph.D., Durham University, 2016).

11

FÉ ALÉM DA CRENÇA
Síntese e conclusão

Anthony Thiselton reflete em detalhes sobre a singularidade da terminologia da fé (e πίστις em particular) na Bíblia. Suas observações estão bem alinhadas com os pontos que defendo neste livro. Thiselton explica que πίστις é um termo polimorfo e, por isso, não pode ser trazido para o nosso vernáculo por meio de um termo estático como "fé".[1] Em sua recente obra *Doubt, faith, and certainty* [Dúvida, fé e certeza], Thiselton isola nada menos que treze significados para fé, incluindo crença, assentimento mental, disposição espiritual, evangelho, fidelidade e razão.[2] Não é tão importante que todos os significados sejam detalhadamente distinguidos e exaustivamente catalogados. O que importa mais é que se possa reconhecer de que modo um tanto incomum essa πίστις pode mudar, misturar-se e harmonizar-se com diferentes domínios semânticos. Poderíamos chamar isso de polivalência, usando a ideia de *modulação*. É como se a πίστις fosse colocada em um espectro desde a fé que crê (cognitiva/epistemológica) até a fé que obedece (volitiva/social/prática). Dependendo do contexto, o significado pragmático pode ser distribuído em algum lugar desse *continuum*, com alguns casos parecendo cair em um ou outro extremo. E às vezes Paulo usa πίστις com um sentido mais abrangente e todo-envolvente, em que poderia ser chamada de fé que confia.

Essa percepção fundamental da natureza de πίστις precisa ser mais amplamente reconhecida e apreciada porque as versões da Bíblia em

---

[1]Anthony Thiselton, *The First Epistle to the Corinthians*, New International Greek Testament Commentary (Grand Rapids: Eerdmans, 2000), p. 223.
[2]Anthony Thiselton, *Doubt, faith, and certainty* (Grand Rapids: Eerdmans, 2017), p. 10-1.

nossas línguas têm sido notoriamente rígidas em seu tratamento desse substantivo e conceito. Somente nas mais raras ocasiões pressupõe-se que πίστις significa somente crença. Mas há amplas razões para defender que ela merece compreensão e vocabulário mais amplos.

A fé que obedece

Em muitas ocasiões em Paulo (e.g., 1Ts e Fp), πίστις significa fidelidade ou lealdade — isto é, ela opera como algo parecido com uma virtude social. Há evidências quase sem conta do uso de πίστις na antiga literatura política e militar helenística, em que o termo aparece em relação ao pacto social ou ao compromisso relacional. Em 1Tessalonicenses, por exemplo, há boas razões para esperar esse uso de πίστις, visto que Paulo está interessado na perseverança e persistência deles em meio à perseguição e às pressões sociais que testavam seu compromisso com Cristo e a comunidade que seguia a Cristo. Em tais casos, πίστις como uma virtude era fundamentalmente social e corporificada de maneira ativa.[3] Seria ir longe demais traduzir πίστις por "obediência". Ela pode ser facilmente relacionada à obediência (daí Rm 1:5), mas não é exatamente a mesma coisa (correlação, não equação). Se a obediência é plenamente ativa, então πίστις que obedece é "pré-obediência". É a fé que vem de mãos dadas com a obediência; é a energia que produz o movimento que se torna a obediência exterior. Poderíamos argumentar que πίστις vai se misturando com a obediência a tal ponto que se torna ὑπακοή, mas os termos não são sinônimos.

A fé que crê

Poderíamos cometer o erro igual e oposto de concluir que πίστις, visto que tantas vezes significa fidelidade na literatura antiga, *sempre* significa fidelidade.[4] Mas, repetindo, isso negligencia o ponto primordial

---

[3] Os acadêmicos às vezes se referem a isso como o uso passivo de πίστις; presumivelmente, isso significa que o termo é considerado um estado ou talvez uma peculiaridade. Mas, dado que é um hábito social, pode causar confusão chamá-la de algo passivo, especialmente em vista das conotações que poderia ter que complicam as questões acerca de fé/obras e de agência (veja adiante).

[4] Essa talvez seja a falha em Gordon Zerbe, "Believers as loyalists: the anatomy of Paul's language of *pistis*", in: *Citizen: Paul on peace and politics* (Winnipeg: CMU, 2012), p. 26-47.

de que πίστις é uma palavra dinâmica capaz de mudar nuanças de significado com base no uso e contexto. Há algumas situações em que certamente faz sentido traduzir πίστις por fé ou crença. Esse tipo de significado certamente estava presente na literatura antiga e pode ser demonstrado no Novo Testamento (cf. Tg 5:15). Com frequência se pressupõe que para Paulo a fé estava relacionada a crenças e convicções acerca de Jesus. Há uma parcela de verdade nisso em um sentido amplo, e isso segue certo padrão de uso estabelecido pelo verbo πιστεύω (cf. 1Co 15:2-11). Mas no que diz respeito a Paulo, sua linguagem de fé não está primordialmente focada no conhecimento correto tanto quanto está concentrada na maneira correta de enxergar a realidade como um todo.[5] Para usar uma metáfora de computador, ter fé não é ter os dados corretos ou mesmo o software correto; ter fé é usar o sistema operacional certo. Embora essa noção de fé que crê possa ser encontrada em muitas de suas cartas (incluindo 1Ts e Fp), 1 e 2Coríntios são estudos de caso crucialmente importantes. Isso é fato porque nelas, mais do que em qualquer outro texto, Paulo concentra a atenção extensivamente em *epistemologia*.[6] Ele tentou convencer os coríntios de que, embora eles anelassem por sabedoria espiritual, poderiam alcançar revelação divina somente por meio da fé na loucura da cruz de Cristo. Em 2Coríntios, Paulo toma emprestada a polêmica anti-ídolos da tradição judaica para demonstrar que pode ser fácil colocar o foco em formas, *no que o olho vê*, mas a verdadeira vida e o verdadeiro poder vêm do que é invisível; assim, os crentes são chamados a caminhar *por fé* (πίστις), e não por vista (5:7).

A fé que confia

Finalmente, a linguagem de fé de Paulo em Gálatas e Romanos (1:16,17; cf. Hc 2:4) é interessante porque ele às vezes usa πίστις em um sentido absoluto, isto é, sem qualificativos (Gl 1:23; 3:23,25). Nesses casos, é como se πίστις representasse algo *como* cristianismo, Cristo, a vida cristã

---

[5]Veja Mary Healy, "Knowledge of the mystery: a study of Pauline epistemology", in: Mary Healy; Robin A. Parry, orgs., *The Bible and epistemology* (Eugene: Wipf & Stock, 2007), p. 134-58, espec. p. 149-56.

[6]Veja Ian Scott, *Paul's way of knowing* (Grand Rapids: Baker, 2008); sobre a correspondência com os coríntios em particular, veja p. 23-48, 59-68.

e assim por diante. Assim como os judeus usavam πίστις para se referir ao seu relacionamento com Deus (e.g., em Josefo e na Septuaginta), Paulo empregou a linguagem da fé com referência à relação humano-divina. Mas, em vez de articular um modelo de πίστις mediado pela Torá, Paulo via Cristo como o condutor ou agente disso. Da nova perspectiva, Dunn e Hooker enxergam o mesmo padrão de graça e obrigação em Paulo como ocorria no judaísmo de seu tempo. E, ainda assim, algo está claramente errado em carimbar Paulo como um "nomista aliancístico". O *nomismo* era precisamente o que Paulo repudia em Gálatas, se com nomismo se quer dizer a agência da Torá do relacionamento divino-humano. Em vez disso, "*pistismo* aliancístico" é o termo mais preciso para indicar um relacionamento divino-humano que inclui tanto expectativa quanto boa vontade (e daí aliancístico), mas medeia por πίστις em Cristo. Na mente de Paulo, não há agência *intermediadora* (da Torá ou de qualquer outra coisa) para a salvação divina e a vitalidade — exceto a Cristo-relação. Na mente de Paulo, o papel e o status singulares de Cristo de alguma maneira significavam que, embora claramente sirva como mediador, Cristo conecta *diretamente* os crentes ao Deus único (3:19,20). Sua palavra preferida para esse novo tipo de relacionamento com Deus é πίστις, e daí a expressão *pistismo* aliancístico.

Um importante ponto sobre πίστις está em Romanos 1:17, em que Paulo cita Habacuque 2:4 para expressar uma das ideias mais importantes de sua carta. Paulo chama atenção para a essência de πίστις, que havia se tornado para ele uma maneira de identificar o cerne de um relacionamento de confiança com Deus. O sonho de Israel era ter e manter esse relacionamento íntimo de confiança com Deus, mas a corrupção, desobediência e dúvidas de Israel faziam isso parecer frustrado e fugidio. Com Cristo como a inspiração de Paulo, ele reimagina uma nova maneira de se apropriar da visão de Habacuque 2:4 para estabelecer essa ligação viva e íntima entre Deus e seu povo, uma ligação estabelecida *em Cristo* e representada pela palavra singular πίστις.

Πίστις como símbolo tensivo no discurso cristão inicial

Este livro ressalta o problema de usar de forma rígida a palavra "fé" para traduzir πίστις, especialmente quando trazemos certas ideias anacronísticas e culturalmente carregadas da palavra que não teriam estado na mente de Paulo. Com o risco de tornar a questão demasiado complicada, proponho que πίστις seja uma palavra marcadamente dinâmica, que pode se mover ao longo de um espectro de significados tal que possamos usar uma série de palavras para traduzi-la dependendo do contexto. Repetindo, isso poderia parecer sobrecarregar πίστις com peso teológico excessivo, e eu certamente não quero tornar isso mais complexo do que o necessário.

Na maior parte do tempo em Paulo, sabemos relativamente bem o que significa aquela palavra (como em qualquer escrita de prosa). Mas há situações em que certas palavras são mais vibrantes; isso com frequência ocorre com palavras fundacionais.[7] Em Paulo, πίστις parece encaixar-se nessa categoria. A conversa contínua sobre a linguagem de "reino de Deus" no estudo de Jesus e dos Evangelhos vai ajudar-nos a refletir sobre como isso funciona. Norman Perrin, recorrendo às obras de Amos Wilder, Paul Ricoeur e Phillip Wheelwright, distingue de forma bem conhecida símbolos estenográficos de símbolos tensivos. Com um símbolo estenográfico, essencialmente o conceito se relaciona diretamente com seu referente. Mas o símbolo tensivo tem um "conjunto de significados que não podem nem ser exauridos nem adequadamente expressos por nenhum dos referentes".[8] Um símbolo tensivo, então, torna-se uma palavra-chave para um complexo de ideias inter-relacionadas; naturalmente, então, o símbolo pode parecer um tanto amorfo e difícil de definir. Esse é obviamente o caso com a expressão "reino de Deus", mas é um conceito útil na aplicação à πίστις de Paulo também. E, além disso, isso ajuda a fazer sentido de como πίστις pode funcionar como uma circunlocução de "cristianismo" ou de "o evangelho".[9]

Isso suscita a questão da *tradução*. Se πίστις é um símbolo tensivo, como deveria ser traduzido, dadas todas as possibilidades? Uma tática seria simplesmente traduzi-lo por uma palavra de chamada, "fé" — e

---

[7]Para dar um exemplo da linguística, é amplamente sabido que o verbo "ser" é geralmente irregular em inglês, grego, hebraico, francês, alemão, latim, português etc.

[8]Norman Perrin, *Jesus and the language of the Kingdom: symbol and metaphor in New Testament interpretation* (Philadelphia: Fortress, 1976), p. 30.

[9]Agradeço a Jonathan Pennington por chamar minha atenção (em uma conversa pessoal) para essa ideia de "símbolo tensivo" e como ele poderia se relacionar ao termo πίστις em Paulo.

essa é a abordagem mais popular entre as versões bíblicas atuais no *corpus* paulino. O problema aqui é que "fé" tem certas conotações na nossa língua que não deveriam ser impostas às cartas de Paulo, especialmente a fé como algo irrefletido ou irracional ou fé como algo essencialmente não ativo. Minha sugestão é traduzi-la com três categorias em mente:

- O termo "fé" pode ser mantido e usado para aquelas ocasiões em que Paulo parece estar falando sobre a "fé que crê".
- O termo "confiança" pode ser empregado naqueles muitos casos em que πίστις se refere ao relacionamento de confiança em Deus. Quando parece que Paulo está usando πίστις para se referir ao cristianismo/o evangelho, podemos traduzir o termo por "confiança", capturando o sentido de que às vezes Paulo *estava de fato* usando πίστις de maneira semitécnica como um jargão para os iniciados. Isso pode ser estranho, mas devemos manter em mente que, quando Paulo usou πίστις dessa forma absoluta (sem um referente expresso), isso também daria a impressão de algo incomum, peculiar ou não natural para alguém de fora.[10]
- Os termos "fidelidade" e "lealdade" funcionam bem naquelas ocasiões em que o valor social do compromisso, da devoção ou lealdade parece estar envolvido. Algumas versões, como a CEB (e de forma menos clara a NLT) mostram maior abertura para permitir essa tradução em relação à πίστις *humana*.

O aspecto negativo em potencial dessa variação na tradução envolve o simples fato de que o leitor (em inglês [ou português]) poderia não reconhecer que essas palavras (fé, confiança, fidelidade) vêm todas de uma única palavra em grego, πίστις; eles poderiam não captar, por exemplo, um jogo de palavras ou uma ênfase temática recorrente. Mas isso é um problema não somente com a palavra πίστις.

---

[10] Imagine alguém no século primeiro, sem conhecimento do desenvolvimento dos seguidores de Jesus e do cristianismo, lendo a afirmação de Paulo "agora que a πίστις veio" (Gl 3:25) — o que isso poderia significar? Πίστις em quê? Será que πίστις é um evento? Uma pessoa? Ou um novo relacionamento?

Tome-se, por exemplo, o desafio de traduzir σῴζω nos Evangelhos Sinóticos. Quando Jesus realizava uma cura, os evangelistas com frequência usavam σῴζω. Em Lucas 8:48, Jesus diz a uma jovem mulher que foi trazida de volta à vida: ἡ πίστις σου **σέσωκέν** σε. Dado que o contexto é de uma cura, faz sentido traduzir "sua fé a *curou*" (assim a NIV; também a NVI). A mesma formulação é encontrada em Lucas 7:50 em conexão com uma mulher pecadora que foi perdoada por Jesus (ἡ πίστις σου σέσωκέν σε), mas nessa situação faz pouco sentido traduzir a frase por "sua fé a *curou*". Em vez disso, a maioria das traduções traz corretamente: "sua fé a *salvou*". Ao contextualizar a tradução e ajustar o significado ao contexto literário, os tradutores naturalmente dão prioridade à facilidade de compreensão em detrimento de coisas como coerência verbal ou repetição temática. Minha recomendação é que os tradutores façam o mesmo para πίστις, reconhecendo sua polivalência e natureza semiótica dinâmica.

Influências sobre a linguagem paulina de πίστις

Um interesse central deste livro é a investigação não somente dos *usos* de πίστις por Paulo, mas também das influências mais importantes sobre a sua linguagem de πίστις. Repetindo, muitos leitores de Paulo, pressuponho, imaginam que Paulo teve um tipo de momento "Eureca!!" e promoveu a fé como algo melhor do que as obras e contrária a elas como sua convicção religiosa. Sem dúvida deve ter havido epifanias importantes para Paulo em sua compreensão da religião e de um relacionamento adequado com Deus em Jesus Cristo, mas a herança judaica de Paulo e as Escrituras judaicas parecem ter tido parte importante como papéis formadores também (talvez somente em parte em retrospectiva para ele, uma vez que ele [re]interpretou as Escrituras através de uma lente cristológica).

Vamos começar com a literatura judaica helenística. Embora os judeus do Segundo Templo não confiassem em πίστις como um termo religioso comum (veja cap. 3), há evidências suficientes (e.g., da Septuaginta e de Josefo) para sugerir que esse grupo de palavras *poderia* servir como uma contribuição para o discurso sobre a vida com Deus na comunidade. Obviamente, não funcionava como uma referência ou substituto para a palavra "aliança", mas é um tipo de circunlocução ou talvez uma maneira simplista de falar sobre um relacionamento de dependência, obrigações e mutualidade. Isso faria sentido à luz de como os pagãos usavam πίστις em relação às promessas, acordos e elos sociais nos níveis pessoal, de grupo e nacional.

E não pode ser negligenciado o quanto πιστεύω era central para a teologia de Paulo e suas importantes conexões com a Septuaginta, especialmente Gênesis 15:16 (cf. Gl 3:6; Rm 4:3). Salmos 115:1, LXX ("Eu cri, por isso falei" [NETS]; cf. 2Co 4:13) e, mais amplamente [citado] no Novo Testamento, Isaías 53:1 ("quem creu em nossa mensagem?" [NRSV]; cf. Jo 12:38) concentram o foco na revelação e na transformação epistemológica exigida para dar sentido a Jesus Cristo e seu caminho cruciforme.

A tradição de Jesus teria inspirado Paulo a usar a linguagem de fé (veja cap. 4). Embora haja certa distância entre Paulo e Jesus teologicamente, parece difícil argumentar que a linguagem de fé empregada por Jesus não tenha tido efeito sobre o apóstolo. Jesus fez a escolha de enfatizar a linguagem de fé em sua proclamação, tanto é que se tornou uma característica constante na tradição de Jesus (e.g., Mc 1:15; 5:36; 9:23,24; cf. Mt 21:22; Lc 7:9). O modo particular de Jesus fazer isso dá a entender que ele estava recorrendo especialmente ao uso profético da terminologia da fé e do crer para atrair a atenção do povo de Deus para novas formas de perceber a obra do Senhor. Paulo, o líder religioso sem templo, sacerdócio ou imagens de culto, certamente teria sentido que era apropriado encorajar os seguidores gentios de Jesus a ousar crer no Deus invisível e reverenciar o Senhor crucificado.

Que relação têm as obras com a fé?

Em todo este livro, desmonto a noção de que Paulo tratava a fé (πίστις) e as obras como opostos ou alternativas. Sim, há de fato uma justaposição clara desses termos em Paulo, mas com que propósito? O que Paulo tinha contra as obras? O que Paulo queria dizer com fé e o que há nesse termo que o fazia tão central e todo-envolvente?

Em primeiro lugar, ninguém no mundo helenístico antigo teria pensado em πίστις como um passivo cinético (como em não ativo). Aliás, com frequência era considerado algo que a pessoa *faz* — alguém *faz* πίστις (e.g., Mt 23:23). A questão de πίστις envolvia fé e confiança, sem dúvida, mas, especialmente como uma virtude, ela era ativa, energizada, propulsora. Em segundo lugar, Paulo não tinha problema algum com as obras em si. Suas cartas estão intensamente voltadas ao fazer o que é bom e correto como uma questão de obrigação (e.g., 1Ts 5:15-22; Gl 6:9,10), e ele gasta muito tempo em suas cartas preparando seus convertidos gentios para a volta do Senhor, o que exige pureza moral e comportamento correto (Rm 15:6). Paulo não só pôde ressaltar a importância das boas obras (1Co 3:13-15), mas, mesmo em Gálatas, ele funde o vocabulário da fé (πίστις) e das obras (ἔργον) em referência ao *telos* da vida: "A única coisa que conta de verdade é a fé que opera por meio do amor [πίστις δι' ἀγάπης ἐνεργουμένη]" (5:6, NRSV).

Se Paulo não era antiobras, o que havia nas obras que o fez estabelecer um binário fé/obras? Tem havido tentativas de argumentar que Paulo não estava criticando as obras em si, mas as obras *da lei/Torá* em particular (em relação ao estabelecimento de uma identidade judaica interna). Há certamente muitas ocasiões em que a Torá está em vista, mas às vezes parece que obras (como obras propriamente) são um ponto claramente em foco (Rm 4:2-5; 9:32). Para Paulo, havia de fato um problema com a ênfase limitada em obras, mas não porque eram ativas demais ou porque isso pressupunha autojustiça. Antes, para Paulo, as obras *como* obras tornavam-se um problema quando elas substituíam ou depreciavam a πίστις. Para Paulo, (1) πίστις tinha um cerne relacional e (2) a Cristo-relação é central para esse relacionamento dinâmico. Isso pode explicar como Paulo podia usar πίστις como um tipo de abreviatura para falar do cristianismo, do caminho de Cristo, da experiência religiosa dos seguidores de Jesus, do evangelho de Jesus Cristo, da confiança em Cristo e assim por diante.

Essa é uma boa oportunidade para revisitar a interpretação que Lutero faz da fé e da cristologia em Paulo, porque a interpretação que o reformador faz de Paulo tem sido tema de discussões intensas, especialmente durante os últimos quarenta anos (com interesse *maior ainda* nos últimos anos) — e, ainda assim, há muitas percepções equivocadas sobre Lutero. (Lembrando Mark Twain, tenho receio de que as obras de Lutero estejam correndo o perigo de se tornarem clássicos: algo que todos querem citar, mas poucos na verdade *leem*). O capítulo 2 demonstra que os intérpretes de Lutero cometem dois erros comuns quando articulam sua soteriologia segundo Paulo. Em primeiro lugar, há uma pressuposição de que Lutero tinha *uma maneira* de entender Paulo, isto é, que Lutero tinha uma soteriologia coerente e consistente (focada na justificação pela fé). Isso não pode ser demonstrado, certamente não da maneira que era realidade para teólogos mais sistemáticos como Calvino. O próprio Lutero nunca se empenhou em articular uma teologia sistemática coerente. Precisamos ser cautelosos especialmente com seus escritos polêmicos, porque ele é teologicamente menos sistemático em tais ocasiões. Quando se trata de seus ensinos sobre *fé* em particular, com frequência se presume que para Lutero a ênfase recaía na imputação, no repúdio à justiça de obras autocentrada e na justificação. Obviamente todos esses assuntos eram partes importantes para a teo-lógica (por assim dizer) de Lutero, mas ele teria se sentido imensamente perturbado se algum desses termos ocupasse o centro do palco. Para Lutero, o que estava no centro de sua teologia não era uma ideia ou uma doutrina, mas *Cristo*. A imputação compreende e assume a *identificação com Cristo*. O repúdio da justiça por obras compreende e assume a rejeição da justificação autocentrada e a *relocação em Cristo*. Mesmo a "justificação pela fé" implica uma condição justa diante de Deus *por meio de Cristo*. Sem dúvida, o foco em obras leva a arrogância, autoilusão e idolatria — isso ele deixa claro. Mas Lutero nunca afirma que as obras, como obtenção de justiça ativa por mérito, são o oposto da fé, como se a fé fosse algo não ativo. Antes, Lutero falou sobre a fé como um amarrar o eu a Cristo por meio da crença e confiança.

Lutero não foi inteiramente sistemático na maneira em que articulou sua soteriologia paulina, mas especificamente este item — centralidade da Cristo-relação como a essência da fé — está na base estrutural de seu pensamento, e nessa área Lutero captou Paulo de forma acertada.

Voltando a Paulo, podemos começar com sua pressuposição sobre o cerne relacional da fé paulina e reconsiderar a questão das obras. Qual é o problema com as obras? Para Paulo, o problema com as obras não é que elas são más ou muito "autoativas", mas simplesmente que elas não constituem o cerne; o cerne é a Cristo-relação. A atitude negativa em relação às obras da Torá não tem nenhuma relação com essas obras em si e por si mesmas, exceto à medida que elas se tornam um ponto focal ou danificam potencialmente o cerne do relacionamento de fé e confiança. Para Paulo, tanto a fé quanto as obras importam, mas só pode haver um centro — Cristo, que é recebido e unido ao crente pela fé. A fé é o adesivo que conecta os crentes a Cristo (e, por meio de Cristo, a Deus).

Agência divina e humana: crer, confiar e fazer

Como a linguagem de fé em Paulo se relaciona com questões mais amplas sobre a agência divina e humana em Paulo? Πίστις acabou sendo emaranhada nesse debate e tem sido usada para argumentar a favor de diversas posições.

Richard Hays, por exemplo, tem se engajado extensivamente no debate πίστις Χριστοῦ ao longo dos anos e, assim, tem algumas ideias importantes sobre esse assunto. Mas, em um artigo em particular, ele afunila seu interesse na fé e na agência humana/divina em Gálatas.[11] Hays argumenta que a fé não deve focar na importância da operação humana da fé, mas em Cristo: "Em nenhuma parte em Gálatas Paulo dá ênfase à eficácia salvífica da atividade individual de 'crer'".[12] Hays também observa que Paulo não recorre em momento algum à fé/crença humana em Gálatas 3. Em seu artigo, Hays rearticula sua posição de que a interpretação "fidelidade de Cristo" da expressão πίστις Χριστοῦ está correta em Paulo e Gálatas por situar o peso teológico em Cristo, e não na crença humana. Ele enxerga essa posição como uma oposição a Lutero, que instou que "tudo o que precisamos fazer para sermos perdoados por Deus e reconciliados com ele é ouvir e crer".[13] Assim, Hays afirma que, para o apóstolo, é Cristo que salva e justifica, não a fé.[14]

---

[11]Richard B. Hays, "Jesus' faith and ours: a rereading of Galatians 3", in: Mark Lau Branson; C. René Padilla, orgs., *Conflict and context: hermeneutics in the Americas* (Grand Rapids: Eerdmans, 1986), p. 257-68.
[12]Hays, "Jesus' faith and ours", p. 261.
[13]Hays, "Jesus' faith and ours", p. 257.
[14]Hays, "Jesus' faith and ours", p. 261.

Mesmo que o artigo de Hays trate principalmente acerca de Gálatas 3, ele também menciona o uso de πίστις em 2:20 (δὲ νῦν ζῶ ἐν σαρκί, ἐν πίστει ζῶ τῇ τοῦ υἱοῦ τοῦ θεοῦ). Nessa passagem, Hays argumenta, Paulo "está afirmando que o sujeito atuante é Cristo, cuja fidelidade aqui está intimamente associada com seu autossacrifício em amor. Todo o contexto retrata Cristo como o agente ativo e Paulo como um instrumento por meio do qual e pelo qual Cristo agiu e age. Essa afirmação de prioridade da fidelidade de Cristo sobre nossa vontade e nossa ação é o pulsar teológico de toda a carta".[15]

Hays deve receber crédito por situar a ênfase de Paulo no lugar certo. É óbvio que Paulo não apostou muito no poder de justificação da capacidade humana para crer. Mas, ainda assim, eu detecto na análise de Hays uma estrutura de pensamento ou um/ou outro. *Se tudo o que a πίστις é é a fidelidade de Cristo, então ela nega ou rejeita o significado da fé humana.* Se alguém adota a interpretação fé-em-Cristo, para Hays isso implica imediatamente uma agência humana, que desvaloriza a agência divina. Esse composto binário é desnecessário e, no fim das contas, independentemente da formulação πίστις Χριστοῦ, Paulo reforça a importância *tanto* da libertação operada por Deus, por assim dizer, *quanto* da fé humana, mesmo que essas duas não sejam iguais.

Meu desejo é ir adiante de uma abordagem de total zero simplista da agência divina e humana, pela qual a matemática que torna a agência divina tão ampla e abrangente por necessidade reduz a agência humana a zero. Por mais conveniente que tal formulação pudesse ser para a compreensão do pensamento de Paulo, há suficientes nuanças e complexidades em Paulo para tornar isso indefensável. Quando estamos falando de Paulo, argumentar a favor de um alto nível de agência divina não necessariamente faz a balança pender para longe da agência humana. Em vez disso, Paulo parece confirmar *ambos*.[16]

---

[15]Hays, "Jesus' faith and ours", p. 264.
[16]Jeanette Hagen oferece uma abordagem adequadamente nuançada à linguagem de fé paulina que argumenta que o apóstolo tendia a usar πίστις para comunicar a dependência tanto "autonegadora" quanto "autoenvolvente" de Cristo; veja "Faith as participation: an exegetical study of some key Pauline texts" (dissertação de ph.D, Durham University, 2016).

■ PAULO E A LINGUAGEM DA FÉ ■

Já interagimos com a interpretação que Barth faz da linguagem de fé paulina (p. 46-7 e 205-6). Mas aqui também podemos brevemente trazer à conversa o comentário de Filipenses de Barth. Em todo o texto, Barth repetidamente afirma que Paulo de nenhuma forma promovia a eficácia da vontade ou da fé humana por si só. A perseverança (Fp 1:6) não é uma questão de resolução humana, mas de capacitação divina:

> *Nele* [Deus] a confiança de Paulo é depositada. Não foi Paulo que "começou a boa obra" em Filipos, nem foram os próprios filipenses que o fizeram ao se tornarem convertidos. Deus começou isso. Isso tira deles e dele [Paulo] *toda e qualquer* glória, *toda e qualquer* segurança própria, mas exatamente com isso também os livra de todo desânimo, toda reflexão inquiridora quanto a todos em Filipos ainda estarem sérios e determinados como no início e se manterem sempre assim; se vão guardar a fé ou talvez abandonar o caminho para o qual entraram. É uma questão da seriedade *de Deus*, da boa fé *de Deus*, do caminho *de Deus*.[17]

Mais tarde, em relação a 1:27 ("lutando juntos pela fé do evangelho"), Barth apresenta a mesma ideia. Aqui ele afirma explicitamente que Paulo usa um genitivo subjetivo (τῇ πίστει τοῦ εὐαγγελίου). Citando Fritz Horn, Barth escreve: "A fé não é minha, mas de Deus. Se eu luto pela minha fé, então não sei pelo que estou ansiando, nem mesmo se é duradoura ou se vale a pena. Se eu luto pela fidelidade de Deus, então eu mato o Golias".[18] Apesar da reação ostensivamente alérgica de Barth a qualquer interpretação da linguagem de fé que cheire a alguma contribuição mortal, ele consegue articular, não obstante, uma dimensão formativa para a fé humana também.

Em sua análise de 3:9, Barth presume que τὴν ἐκ θεοῦ δικαιοσύνην ἐπὶ τῇ πίστει se refere à fé cristã. Aqui Barth explica que a fé humana é crucialmente importante, mas não como qualquer tipo de agência soteriológica na maneira em que Cristo resgata. Entretanto, e

---

[17]Karl Barth, *The Epistle to the Philippians* (edição original, 1947; Louisville: Westminster John Knox, 2002), p. 17.
[18]Barth, *Philippians*, p. 47.

paradoxalmente, Barth refere-se à fé como um ato decisivo que em e de si mesmo *é* o "colapso de todo esforço da própria capacidade e vontade da pessoa, e o reconhecimento da necessidade absoluta de tal colapso".[19] Colocado de outra forma, para Barth (lendo Paulo), a fé mortal não tem relação com afirmar poder, mas exatamente com o oposto: tem relação com *ativamente* negar a si mesmo como que para relocar a si mesmo na justiça de Deus. O paradoxo que Barth levanta desafia a fórmula matemática da agência divina e humana: "Para a compreensão do conceito de *pistis* (fé), tudo depende de o suposto Objeto [da fé], Deus, ser entendido como de fato o Sujeito efetivo [realizador]".[20] E Barth compartilha com Lutero o mesmo uso da linguagem de "apreender/apreensão" em relação à fé: "Crer significa apreender a Deus e continuar repetidamente apreendendo a Deus em *sua* justiça como o Sujeito que age, significa dar a Deus a *glória* na autorrendição".[21] A fé não é justificação ativa, mas é a negação ativa de si mesmo e a vontade ativa de crer no único Deus que pode justificar — e crer que mesmo *essa* crença vem de Deus.

J. Louis Martyn também defende a concepção do genitivo subjetivo (fidelidade de Cristo) para a expressão πίστις Χριστοῦ. No seu comentário de Gálatas, Martyn pressiona claramente a favor da prioridade e proeminência da obra retificadora de Cristo. Ele não dá espaço para um entendimento em Paulo pelo qual o crente pesa as opções de salvação e então *escolhe* a Cristo "de maneira autônoma".[22] Mas, Martyn argumenta, o crente também não é uma marionete dançando por aí por compulsão divina. Martyn afirma que a prioridade precisa ser dada à obra preveniente (por falta de uma palavra melhor) de Cristo, que torna a fé humana possível. A fé em Cristo não tem relação com a capacidade humana de escolher Deus (i.e., liberdade da vontade), mas, antes, com "Deus libertando a vontade". Colocando isso em termos do estilo apocalíptico de Martyn: "Em Cristo, o Filho de Deus cuja fé está ativamente

---

[19]Barth, *Philippians*, p. 101.
[20]Barth, *Philippians*, p. 101-2.
[21]Barth, *Philippians*, p. 101. Veja a interpretação da linguagem de fé em Barth no prefácio de Francis Watson para o comentário de Barth (*Philippians*) com o título "Philippians as theological exegesis", espec. p. xliv-xlv.
[22]J. Louis Martyn, *Galatians*, Anchor Yale Bible (New Haven: Yale University Press, 1997), vol. 33A, p. 276.

encenada em sua morte, Deus invadiu a orbe humana e começou a batalha pela libertação da própria vontade humana. E, no caso dos que creem, essa invasão apocalíptica é a misteriosa gênese da fé em Cristo".[23]

É um tanto sutil, mas o uso do termo "misteriosa" por Martyn é revelador no que diz respeito à questão da agência divina e humana. A fidelidade de Cristo e a fé *em* Cristo não são iguais, mas elas tampouco servem como opostos em que um cancela o outro ou é substituto do outro. Mesmo que a obra retificadora ou a obediência de Cristo seja anterior e poderosa, ela é incompleta. Independentemente de como concebemos a fé humana, ela é o caminho necessário pelo qual os crentes *se engajam* com a obra de Deus em Cristo. "Agência" talvez não seja a melhor palavra; poderíamos preferir "participação" ou "associação" a fim de fazer avançar a discussão para longe das pressuposições sobre "contribuição" ou "mérito".

Não quero abusar do argumento, mas essa discussão em retrospectiva da questão da agência-divina-e-humana, com interesse especial pela linguagem de fé, pode ajudar a conceber novamente o assunto como mais do que uma fórmula (*que quantidade de contribuição divina e humana é igual à salvação?*). Isso não tem chance de subsistir com Paulo. *Cristo é tudo em todos!*, ele diria. Mas não podemos deixar de considerar como πίστις funciona para Paulo em termos antropológicos, epistemológicos e sociais como a *maneira* de os crentes se relacionarem com Deus por meio da Cristo-relação, que é necessariamente reflexiva e participativa (em aspectos sociais, volitivos, existenciais etc.).

A linguagem de fé bíblica está conectada ao conceito de aliança (p. 31-4 e 69-70, sobre a Septuaginta, e p. 175-91, sobre Gálatas). Isso é controverso,[24] mas, se fazemos a associação no âmbito mais amplo e simples, podemos obter benefícios dela sem correr riscos. No seu livro *The covenanted self* [O eu pactuado], Walter Brueggemann faz um trabalho magistral de articular a natureza dinâmica da participação

---

[23]Martyn, *Galatians*, p. 277.

[24]Veja Lester Grabbe, "Covenant in Philo and Josephus", in: *The concept of the covenant in the Second Temple period* (Boston: Brill, 2003), p. 251-66.

aliancística de acordo com as Escrituras.[25] Ele representa o drama da "vida com Deus" como dinâmico, à medida que o relacionamento muda em diferentes situações e contextos. Por exemplo, Brueggemann argumenta que, na situação do lamento, os humanos ousam tomar uma posição (aparentemente inapropriada) de se dirigir a Deus "com insistente imperativo",[26] ao passo que no louvor os adoradores humildemente respeitam a Deus como Senhor de tudo. Por mais estranho que possa parecer, isso é necessário porque "viver a comunhão com um 'Tu' responsivo e que toma a iniciativa requer precisamente tal vitalidade, energia, liberdade e coragem".[27] Esse relacionamento tem limites, e devemos evitar os dois extremos, o da *autonegação* e o da *autogratificação*. Brueggemann insiste a favor de um modelo de relacionamento divino e humano, uma vida de comunhão, que envolve "interação intencional e dialética".[28] Isso está relacionado a um estilo judaico do que ele chama de "*interacionalismo* [inter-agir], marcado por um tipo de mutualidade, ainda que não uma comensurabilidade".[29] Isso é exatamente o tipo de perspectiva relacional dinâmica que está faltando em muitas discussões de agência divina e humana em Paulo. Fé para Paulo não é uma obra, algo do que se orgulhar, algo em que confiar para justificação ou salvação; aliás, a não ser que alguém chame atenção para ela, ela opera de maneira invisível como um modo de engajamento ou orientação em direção a Deus. Somos compelidos a reconhecer a fé em Paulo como uma dádiva da graça de Deus; afinal, Paulo afirma que é o Criador Deus que fez a luz brilhar na escuridão do coração humano para revelar o evangelho na pessoa de Jesus (2Co 4:6). Mas também precisamos reconhecer as muitas coisas nas quais Paulo faz apelo direto à πίστις de seus convertidos (citações da NRSV):

Sua fé é proclamada no mundo inteiro (Rm 1:8; cf. 1Ts 1:8).

Permaneçam firmes em sua fé (1Co 16:13).

---

[25] Walter Brueggemann, *The covenanted self: explorations in law and covenant* (Minneapolis: Fortress, 1999).
[26] Brueggemann, *Covenanted self*, p. 18.
[27] Brueggemann, *Covenanted self*, p. 18.
[28] Brueggemann, *Covenanted self*, p. 19.
[29] Brueggemann, *Covenanted self*, p. 19.

Sua fé cresce (2Co 10:15).

O sacrifício e a oferta da sua fé (Fp 2:17).

Oramos com toda a intensidade para que possamos vê-los face a face e suprir o que ainda falta à sua fé (1Ts 3:10).

Sua fé está crescendo de forma abundante (2Ts 1:3).

Mesmo que Paulo nunca lhes dê um tapinha nas costas por sua πίστις como se ela fosse autogerada, ainda assim esses textos deixam bastante óbvio que a fé humana foi instrumental para um relacionamento saudável e crescente com Deus por meio de Jesus Cristo.[30] Dessa perspectiva, o temor de Hays — de que a fé humana será um "novo tipo de obra" — pode ser deixado de lado.[31]

Como os cristãos passaram a ser chamados crentes?

Essa é uma questão complicada, mas é uma investigação que tem importância histórica e teológica. Sem dúvida, Paulo fornece o registro mais antigo desse uso (1Ts 1:7), e seu uso e o livro de Atos, de Lucas, perfazem a grande maioria das ocorrências dessa linguagem.[32]

Paul Trebilco fez um trabalho importante sobre esse assunto em sua monografia *Self-designations and group identity in the New Testament* [Autodesignações e identidade de grupo no Novo Testamento].[33] Ele argumenta que (1) o rótulo "crentes" (*versus* descrentes) deve ter tido um papel importante de marcação de divisas sociais e de identidade social e (2) a linguagem com a terminologia "crente" apontava para a fé e a identificação com Cristo.[34] Alguns estudiosos têm tentado se

---

[30] Em *Homilias de Romanos 7* (sobre Rm 3:22), Crisóstomo escreve: "A fim de prevenir qualquer um de perguntar: 'Como podemos ser salvos sem contribuir com coisa alguma para a nossa salvação?', Paulo mostra que na verdade nós fazemos uma grande contribuição para ela — nós fornecemos a nossa fé!"; in: Gerald L. Bray, ed., *Romans*, Ancient Christian Commentary on Scripture (Downers Grove: InterVarsity, 1998), p. 100.

[31] Hays, "Christ's faith and ours", p. 260.

[32] Uma única exceção é 1Pedro 1:21, embora os escritos joaninos usem, com frequência, a linguagem de fé.

[33] Paul Trebilco, *Self-designations and group identity in the New Testament* (Cambridge: Cambridge University Press, 2012).

[34] Trebilco, *Self-designations*, p. 68-121.

afastar da linguagem associada ao termo "crentes" em direção a algo mais social como "leais".³⁵ O objetivo disso — admirável, admito — é reconhecer a natureza holística de πίστις e sua qualidade relacional. Mas isso rouba de Pedro para pagar a Paulo, por assim dizer. Chamar os cristãos de crentes implica um relacionamento próximo com o objeto, Cristo. Mas *outra* razão fundamental para que *essa* se tornasse a terminologia fundacional para os cristãos é a natureza singular de sua experiência e de suas expressões religiosas. Os primeiros cristãos eram "carolas" estranhos, segundo os padrões antigos. Eles (como judeus) não usavam símbolos ou imagens de culto. Os cristãos não iam a templos de forma regular. E o venerado desafiador da morte e salvador divino (Jesus) era invisível na época em que esse grupo ganhou velocidade.

Meu palpite é que "crença" se tornou uma palavra importante para pessoas que adoravam uma divindade não visível, e isso colocava ênfase especial na posterior *esperança* de vê-lo com seus próprios olhos na era final. Naquele momento, eles precisavam fixar seus olhos na realidade que não é visível, em uma realidade invisível, que está além da percepção visual (2Co 4.18). Embora 1Pedro obviamente não tenha sido escrito por Paulo, 1:8 aborda muito bem como a linguagem de crença captura esse senso de fé e esperança em uma verdade e um poder além das formas: "Mesmo não o tendo visto, vocês o amam; e, apesar de não o verem agora, creem nele e exultam com alegria indizível e gloriosa". E, de forma semelhante, as palavras do Jesus joanino: "Felizes os que não viram e creram" (Jo 20:29). Sem dúvida, os cristãos passaram a ser conhecidos por sua devoção a Jesus, disposta a aceitar a morte — e, portanto, leal ou fiel à sua divindade —, mas eles também eram distintos em virtude de suas crenças e práticas incomuns, alegando que corpos e comunidades eram templos e que eles mesmos eram habitados pelo *pneuma*, além da crença em um Senhor invisível que era rei sobre tudo e todos e que virá das nuvens em juízo e redenção. Para Paulo, essa era uma religião além da crença.

---

³⁵Veja Zerbe, "Believers as loyalists"; também Matthew Bates, *Salvation by allegiance alone: rethinking faith, works, and the gospel of Jesus the King* (Grand Rapids: Baker, 2017).

BIBLIOGRAFIA

ACHTEMEIER, Elizabeth. *Nahum-Malachi.* Interpretation (Louisville: Westminster John Knox, 1986).
ARZT-GRABNER, Peter. "Zum alltagssprachlichen Hintergrund von Πίστις". In: FREY, Jörg; SCHLIESSER, Benjamin; UEBERSCHAER, Nadine, orgs. *Glaube: das Verständnis des Glaubens im frühen Christentum und in seiner jüdischen und hellenistisch-römischen Umwelt. Wissenschaftliche Untersuchungenzum Neuen Testament* (Tübingen: Mohr Siebeck, 2017). vol. 373. p. 241-9.
ASHTON, John. *Understanding the Fourth Gospel* (Oxford: Oxford University Press, 1991).
AUNE, David E. *Revelation.* Word Biblical Commentary (Grand Rapids: Zondervan, 1997), vol. 52A-C, 3 vols.
BABUT, Daniel. "Du scepticisme au depassement de la raison: philosophie et foi religieuse chez Plutarque". In: *Parerga: Choix d'articles de D. Babut (1974-1994)* (Lyon: Maison de L'Orient Méditerranéen, 1994). p. 549-81.
BAGNALL, Roger S.; Raffaella CRIBIORE. *Women's letter from ancient Egypt, 300 BC-AD 800* (Ann Arbor: University of Michigan Press, 2006).
BAIRD, William. "Abraham in the New Testament: tradition and the new identity". *Interpretation* 42 (1988): 367-79.
BAMMEL, Ernst. "Galater i.23". *Zeitschrift für die neutestamentliche Wissenschaft* 59 (1968): 108-12.
BARCLAY, John M. G. "2 Corinthians". In: DUNN, James D. G., org., *Eerdmans Commentary on the Bible* (Grand Rapids: Eerdmans, 2003). p. 1353-73.
____. *Flavius Josephus: translation and commentary* (Boston: Brill, 2007). vol. 10: *Against Apion.*
____. *Obeying the truth: the study of Paul's ethics in Galatians* (Edinburgh: T&T Clark, 1988).
____. *Paul and the gift* (Grand Rapids: Eerdmans, 2015).

_____. *Paulo e o dom.* Tradução de Fabrizio Zandonadi Catenassi.; Fabiana Beckert; Jefferson Zeferino (São Paulo: Paulus, 2018).

_____.; Simon J. GATHERCOLE, orgs. *Divine and human agency in Paul and his cultural environment* (London, Reino Unido: T&T Clark, 2006).

BARRETT, C. K. *The Epistle to the Romans.* Black's New Testament Commentary (Peabody: Hendrickson, 1991).

_____. *The First Epistle to the Corinthians.* Black's New Testament Commentary (Peabody: Hendrickson, 1968).

_____. *The Second Epistle to the Corinthians.* Black's New Testament Commentary (Peabody: Hendrickson, 1991).

BARTH, Gerhard. "Glaube und Zweifel in den synoptischen Evangelien". *Zeitschrift für Theologie und Kirche* 72 (1975): 269-92.

_____. "Pistis in hellenisticher Religiosität". *Zeitschrift für die neutestamentliche Wissenschaft* 73 (1982): 110-26.

BARTH, Karl. *Church dogmatics, vol. 4: The doctrine of reconciliation.* Organização de G. W. Bromiley; T. F. Torrance (Edinburgh: T&T Clark, 1956).

_____. *Dogmatics in outline* (New York: Harper, 1959).

_____. *Esboço de uma dogmática* (São Paulo: Fonte, 2020).

_____. *The Epistle to the Philippians* (edição original: 1947; Louisville: Westminster John Knox, 2002).

_____. *The Epistle to the Romans.* Tradução para o inglês de Edwyn C. Hoskyns (London, Reino Unido: Oxford University Press, 1968).

_____. *A Carta aos Romanos.* Tradução de Uwe Wegner (São Leopoldo: Sinodal/Faculdades EST, 2016).

BARTH, Markus. *The Letter to Philemon.* Eerdmans Critical Commentary (Grand Rapids: Eerdmans, 2010).

BARTON, John. *Oracles of God* (Oxford: Oxford University Press, 2007).

BARTON, Stephen C. *The spirituality of the Gospels* (Peabody: Hendrickson, 1992).

BASSLER, Jouette. *Navigating Paul* (Louisville: Westminster John Knox, 2007).

BATES, Matthew W. *Salvation by allegiance alone: rethinking faith, works, and the gospel of Jesus the King* (Grand Rapids: Baker, 2017).

BAUER, David. *Structure of Matthew's Gospel: a study in literary design* (London, Reino Unido: Bloomsbury, 2015).

BEALE, G. K. *The book of Revelation.* New International Greek Testament Commentary (Grand Rapids: Eerdmans, 1999).

_____. "The Old Testament background of reconciliation in 2 Corinthians 5-7 and its bearing on the literary problem of 2 Corinthians 6:14-7:1". *New Testament Studies* 35 (1989): 550-81.

_____. *The temple and the church's mission* (Downers Grove: InterVarsity, 2005).

Beavis, Mary Ann. "Mark's teaching on faith". *Biblical Theology Bulletin* 16 (1986): 139-42.

Becker, Siegbert. *The foolishness of God: the place of reason in the theology of Martin Luther* (Milwaukee: Northwest, 1999).

Begg, Christopher T. *Josephus' account of the early divided monarchy (AJ 8,212-420)* (Leuven: Peeters, 1993).

Beker, J. Christiaan. *Paul the apostle: the triumph of God in light and thought* (Philadelphia: Fortress, 1994).

Best, Ernest. *A commentary on the First and Second Epistles to the Thessalonians*. Black's New Testament Commentary (Peabody: Hendrickson, 1972).

Blackwell, Ben C.; Goodrich, John K.; Maston, Jason, orgs. *Paul and the Apocalyptic imagination* (Minneapolis: Fortress, 2016).

Blomberg, Craig L. "Quotations, allusions, and echoes of Jesus in Paul". In: Ortlund, Dane C.; Harmon, Matthew S., orgs. *Studies in Pauline epistles* (Grand Rapids: Zondervan, 2014). p. 129-43.

Bloomquist, L. Gregory. "Subverted by joy: suffering and joy in Paul's Letter to the Philippians". *Interpretation* 61 (2007): 270-82.

Blumenthal, David. "The place of faith and grace in Judaism". In: Rudin, James; Wilson, Marvin R., orgs. *A time to speak* (Grand Rapids: Eerdmans, 1987). p. 104-14.

Boda, Mark J. *"Return to me": a biblical theology of repentance* (Downers Grove: InterVarsity, 2015).

Boespflug, Mark. "Is Augustinian faith rational?". *Religious Studies* 52 (2016): 63-79.

Böhm, Martina. "Zum Glaubensverständnis des Philo von Alexandrien". In: Frey, Jörg; Schliesser, Benjamin; Ueberschaer, Nadine, orgs. *Glaube: das Verständnis des Glaubens im frühen Christentum und in seiner jüdischen und hellenistisch-römischen Umwelt*. Wissenschaftliche Untersuchungen zum Neuen Testament (Tübingen: Mohr Siebeck, 2017). vol. 373. p. 159-81.

Boring, M. Eugene. *1 and 2 Thessalonians*. New Testament Library (Louisville: Westminster John Knox, 2015).

_____. *Mark*. New Testament Library (Louisville: Westminster John Knox, 2006).

_____. *Revelation*. Interpretation (Louisville: Westminster John Knox, 2011).

BORNKAMM, Günther. *Paul*. Tradução para o inglês de D. M. G. Stalker (New York: Harper & Row, 1971).

_____. *Paulo, vida e obra*. Tradução de Bertilo Brod (Petrópolis: Vozes, 1992).

BOWMAN, John W. "Three imperishables: a meditation on 1 Corinthians 13". *Interpretation* 13 (1959): 433-43.

BRAY, Gerald L., ed. *Romans*. Ancient Christian Commentary on Scripture (Downers Grove: InterVarsity, 1998).

BRIDGES, Linda M. "2 Corinthians 4:7-15". *Interpretation* 86 (1989): 391-6.

BROCKINGTON, Leonard H. *Ezra, Nehemiah, and Esther*. New Century Bible (London, Reino Unido: Nelson, 1969).

BROWN, Alexandra. *The cross and human transformation: Paul's Apocalyptic word in 1 Corinthians* (Minneapolis: Fortress, 1995).

BROWN, Raymond E. *The Gospel according to John I-XII*. Anchor Bible (Garden City: Doubleday, 1966). vol. 29.

_____. *Comentário ao Evangelho de João* (São Paulo: Paulus, 2020).

BRUCE, F. F. *The Epistle to the Galatians*. New International Greek Testament Commentary (Grand Rapids: Eerdmans, 1982).

BRUEGGEMANN, Walter. *The covenanted self: explorations in law and covenant* (Minneapolis: Fortress, 1999).

_____. *Reverberations of faith* (Louisville: Westminster John Knox, 2002).

BRUNER, F. Dale. *Matthew* (Grand Rapids: Eerdmans, 2004). vol. 2: *The Churchbook*.

BÜLOW-JACOBSEN, Adam. "Private letters". In: *Didymoi: Une garnison romaine dans le désert oriental d'Égypte, vol. 2: Les textes*. Fouilles del'Ifao (Cairo: Institut français d'archéologie orientale, 2012). vol. 67. p. 317-465.

BULTMANN, Rudolf. "*Pisteuō*". In: KITTEL, Gerhard; FRIEDRICH, Gerhard, orgs. *Theological dictionary of the New Testament: abridged edition*. Tradução para o inglês de Geoffrey W. Bromiley (Grand Rapids: Eerdmans, 1985). p. 849-57.

_____. *Theology of the New Testament*. Tradução para o inglês de K. Grobel (New York: Scribner, 1951, 1955). 2 vols.

_____. *Theologie des Neuen Testament* (Tübingen: Mohr Siebeck, 1948-1953).

_____. *Teologia do Novo Testamento* (Santo André: Academia Cristã, 2009).

CALVIN, John. *Commentary on Romans 1-16* (Grand Rapids: Baker, 1993).

____ [João CALVINO]. *Romanos*. Tradução de Valter Graciano Martins (São Paulo: Parakletos, 2001).

____. *Institutes of the Christian religion*. Tradução para o inglês de H. Beveridge (edição original: 1845; reimpr., Grand Rapids: Eerdmans, 1964). 2 vols.

____ [João CALVINO]. *As institutas* (São Paulo: Cultura Cristã, 2006).

CAMPBELL, Douglas A. "2 Corinthians 4:13: evidence in Paul that Christ believes". *Journal of Biblical Literature* 128 (2009): 337-56.

____. *The quest for Paul's gospel: a suggested strategy* (London, Reino Unido: T&T Clark, 2005).

____. "Romans 1:17 — a *Crux Interpretum* for the ΠΙΣΤΙΣ ΧΡΙΣΤΟΥ debate". *Journal of Biblical Literature* 113 (1994): 265-85.

CAMPBELL, William S. *Unity and diversity in Christ* (Cambridge: James Clarke, 2017).

CAREY, Greg. "Revelation as counter-imperial script". In: HORSLEY, R. A., org., *In the shadow of Empire: reclaiming the Bible as a history of faithful resistance* (Louisville: Westminster John Knox, 2008). p. 157-76.

CARLSON, Richard. "Whose faith? Reexamining the Habakkuk 2:4 citation with the communicative act of Romans 1:1-17". In: NOLL, K. L.; SCHRAMM, Brooks, orgs. *Raising up a faithful exegete: essays in honor of Richard D. Nelson* (Winona Lake: Eisenbrauns, 2010). p. 293-324.

CARSON, D. A. "Matthew". In: LONGMAN III, Tremper; GARLAND, David E., orgs. *Matthew and Mark*. New Expositor's Bible Commentary (Grand Rapids: Zondervan, 2005). p. 23-670.

CATCHPOLE, David. "The Son of Man's search for faith (Luke 18:8)". *Novum Testamentum* 19 (1973): 81-104.

CHARLESWORTH, James H. "Revelation and perspicacity in Qumran hermeneutics?". In: ROITMAN, Adolfo D.; SCHIFFMAN, Lawrence H.; TZOREF, Shani.*The Dead Sea Scrolls and contemporary culture* (Boston: Brill, 2011). p. 161-80.

CHESTER, Stephen. *Reading Paul with the Reformers* (Grand Rapids: Eerdmans, 2017).

CHIRAPARAMBAN, Varghese P. "The translation of Πίστις and its cognates in the Pauline epistles". *Bible Translator* 66 (2015): 176-89.

CHROUST, Anton-Hermann. "Treason and patriotism in Ancient Greece". *Journal of the History of Ideas* 15 (1954): 280-8.

CLENDENEN, Ray. "Salvation by faith or by faithfulness in the book of Habakkuk". *Bulletin for Biblical Research* 24 (2014): 505-15.

COLLANGE, J. F. *Enigmes de la deuxieme epitre aux Corinthiens: Etude exegetique de 2 Cor* (Cambridge: Cambridge University Press, 1972).

COLLINS, Raymond F. *First Corinthians*. Sacra Pagina (Collegeville: Liturgical, 1999). vol. 7.

COUSAR, Charles B. "1 Corinthians 2:1-13". *Interpretation* 44 (1990): 169-73.

COX, Steven L. "1 Corinthians 13 — an antidote to violence: love". *Review and Expositor* 93 (1996): 529-36.

CRANFIELD, C. E. B. *A critical and exegetical commentary on the Epistle to the Romans*. International Critical Commentary (Edinburgh: T&T Clark, 1975). 2 vols.

CROOK, Zeba. *Reconceptualising conversion: patronage, loyalty, and conversion in the religions of the Ancient Mediterranean*. Beihefte zur Zeitschrift für dieneutestamentliche Wissenschaft (Berlin: de Gruyter, 2004). vol. 130.

CULPEPPER, R. Alan. *Mark*. Smyth & Helwys Biblical Commentary (Macon: Smyth & Helwys, 2007).

DANKER, Frederick W.; BAUER, Walter; ARNDT, William F.; GINGRICH, F. Wilbur. *A Greek-English lexicon of the New Testament and other early Christian literature*. 3. ed. (Chicago: University of Chicago Press, 2000).

DAS, Andrew A. *Galatians* (Concordia Commentary. St. Louis: Concordia, 2014).

DAVIES, W. D.; ALLISON, Dale C. *Matthew*. International Critical Commentary (Edinburgh: T&T Clark, 1988-1997). 3 vols.

DE BOER, Martinus. *Galatians* (Louisville: Westminster John Knox, 2011).

DEISSMANN, Adolf. *St. Paul: a study in social and religious history* (New York: Hodder & Stoughton, 1912).

DESILVA, David A. *Galatians: a handbook on the Greek New Testament* (Baylor Handbook on the Greek New Testament (Waco: Baylor University Press, 2014).

_____. *Honor, patronage, kinship, and purity: unlocking New Testament culture* (Downers Grove: InterVarsity, 2012).

_____. *An introduction to the New Testament* (Downers Grove: InterVarsity, 2004).

_____. "Measuring penultimate against ultimate: an investigation of the integrity and argumentation of 2 Corinthians". *Journal for the Study of the NeTestament* 52 (1993): 41-70.

DIÃO CRISÓSTOMO. *Orations*. Tradução para o inglês de James W. Cohoon. LCL (Cambridge: Harvard University Press, 1971). vol. 385.

DIONÍSIO DE HALICARNASSO. *Roman antiquities*. Tradução para o inglês de Earnest Cary. LCL (Cambridge: Harvard University Press, 1950). vol. 338.

DODD, C. H. *According to the Scriptures* (London, Reino Unido: Nisbet, 1952).

_____. *Segundo as Escrituras*. Tradução de José Raimundo Vidigal (São Paulo: Paulinas, 1986).

DONAHUE, John R. *The gospel in parable: metaphor, narrative, and theology in the Synoptic Gospels* (Minneapolis: Fortress, 1988).

DUNN, James D. G. *1 Corinthians* (Sheffield, Reino Unido: Sheffield Academic Press, 1995).

_____. "The Christian life from the perspective of Paul's Letter to the Galatians". In: McKnight, S.; Modica, J. B., orgs. *The apostle Paul and the Christian life* (Grand Rapids: Baker, 2016). p. 1-18.

_____. *O apóstolo Paulo e a vida cristã* (Maceió: Sal Cultural, s.d.).

_____. "Epilogue". In: BIERINGER, Reimund; POLLEFEYT, Didier, orgs. *Paul and Judaism: crosscurrents in Pauline exegesis and the study of Jewish-Christian relations* (London, Reino Unido: T&T Clark, 2012). p. 208-20.

_____. "ΕΚ ΠΙΣΤΕΩΣ: a key to the meaning of ΠΙΣΤΙΣ ΧΡΙΣΤΟΥ". In: WAGNER, J. Ross; ROWE, C. Kavin; GRIEB, A. Katherine, orgs. *The word leaps the gap* (Grand Rapids: Eerdmans, 2008). p. 351-66.

_____. *The Epistle to the Galatians*. Black's New Testament Commentary (Peabody: Hendrickson, 1993).

_____. *Jesus remembered* (Grand Rapids: Eerdmans, 2003).

_____. "The new perspective on Paul". *Bulletin of the John Rylands University Library of Manchester* 65 (1983): 95-122.

_____. *The new perspective on Paul* (Grand Rapids: Eerdmans, 2008).

_____. *A nova perspectiva sobre Paulo* (São Paulo: Paulus, 2011).

_____. "The theology of Galatians". In: BASSLER, J. M., org. *Pauline theology* (Minneapolis: Fortress, 1991). 1:138-46.

_____. *The theology of Paul the apostle* (Grand Rapids: Eerdmans, 1998).

_____. *A teologia do apóstolo Paulo*. Tradução de Edwino Royer (São Paulo: Paulus, 2003).

_____. *The theology of Paul's letter to the Galatians*. New Testament Theology. (Cambridge: Cambridge University Press, 1993).

_____. *Unity and diversity in the New Testament* (Philadelphia: Westminster, 1977).

_____. *Unidade e diversidade no Novo Testamento* (Santo André: Academia Cristã, 2009).

_____. "What's right about the old perspective on Paul?". In: HARMON, Matthew S.; SMITH, Jay E., orgs. *Studies in the Pauline epistles* (Grand Rapids: Zondervan, 2014). p. 214-29.

EASTER, Matthew C. *Faith and the faithfulness of Jesus in Hebrews*. Society for New Testament Studies Monograph (Cambridge: Cambridge University Press, 2014). vol. 160.

_____. "The *Pistis Christou* debate: main arguments and responses in summary". *Currents in Biblical Research* 9 (2010): 33-47.

EHRMAN, Bart. *The Apostolic Fathers, vol. 1: I Clement, II Clement, Ignatius, Polycarp, Didache*. LCL (Cambridge: Harvard University Press, 2003). vol. 24.

EICHRODT, Walther. "Covenant and law". *Interpretation* 20 (1966): 302-21.

ELLIOTT, Mark W. "Πίστις Χριστοῦ in the church fathers and beyond". In: BIRD, Michael F.; SPRINKLE, Preston M., orgs. *The faith of Jesus Christ: exegetical, biblical, and theological studies* (Peabody: Hendrickson, 2010). p. 279-90.

EVANS, Craig A. "Prophet, sage, healer, Messiah: types and identities of Jesus". In: HOLMÉN, T.; PORTER, Stanley E., orgs. *Handbook for the study of the historical Jesus* (Leiden: Brill, 2010). p. 1219-22.

FEE, Gordon D. *The first Epistle to the Corinthians*. ed. rev. New International Commentary on the New Testament (Grand Rapids: Eerdmans, 2014).

_____. *1Coríntios* (São Paulo: Vida Nova, 2019).

_____. *Paul's letter to the Philippians*. New International Commentary on the New Testament (Grand Rapids: Eerdmans, 1995).

FELDMAN, Louis H. *Judaism and Hellenism reconsidered* (Boston: Brill, 2006).

FINDLAY, George G. *The Epistle to the Galatians* (New York: Armstrong, 1902).

FINNEY, Mark T. *Honour and conflict in the ancient world: 1 Corinthians in its Greco-Roman setting*. Library of New Testament Studies (London, Reino Unido: T&T Clark, 2012).

FITZMYER, Joseph. *The Gospel according to Luke*. Anchor Yale Bible (Garden City: Doubleday, 1981-1985). vol. 28. 2 vols.

_____. *Pauline theology: a brief sketch* (Englewood Cliffs: Prentice-Hall, 1967).

_____. *Romans*. Anchor Yale Bible (New York: Doubleday, 1993). vol. 33.

FOSDICK, Harry Emerson. *The meaning of faith* (New York: Association, 1917).

FRANCE, R. T. *The Gospel according to Matthew*. New International Commentary on the New Testament (Grand Rapids: Eerdmans, 2007).

_____. *The Gospel of Mark*. New International Greek Testament Commentary (Grand Rapids: Eerdmans, 2002).

Frazier, Françoise. "Returning to 'religious' ΠΙΣΤΙΣ: Platonism and piety in Plutarch and Neoplatonism". In: van der Heiden, Gert-Jan; van Kooten, George; Cimino, Antonio, orgs. *Saint Paul and philosophy* (New York: de Gruyter, 2017). p. 189-208.

Frey, Jörg; Schliesser, Benjamin; Ueberschaer, Nadine, orgs. *Glaube: das Verständnis des Glaubens im frühen Christentum und in seiner jüdischen und hellenistisch-römischen Umwelt*.Wissenschaftliche Untersuchungen zum Neuen Testament (Tübingen: Mohr Siebeck, 2017). vol. 373.

Furnish, Victor P. *II Corinthians*. Anchor Yale Bible (Garden City: Doubleday, 1984). vol. 23A.

_____. *Jesus according to Paul* (Cambridge: Cambridge University Press, 1993).

_____. *Theology and ethics in Paul* (Louisville: Westminster John Knox, 2009).

_____. *The theology of the First Letter to the Corinthians*. New Testament Theology (Cambridge: Cambridge University Press, 1999).

Garland, David E. *2 Corinthians*. New American Commentary (Nashville: Broadman & Holman, 1999).

_____. *First Corinthians*. Baker Exegetical Commentary on the New Testament (Grand Rapids: Baker, 2003).

Garlington, Don. "Resenhas de *Paul and Judaism revisited*". *Journal of the Evangelical Theological Society* 57 (2014): 442-6.

Gaventa, Beverly R. *First and Second Thessalonians*. Interpretation (Louisville: Westminster John Knox, 1998).

_____. "Galatians". In: Rogerson, J. W.; Dunn, James D. G., orgs. *Eerdmans commentary on the Bible* (Grand Rapids: Eerdmans, 2003). p. 1374-84.

Geoffrion, Timothy. *The rhetorical purpose and the political and military character of Philippians: a call to stand firm* (Lewiston: Mellen, 1993).

Georgi, Dieter. "God upside down". In: Horsley, R. A., org. *Paul and Empire: religion and power in Roman imperial society* (Harrisburg: Trinity, 1997). p. 148-57.

_____. *Paulo e o Império: religião e poder na sociedade imperial romana*. Tradução de Adail Ubirajara Sobral (São Paulo: Paulus, 2004).

Gorman, Michael J. *Becoming the gospel: Paul, participation, and mission* (Grand Rapids: Eerdmans, 2015).

_____. *The death of the Messiah and the birth of the covenant* (Eugene: Wipf & Stock, 2014).

GOULDER, Michael. "2 Cor. 6:14-7:1 as an integral part of 2 Corinthians". *Novum Testamentum* 36 (1994): 49-57.

GOWAN, Donald. "Habakkuk, book of". In: SAKENFELD, Katharine Doob, org. *The new interpreter's dictionary of the Bible* (Nashville: Abingdon, 2006-2009). 2:705-9.

GRABBE, Lester. "Covenant in Philo and Josephus". In: *The concept of the covenant in the Second Temple period* (Boston: Brill, 2003). p. 251-66.

GRIEB, A. Katherine. *The story of Romans: a narrative defense of God's righteousness* (Grand Rapids: Eerdmans, 2002).

GRINDHEIM, Sigurd. "'Everything is possible for one who believes': faith and healing in the New Testament". *Trinity Journal* 26 (2005): 11-7.

GUNDRY, Robert. *Matthew: a commentary on his literary and theological art* (Grand Rapids: Eerdmans, 1982).

GUPTA, Nijay K. *1-2 Thessalonians* (Eugene: Wipf & Stock, 2015).

_____. *1-2 Thessalonians*. Zondervan Critical Introductions to the New Testament (Grand Rapids: Zondervan, 2019).

_____. "Fighting the good fight: the good life in Paul and the giants of philosophy". In: BRIONES, David; DODSON, Joseph R., orgs. *Paul and the giants of philosophy* (Downers Grove: InterVarsity, 2019).

_____. "Mirror-reading moral issues in Paul's letters". *Journal for the Study of the New Testament* 34 (2012): 361-81.

_____. "Paul and the *Militia Spiritualis* Topos in 1 Thessalonians". In: DODSON, J. R.; PITTS, A. W., orgs. *Paul and the Greco-Roman philosophical tradition* (London, Reino Unido: T&T Clark, 2017). p. 13-32.

GUTHRIE, George. *2 Corinthians*. Baker Exegetical Commentary on the New Testament (Grand Rapids: Baker, 2015).

HAGEN, Jeanette. "Faith as participation: an exegetical study of some key pauline texts" (dissertação de PhD, Durham University, 2016).

HAGNER, Donald A. "Matthew: Christian Judaism or Jewish Christianity?". In: McKNIGHT, S.; OSBORNE, G., orgs. *The face of New Testament studies: a survey of recent research* (Grand Rapids: Baker, 2004). p. 263-82.

_____. *Matthew*. Word Biblical Commentary (Grand Rapids: Zondervan, 1993-1995). vol. 33 A-B. 2 vols.

HAN, Paul. *Swimming in the sea of Scripture: Paul's use of the Old Testament in 2 Corinthians 4:7-13:13*. Library of New Testament Studies (London, Reino Unido: T&T Clark, 2014).

HANSON, A. T. *Studies in Paul's technique and theology* (London, Reino Unido: SPCK, 1974).

HARRINGTON, Daniel J. *The Gospel of Matthew*. Sacra Pagina (Collegeville: Liturgical, 1991). vol. 1.

_____. "Paul's use of the Old Testament in Romans". *Studies in Christian-Jewish Relations* 4 (2009): 1-8.

HARRIS, Murray J. *The Second Epistle to the Corinthians*. New International Greek Testament Commentary (Grand Rapids: Eerdmans, 2005).

HARRISON, James. *Paul and the imperial authorities at Thessalonica and Rome*. Wissenschaftliche Untersuchungen zum Neuen Testament (Tübingen: Mohr Siebeck, 2011). vol. 273.

HARRISVILLE, Roy A. *1 Corinthians* (Minneapolis: Fortress, 1987).

_____. "Paul and the Psalms: a formal study". *Word and World* 5 (1985): 168-79.

_____. "ΠΙΣΤΙΣ ΧΡΙΣΤΟΥ: witness of the fathers". *Novum Testamentum* 36 (1994): 233-41.

HAWTHORNE, Gerald F. "Faith: the essential ingredient of effective Christian ministry". In: WILKINS, M. H.; PAIGE, T., orgs. *Worship, theology, and ministry in the early church*. Journal for the Study of the New Testament Supplement (Sheffield, Reino Unido: JSOT, 1992). vol. 87. p. 249-59.

HAY, David. "Pistis as 'ground for faith' in Hellenized Judaism and Paul". *Journal of Biblical literature* 108 (1989): 461-76.

HAYS, Richard B. *1 Corinthians*. Interpretation (Louisville: Westminster John Knox, 1997).

_____. "Jesus' faith and ours: a rereading of Galatians 3". In: BRANSON, Mark Lau; PADILHA, C. René, orgs. *Conflict and context: hermeneutics in the Americas* (Grand Rapids: Eerdmans, 1986). p. 257-68.

_____. "The Letter to the Galatians". In: KECK, Leander E., org. *The new interpreter's Bible* (Nashville: Abingdon, 2000). 11:181-348.

_____. "Lost in translation: a reflection on Romans in the common English Bible". In: DOWNS, David; SKINNER, Matthew, orgs. *The unrelenting God* (Grand Rapids: Eerdmans, 2014). p. 83-101.

_____. "Πίστις and Pauline Christology: what is at stake?". In: *The faith of Jesus Christ* (Grand Rapids: Eerdmans, 2002). p. 272-98.

_____. "'The righteous one': an eschatological deliverer: a case study in Paul's apocalyptic hermeneutics". In: MARCUS, Joel; SOARDS, Marion L., orgs. *Apocalyptic and the New Testament*. Journal for the Study of the New

Testament Supplement (Sheffield, Reino Unido: JSOT, 1988). vol. 24. p. 191-215.

_____. "Three dramatic roles: the law in Romans 3-4". In: DUNN, James D. G., org. *Paul and the Mosaic Law* (Grand Rapids: Eerdmans, 2000). p. 151-64.

_____. "Wisdom according to Paul". In: BARTON, S. C., org. *Where shall wisdom be found?* (Edinburgh: T&T Clark, 1998). p. 111-23.

HEALY, Mary. "Knowledge of the mystery: a study of Pauline epistemology". In: HEALY, Mary; PARRY, Robin A., orgs. *The Bible and epistemology* (Eugene: Wipf & Stock, 2007). p. 134-58.

HELISO, Desto. *Pistis and the righteous me: a study of Romans 1:17 against the background of Scripture and Second Temple Jewish literature.* Wissenschaftliche Untersuchungen zum Neuen Testament (Tübingen: Mohr Siebeck, 2007). vol. 235.

HELLERMAN, Joseph. *Reconstructing honor in Roman Philippi.* Society for New Testament Studies Monograph (Cambridge: Cambridge University Press, 2005). vol. 132.

HERMAN, Gabriel. *Ritualised friendship and the Greek city* (Cambridge: Cambridge University Press, 2002).

HIEBERT, Theodore. "The book of Habakkuk". In: KECK, Leander E., org. *The new interpreter's Bible* (Nashville: Abingdon, 1997). 7:623-55.

HILL, H. "Dionysius of Halicarnassus and the origins of Rome". *Journal of Roman Studies* 51 (1961): 88-93.

HIRSCH-LUIPOLD, Rainer. "Religiöse Tradition und individueller Glaube: Πίστις und Πιστεύειν bei Plutarch". In: FREY, Jörg; SCHLIESSER, Benjamin; UEBERSCHAER, Nadine, orgs. *Glaube: das Verständnis des Glaubens im frühen Christentum und in seiner jüdischen und hellenistisch-römischen Umwelt.* Wissenschaftliche Untersuchungen zum Neuen Testament (Tübingen: Mohr Siebeck, 2017). vol. 373. p. 251-73.

HOLLOWAY, Paul. *Philippians.* Hermeneia (Minneapolis: Fortress, 2017).

HOLMES, Michael W. *The apostolic Fathers in English* (Grand Rapids: Baker, 2006).

_____. *The apostolic Fathers: Greek texts and English translations.* 3. ed (Grand Rapids: Baker, 2007).

HOOKER, Morna D. *From Adam to Christ: essays on Paul* (Eugene: Wipf & Stock, 1990).

_____. "Phantom opponents and the real source of conflict". In: RAÏSAÑEM, Heikki; DUNDERBERG, Ismo; TUCKETT, C. M.; SYREENI, Kari, orgs. *Fair play: diversity and conflict in early Christianity*. Novum Testamentum Supplement (Leiden: Brill, 2002). vol. 103. p. 377-95.

HOPPER, David H. *Divine transcendence and the culture of change* (Grand Rapids: Eerdmans, 2010).

HORSLEY, Richard. *Wisdom and spiritual transcendence in Corinth* (Eugene: Wipf & Stock, 2008).

HOUGHTON, Myron J. "A reexamination of 1 Corinthians 13:8-13". *Bibliotheca Sacra* 153 (1996): 344-56.

HULTGREN, Arland J. *Paul's Letter to the Romans* (Grand Rapids: Eerdmans, 2011).

HUNN, Debbie. "Debating the faithfulness of Jesus Christ in twentieth-century scholarship". In: BIRD, M. F.; SPRINKLE, P. M., orgs. *The faith of Jesus Christ: exegetical, biblical, and theological studies* (Peabody: Hendrickson, 2009). p. 15-31.

HUNTER, A. M. *Paul and his predecessor* (London, Reino Unido: SCM, 1961).

INKELAAR, Harm-Jan. *Conflict over wisdom: the theme of 1 Corinthians 1-4 rooted in Scripture* (Leuven: Peeters, 2011).

JANSEN, Joseph "Greek oath breakers?". *Mnemosyne* 67 (2014): 122-30.

JERVIS, L. Ann. *At the heart of the gospel* (Grand Rapids: Eerdmans, 2007).

JEWETT, Robert. *Romans*. Hermeneia (Minneapolis: Fortress, 2007).

JOHNSON, Andy. "Response to Witherington". *Ex Auditu* 24 (2008): 176-80.

JOHNSON, Dru. *Biblical knowing: a Scripture epistemology of error* (Eugene: Wipf & Stock, 2013).

JOHNSON, Elizabeth. "Paul's reliance on Scripture in 1 Thessalonians". In: STANLEY, Christopher D., org. *Paul and Scripture: extending the conversation* (Atlanta: Society of Biblical Literature, 2011). p. 143-61.

JOHNSON, Luke Timothy. *The Creed* (New York: Doubleday, 2003).

_____. *The Gospel of Luke*. Sacra Pagina (Collegeville: Liturgical Press,1991). vol. 3.

_____. *Hebrews*. New Testament Library (Louisville: Westminster John Knox, 2006).

_____. *Reading Romans* (Macon: Smyth & Helwys, 2001).

KAISER, Walter C. *The Christian and the Old Testament* (Pasadena: William Carey Library, 1998).

KÄSEMANN, Ernst. *Perspectives on Paul*. Tradução para o inglês de M. Kohl (London, Reino Unido: SCM,1971).

_____. *Perspectivas paulinas* (São Paulo, Paulinas, 1980).

KAUPPI, Lynn Allan. *Foreign but familiar gods: Greco-Romans read religion in Acts*. Library of New Testament Studies (London, Reino Unido: T&T Clark, 2006).

KECK, Leander. *Paul and his letters* (Philadelphia: Fortress, 1979).

_____. *Romans*. Abingdon New Testament Commentary (Nashville: Abingdon, 2005).

KEENER, Craig S. *1-2 Corinthians* (Cambridge: Cambridge University Press, 2005).

_____. "Paul and the Corinthian believers". In: WESTERHOLM, Stephen, org. *Blackwell companion to Paul* (Oxford: Blackwell, 2011). p. 46-62.

_____. *Romans*. New Covenant Commentary Series (Eugene: Wipf & Stock, 2009).

_____. *Comentário de Romanos* (São Paulo: Reflexão, 2019).

KENNEDY, George. *New Testament interpretation through rhetorical criticism* (Chapel Hill: University of North Carolina Press, 1984).

KIM, Yung Suk. *Truth, testimony, and transformation* (Eugene: Wipf & Stock, 2014).

KINGSBURY, Jack D. *The Christology of Mark's Gospel* (Philadelphia: Fortress, 1983).

KNOWLES, Michael P. "Paul's 'affliction' in Second Corinthians: reflection, integration, and a pastoral theology of the cross". *Journal of Pastoral Theology* 15 (2005): 64-77.

KOCH, D.-A. "Der Text von Hab 2:4b in der Septuaginta und im Neuen Testament". *Zeitschrift für die neutestamentliche Wissenschaft* 76 (1985): 68-85.

KOESTER, Craig. *Revelation and the end of all things*. 2. ed (Grand Rapids: Eerdmans, 2018).

_____. *The word of life: a theology of John's Gospel* (Grand Rapids: Eerdmans, 2008).

KONSTAN, David. "Trusting in Jesus". *Journal for the Study of the New Testament* 40 (2018): 247-54.

KRAFTCHICK, Steve J. "Death in us, life in you: the apostolic medium". In: HAY, David M., org. *Pauline theology: 1 and 2 Corinthians* (Atlanta: Society of Biblical Literature, 2002). 2:156-81.

KRAUS, Wolfgang. "Hab 2,3-4 in der hebräischen und griechischen Texttradition mit einem Ausblick auf das Neue Testament". In: CAULLEY,

BIBLIOGRAFIA

Thomas S.; LICHTENBERGER, Hermann, orgs. *Die Septuaginta und das frühe Christentum*. Wissenschaftliche Untersuchungen zum Neuen Testament (Tübingen: Mohr Siebeck, 2011). vol. 277. p. 153-73.

KRAUTER, Stefan. "'Glaube' im Zweiten Makkabäerbuch". In: FREY, Jörg; SCHLIESSER, Benjamin; UEBERSCHAER, Nadine, orgs. *Glaube: das Verständnis des Glaubens im frühen Christentum und in seiner jüdischen und hellenistisch-römischen Umwelt*. Wissenschaftliche Untersuchungenzum Neuen Testament (Tübingen: Mohr Siebeck, 2017). vol. 373. p. 207-18.

KRENTZ, Edgar. "Military language and metaphors in Philippians". In: MCLEAN, B. H., org. *Origins and method: towards a new understanding of Judaism and Christianity* (Sheffield, Reino Unido: JSOT, 1993). p. 105-27.

KRUSE, Colin. *Paul's Letter to the Romans*. Pillar New Testament Commentary (Grand Rapids: Eerdmans, 2012).

KUGLER, Chris. "ΠΙΣΤΙΣ ΧΡΙΣΤΟΥ: the current state of Paul and the key arguments". *Currents in Biblical Research* 14 (2016): 244-55.

KUREK-CHOMYCZ, Dominika A. "The scent of (mediated) revelation?". In: BIERINGER, Reimund et al, orgs. *Theologizing in the Corinthian conflict: studies in the exegesis and theology of 2 Corinthians* (Leuven: Peeters, 2013). p. 69-107.

LAMBRECHT, Jan. "The fragment 2 Cor 6:14-7:1: a plea for its authenticity". *Miscellanea neotestamentica* 2 (1978): 143-61.

____. "A matter of method (II): 2 Cor 4,13 and the recent studies of Schenck and Campbell". *Ephemerides Theologicae Lovanienses* 86 (2010): 441-8.

____. "Reconcile Yourselves...: a reading of 2 Corinthians 5:11-21". In: BIERINGER, Reimund; LAMBRECHT, Jan, orgs. *Studies in 2 Corinthians.* (Leuven: Leuven University Press, 1994). p. 363-412.

LAMPE, Peter. "Theological wisdom and the 'word about the cross': the rhetorical scheme in 1 Corinthians 1-4". *Interpretation* 44 (1990): 117-31.

LAND, Christopher. *The integrity of 2 Corinthians and Paul's aggravating absence* (Sheffield, Reino Unido: Sheffield Phoenix, 2015).

LANE, William. *Hebrews 9-13*. Word Biblical Commentary (Grand Rapids: Zondervan, 1991). vol. 47B.

LASOR, William S.; HUBBARD, David A.; BUSH, F. W. *Old Testament survey* (Grand Rapids: Eerdmans, 1982).

____; ____; ____. *Introdução ao Antigo Testamento* (Vida Nova, 2002).

LAW, T. Michael. *When God spoke Greek* (Oxford: Oxford University Press, 2013).

LENDON, Jon E. *Empire of honour* (Oxford: Oxford University Press, 1997).

LENSKI, Richard C. H. *The interpretation of st. Paul's Epistle to the Galatians* (edição original, 1946; Minneapolis: Fortress, 2008).

LEVENSON, Jon D. "The conversion of Abraham to Judaism, Christianity, and Islam". In: NAJMAN, H.; NEWMAN, J. H., orgs. *The idea of biblical interpretation* (Boston: Brill, 2004). p. 3-40.

____. *The love of God: divine gift, human gratitude, and mutual faithfulness in Judaism* (Princeton: Princeton University Press, 2015).

LIM, Timothy. *Pesharim* (London, Reino Unido: Continuum, 2002).

LINCOLN, Andrew T. *Truth on trial: the lawsuit motif in the Fourth Gospel* (Peabody: Hendrickson, 2000).

LINDGARD, Fredrik. *Paul's line of thought in 2 Corinthians 4:16-5:10.* Wissenschaftliche Untersuchungen zum Neuen Testament (Tübingen: Mohr Siebeck, 2005). vol. 189.

LINDSAY, Dennis R. *Josephus and faith: Πίστις and Πιστεύειν as faith terminology in the writings of Flavius Josephus and in the New Testament* (Boston: Brill, 1993).

____. "Πίστις in Flavius Josephus and the New Testament". In: FREY, Jörg; SCHLIESSER, Benjamin; UEBERSCHAER, Nadine, orgs. *Glaube: das Verständnis des Glaubens im frühen Christentum und in seiner jüdischen und hellenistisch-römischen Umwelt.* Wissenschaftliche Untersuchungen zum Neuen Testament (Tübingen: Mohr Siebeck, 2017). vol. 373. p. 183-205.

LOHSE, Bernhard. *Martin Luther's theology: its historical and systematic development* (Minneapolis: Fortress, 1999).

LONGENECKER, Bruce W. *The triumph of Abraham's God* (Edinburgh: T&T Clark, 1998).

LONGENECKER, Richard N. *The Epistle to the Romans.* New International Greek Testament Commentary (Grand Rapids: Eerdmans, 2016).

____. *Galatians.* Word Biblical Commentary (Grand Rapids: Zondervan, 1990). vol. 41.

LOUW, Johannes P.; ALBERT NIDA, Eugene. *Greek-English lexicon of the New Testament: based on semantic domains* (New York: United Bible Societies, 1996). 2 vols.

____. *Léxico grego-português do Novo Testamento: baseado em domínios semânticos* (Barueri: Sociedade Bíblica do Brasil, 2013).

LÜHRMANN, Dieter. "Pistis im Judentum". *Zeitschrift für die neutestamentliche Wissenschaft* 64 (1973): 19-38.

LUTERO, Martinho. *Commentary on the Epistle to the Galatians*. Tradução para o inglês de T. Graebner (Grand Rapids: Zondervan, 1965).

_____. *Luther's works*. Edição de Jaroslav Pelikan; Helmut T. Lehmann (Philadelphia: Fortress, 1900-1986).

LUZ, Ulrich. *Matthew 21-28*. Hermeneia (Minneapolis: Fortress, 2005).

_____. *The theology of the Gospel of Matthew*. New Testament Theology (Cambridge: Cambridge University Press, 1995).

MANNERMAA, Tuomo. *Christ present in faith: Luther's view of justification* (Minneapolis: Fortress, 2005).

MARINCOLA, John. "Xenophon's Anabasis and Hellenica". In: FLOWER, Michael A., org. *The Cambridge companion to Xenophon* (Cambridge: Cambridge University Press, 2016). p. 103-18.

MARSHALL, Christopher D. *Faith as a theme in Mark's narrative* (Cambridge: Cambridge University Press, 1994).

MARTIN, Ralph P. *2 Corinthians*. 2. ed. Word Biblical Commentary (Grand Rapids: Zondervan, 2014). vol. 40.

MARTYN, J. Louis. *Galatians*. Anchor Yale Bible (New Haven: Yale University Press, 1997). vol. 33A.

_____. "The gospel invades Philosophy". In: HARINK, Douglas, org. *Paul, philosophy, and the theopolitical vision* (Eugene: Wipf &Stock, 2010). p. 13-36.

_____. "Paul's understanding of the textual contradiction between Hab 2:4 and Lev 18:5". In: EVANS, C. A.; TALMON, S., orgs. *The quest for context and meaning* (Boston: Brill, 1997). p. 465-74.

MASTON, Jason. *Divine and human agency in Second Temple Judaism and Paul: a comparative study*. Wissenschaftliche Untersuchungen zum Neuen Testament (Tübingen: Mohr Siebeck, 2010). vol. 297.

MATERA, Frank. *New Testament ethics: the legacies of Jesus and Paul* (Louisville: Westminster John Knox, 1996).

_____. *Ética do Novo Testamento: os legados de Jesus e de Paulo*. Tradução de João Rezende Costa (São Paulo: Paulus, 1999).

MATLOCK, R. Barry. "Detheologizing the ΠΙΣΤΙΣ ΧΡΙΣΤΟΥ debate: cautionary remarks from a lexical semantic perspective". *Novum Testamentum* 42 (2000): 13-5.

MCGRATH, Alister. *Studies in doctrine* (Grand Rapids: Zondervan, 1997).

MEARNS, Chris. "The identity of Paul's opponents at Philippi". *New Testament Studies* 33 (1987): 194-204.
MEIER, John P. *Matthew* (Wilmington: Glazier, 1980).
MOLTMANN, Jürgen. *The way of Jesus Christ: Christology in messianic dimensions* (Minneapolis: Fortress, 1993).
____. *O caminho de Jesus Cristo: cristologia em dimensões messiânicas*. Tradução de Ilson Kayser (Petrópolis: Vozes, 1994).
Moo, Douglas J. *The Epistle to the Romans*. 2. ed. New International Commentary on the New Testament (Grand Rapids: Eerdmans, 2018).
____. *The Epistle to the Romans*. New International Commentary on the New Testament (Grand Rapids: Eerdmans, 1996).
____. *Galatians*. Baker Exegetical Commentary on the New Testament (Grand Rapids: Baker, 2013).
____. "Genesis 15:6 in the New Testament". In: GURTNER, D. M.; GLADD, B. L., orgs. *From Creation to new creation: biblical theology and exegesis* (Peabody: Hendrickson, 2013). p. 147-62.
MORGAN, Richard. "Faith, hope, and love abide". *Churchman* 101 (1987): 128-39.
MORGAN, Teresa. *Roman faith and Christian faith:* pistis *and* fides *in the early Roman Empire and the early churches* (Oxford: Oxford University Press, 2015).
MORRIS, Leon. *1 and 2 Thessalonians*. Tyndale New Testament Commentary (Grand Rapids: Eerdmans, 1984).
____. *The Gospel according to Matthew* (Grand Rapids: Eerdmans, 1992).
MOULTON, James H; MILLIGAN, George. *The vocabulary of the Greek Testament* (edição original, 1930; reimpr., Peabody: Hendrickson, 1997).
MOXNES, Halvor. "Honour and righteousness in Romans". *Journal for the study of the New Testament* (1988): 61-77.
MURAOKA, Takamitsu. *A Greek-English lexicon of the Septuagint* (Louvain: Peeters, 2009).
MURPHY-O'CONNOR, Jerome. "Relating 2 Corinthians to its context". *New Testament Studies* 33 (1987): 272-5.
____. *The theology of the Second Letter to the Corinthians*. New Testament Theology (Cambridge: Cambridge University Press, 1991).
MURPHY, Frederick J. "Resenhas de *Paul and variegated nomism*". *Catholic Biblical Quarterly* 65 (2003): 148-50.

MURRAY, John. *The Epistle to the Romans* (edição original: 1968; Grand Rapids: Eerdmans, 1997).

____. *Romanos* (São José dos Campos: Fiel, 2022).

NASH, R. Scott. *First Corinthians*. Smyth & Helwys Biblical Commentary (Macon: Helwys, 2009).

NAVE, Guy D. *The role and function of repentance in Luke-Acts* (Leiden: Brill, 2002).

NEIRYNCK, Frans. "The sayings of Jesus in 1 Corinthians". In: BIERINGER, R., org. *The Corinthian correspondence* (Leuven: Peeters, 1996). p. 141-76.

NOLLAND, John. *The Gospel of Matthew*. New International Greek Testament Commentary (Grand Rapids: Eerdmans, 2005).

NOSS, Philip; THOMPSON, Kenneth. *A handbook on Ezra and Nehemiah* (New York: United Bible Societies, 2005).

O'DAY, Gail R. "The ethical shape of Pauline spirituality". *Brethren Life and Thought* 32 (1987): 81-92.

OAKES, Peter. *Galatians*. Paideia (Grand Rapids: Baker, 2015).

____. *Philippians: from people to letter*. Society for New Testament Studies Monograph (Cambridge: Cambridge University Press, 2001). vol. 110.

____. "Πίστις as relational way of life in Galatians". *Journal for the study of the New Testament* 40 (2018): 255-75.

OROPEZA, B. J. *Jews, Gentiles, and the opponents of Paul* (Eugene: Wipf & Stock, 2012).

OSBORNE, Grant. *Romans* (Downers Grove: InterVarsity, 2004).

OTA, Shuji. "The absolute use of ΠΙΣΤΙΣ and ΠΙΣΤΙΣ ΧΡΙΣΤΟΥ in Paul". *Annual of the Japanese Biblical Institute* 23 (1997): 64-82.

____. "ΠΙΣΤΙΣ ΧΡΙΣΤΟΥ: Christ's faithfulness to whom?". *Hitotsubashi Journal of Arts and Sciences* 55 (2014): 15-26.

PERKINS, Pheme. *First Corinthians*. Paideia (Grand Rapids: Baker, 2012).

____. *Introduction to the Synoptic Gospels* (Grand Rapids: Eerdmans, 2009).

PERRIN, Norman. *Jesus and the language of the Kingdom: symbol and metaphor in New Testament interpretation* (Philadelphia: Fortress, 1976).

PETERLIN, Davorin. *Paul's Letter to the Philippians in the light of disunity in the church*. Novum Testamentum Supplement (Leiden: Brill, 1995). vol. 79.

PLUTARCH [PLUTARCO]. *Moralia, volume VI*. Tradução para o inglês de W. C. Helmbold. LCL (Cambridge: Harvard University Press, 1939). vol. 337.

_____. *Moralia, volume IX*. Tradução para o inglês de E. L. Minar Jr.; F. H. Sandbach; W. C. Helmbold. LCL (Cambridge: Harvard University Press, 1971). vol. 425.

Przybylski, Benno. *Righteousness in Matthew and his world of thought* (Cambridge: Cambridge University Press, 1980).

Rabens, Volker. "'Indicative and imperative' as the substructure of Paul's theology-and-ethics in Galatians? A discussion of divine and human agency in Paul". In: Eliott, Mark W. et al, orgs. *Galatians and Christian theology* (Grand Rapids: Baker, 2014). p. 285-305.

_____. "Paul's rhetoric of demarcation: separating from 'unbelievers' (2 Cor 6:14-7:1) in the Corinthian conflict". In: Bieringer, R. et al, orgs. *Theologizing in the Corinthian conflict: studies in the exegesis and theology of 2 Corinthians* (Leuven: Peeters, 2013). p. 229-53.

Rainbow, Paul A. *Johannine theology: the Gospels, the Epistles, and the Apocalypse* (Downers Grove: InterVarsity, 2014).

Reasoner, Mark. *Romans in full circle* (Louisville: Westminster John Knox, 2005).

Rensberger, David. *1 John, 2 John, 3 John*. Abingdon New Testament Commentary (Nashville: Abingdon, 1997).

_____. "2 Corinthians 6:14-7:1 — a fresh examination". *Studia Biblica et Theologica* 8 (1978): 25-49.

Reumann, John. *Philippians*. Anchor Yale Bible (New Haven: Yale University Press, 2008). vol. 33B.

Rhoads, David M. *Reading Mark* (Minneapolis: Fortress, 2004).

Rist, John M. "Plutarch's *Amatorius*: a commentary on Plato's theories of love". *Classical Quarterly* 51 (2001): 557-75.

Rosner, Brian S. "Paul and the law: what he does not say." *Journal for the Study of the New Testament* 32 (2010): 405-19.

_____. *Paul and the law: keeping the commandments of God* (Downers Grove: InterVarsity, 2013).

Rosner, Brian; Ciampa, Roy. *The First Letter to the Corinthians*. Pillar New Testament Commentary (Grand Rapids: Eerdmans, 2010).

Sampley, Paul. "The First Letter to the Corinthians". In: Keck, Leander E., org. *The new interpreter's Bible* (Nashville: Abingdon, 2002). 10:771-1003.

_____. "Romans and Galatians: comparison and contrast". iIn: Butler, J. T. et al, orgs. *Understanding the Word* (Sheffield, Reino Unido: JSOT, 1985). p. 315-39.

SANDERS, E. P. *Paul and Palestinian Judaism* (Minneapolis: Fortress, 1977).

SAVAGE, Timothy B. *Power through weakness: Paul's understanding of the Christian ministry in 2 Corinthians*. Society for New Testament Studies Monograph (Cambridge: Cambridge University Press, 2004). vol. 86.

SCHLATTER, Adolf. *Der Glaube im Neuen Testament* (Stuttgart: Calwer, 1883).

SCHLIESSER, Benjamin. "'Christ-faith' as an eschatological event (Galatians 3.23-26): a 'third view' on Πίστις Χριστοῦ". *Journal for the study of the New Testament* 38 (2016): 277-300.

_____. "'Exegetical amnesia' and ΠΙΣΤΙΣ ΧΡΙΣΤΟΥ: the 'faith *of* Christ' in nineteenth--century Pauline scholarship". *Journal of Theological Studies* 66 (2015): 61-89.

_____. "Faith in early Christianity". In: FREY, Jörg; SCHLIESSER, Benjamin; UEBERSCHAER, Nadine, orgs. *Glaube: das Verständnis des Glaubens im frühen Christentum und in seiner jüdischen und hellenistisch-römischen Umwelt*. Wissenschaftliche Untersuchungen zum Neuen Testament (Tübingen: Mohr Siebeck, 2017). vol. 373. p. 1-50.

_____. *Was ist Glaube? Paulinische Perspektiven* (Zürich: Theologischer Verlag, 2011).

SCHREINER, Thomas R. *Galatians*. Zondervan Exegetical Commentary on the New Testament (Grand Rapids: Zondervan, 2010).

_____. "Justification apart from and by works: at the final judgment works will confirm justification". In: STANLEY, Alan P., org. *Four views on the role of works at the final judgment* (Grand Rapids: Zondervan, 2013). p. 71-98.

_____. *Magnifying God in Christ: a summary of New Testament theology* (Grand Rapids: Baker, 2010).

SCOTT, Ian. *Paul's way of knowing* (Grand Rapids: Baker, 2008).

SEIFRID, Mark. "Paul's use of Habakkuk 2:4 in Romans 1:17: reflections on Israel's exile in Romans". In: SON, S.-W., org. *History and exegesis: New Testament essays in honor of dr. E. Earle Ellis for his 80th birthday* (Edinburgh: T&T Clark, 2006). p. 133-49.

_____. "Romans". In: BEALE, G. K.; CARSON, D. A., orgs. *Commentary on the New Testament use of the Old Testament* (Grand Rapids: Baker, 2007). p. 607-94.

_____. *Comentário do uso do Antigo Testamento no Novo Testamento* (São Paulo: Vida Nova, 2014).

SENIOR, Donald. *Jesus: a gospel portrait* (Mahwah: Paulist, 1992).

SIERKSMA-AGTERES, Suzan. "The metahistory of Δικη and Πιστις". In: VAN DER HEIDEN, Gert-Jan; VAN KOOTEN, George; CIMINO, Antonio, orgs. *Saint Paul and philosophy* (New York: de Gruyter, 2017). p. 209-30.

SKEHAN, Patrick; DI LELLA, Alexander A. *The wisdom of Ben Sirach*. Anchor Yale Bible (New Haven: Yale University Press, 2007). vol. 39.

SKINNER, Matthew L. "'She departed to her house': another dimension of the Syrophoenician mother's faith in Mark 7.24-30". *Word and World* 26 (2006): 14-21.

SOARDS, Marion. *1 Corinthians*. New International Biblical Commentary (Peabody: Hendrickson, 1999).

SPICQ, Ceslas. *Agape in the New Testament* (St. Louis: Herder, 1963).

_____. "L'Image sportive de 2 Cor 4:7-9". *Ephemerides Theoiogicae Lovanienses* 13 (1937): 209-29.

_____. *Theological lexicon of the New Testament*. Tradução para o inglês e edição de J. D. Ernest (Peabody: Hendrickson, 1994). 3 vols.

SPILSBURY, Paul. "Josephus". In: CARSON, D. A.; O'BRIEN, Peter T.; SEIFRID, Mark, orgs. *Justification and variegated nomism: the complexities of Second Temple Judaism* (Grand Rapids: Baker, 2001). p. 241-60.

SPRINKLE, Preston. *Paul and Judaism revisited: a study of divine and human agency in salvation* (Downers Grove: InterVarsity, 2013).

_____. "Πίστις Χριστοῦ as an eschatological event". In: BIRD, Michael F.; SPRINKLE, Preston M., orgs. *The faith of Jesus Christ: exegetical, biblical, and theological studies* (Peabody: Hendrickson, 2009). p. 166-84.

STANTON, Graham. *Studies in Matthew and early Christianity*. Organização de M. Bockmuehl; D. Lincicum. Wissenschaftliche Untersuchungen zum NeuenTestament (Tübingen: Mohr Siebeck, 2013). vol. 309.

STEGMAN, Thomas. "'Ἐπίστευσα, διὸ ἐλάλησα (2 Corinthians 4:13): Paul's Christological reading of Psalm 115:1a LXX". *Catholic Biblical Quarterly* 69 (2007): 725-45.

STEINMANN, Andrew E. *Ezra and Nehemiah* (St. Louis: Concordia, 2010).

STENDAHL, Krister. *Paul among Jews and Gentiles* (Philadelphia: Fortress, 1976).

STEYN, Gert. *A quest for the assumed LXX vorlage of the explicit quotations in Hebrew* (Göttingen: Vandenhoeck & Ruprecht, 2011).

STILL, Todd D. *Conflict in Thessalonica*. Journal for the Study of the New Testament Supplement (Sheffield, Reino Unido: JSOT, 1999). vol. 183.

STRECKER, Christian. *"Fides-Pistis-Glaube: Kontexte und Konturen einer Theologie der 'Annahme' bei Paulus"*. In: BACKMANN, M., org. *Lutherische und Neue Paulusperspektive*. Wissenschaftliche Untersuchungen zum Neuen Testament (Tübingen: Mohr Siebeck, 2005). vol. 182. p. 223-50.

STUHLMACHER, Peter. *Paul's Letter to the Romans: a commentary* (Louisville: Westminster John Knox, 1994).

TALBERT, Charles H.; WHITLARK, J. A. "Paul, Judaism, and the revisionists". In: *Getting "saved": the whole story of salvation in the New Testament* (Grand Rapids Eerdmans, 2011). p. 11-34.

TAYLOR, John W. "From faith to faith: Romans 1.17 in the light of Greek idiom". *New Testament Studies* 50 (2004): 337-48.

TELLBE, Mikael. *Between synagogue and state: Christians, Jews, and civic authorities in 1 Thessalonians, Romans, and Philippians* (Stockholm: Almqvist & Wiksell, 2001).

THEISSEN, Gerd. *The miracle stories of the early Christian tradition*. Tradução para o inglês de F. McDonagh. Edição de John Riches (Edinburgh: T&T Clark, 1983).

THISELTON, Anthony. *1 Corinthians: a shorter exegetical and pastoral commentary* (Grand Rapids: Eerdmans, 2011).

____. *Doubt, faith, and certainty* (Grand Rapids: Eerdmans, 2017).

____. *The First Epistle to the Corinthians*. New International Greek Testament Commentary (Grand Rapids: Eerdmans, 2000).

____.*Thiselton on hermeneutics* (Grand Rapids: Eerdmans, 2006).

THOMAS AQUINAS. *The summa theologica*. Tradução para o inglês de L. Shapcote; D. J. Sullivan (Chicago: Encyclopedia Britannica, 1909-1990).

TOMÁS DE AQUINO. *Suma teológica* (São Paulo: Fonte, 2021).

THOMPSON, James W. *Moral formation according to Paul: the context and coherence of Pauline ethics* (Grand Rapids: Baker, 2011).

TORRANCE, T. F. "One aspect of the biblical conception of faith". *Expository Times* 68 (1957): 111-4.

TREBILCO, Paul. *Self-designations and group identity in the New Testament* (Cambridge: Cambridge University Press, 2012).

TWELFTREE, Graham. *Jesus the miracle worker* (Downers Grove: InterVarsity, 1999).

TYSON, Joseph B. "Paul's opponents at Philippi". *Perspectives in Religious Studies* 3 (1976): 83-96.

UEBERSCHAER, Frank. "Πιστις in der Septuaginta". In: FREY, Jörg; SCHLIESSER, Benjamin; UEBERSCHAER, Nadine, orgs. *Glaube: das Verständnis des Glaubens im frühen Christentum und in seiner jüdischen und hellenistisch-römischen Umwelt*. Wissenschaftliche Untersuchungen zum Neuen Testament (Tübingen: Mohr Siebeck, 2017). vol. 373. p. 79-107.

VERHOEF, Eduard. *Philippi: how Christianity began in Europe* (London, Reino Unido: Bloomsbury, 2013).

VERMES, Geza. *The religion of Jesus the Jew* (Minneapolis: Fortress, 1993).

_____. *A religião de Jesus, o judeu*. Tradução de Ana Mazur Spira (Rio de Janeiro: Imago, 1995).

WATSON, Francis. "Constructing an antithesis: Pauline and other Jewish perspectives on divine and human agency". In: BARCLAY, John M. G.; GATHERCOLE, Simon J., orgs. *Divine and human agency in Paul* (London, Reino Unido: T&T Clark, 2006). p. 99-116.

_____. *Paul, Judaism, and the Gentiles: beyond the new perspective* (Grand Rapids: Eerdmans, 2007).

WATTS, Rikki. "'For I am not ashamed of the gospel': Romans 1:16-17 and Habakkuk 2:4". In: SODERLUND, Sven K.; WRIGHT, N. T., orgs. *Romans and the people of God: essays in honor of Gordon D. Fee* (Grand Rapids: Eerdmans, 1999). p. 3-25.

WEAVER, Dorothy J. "Luke 18:1-8". *Interpretation* 56 (2002): 317-9.

WEIMA, Jeffrey A. D. "The reason for Romans: the evidence of its epistolar framework (1:1-15; 15:14-16:27)". *Review and Expositor* 100 (2003): 17-33.

WEINFELD, Moshe. *Deuteronomy 1-11*. Anchor Bible (New York: Doubleday, 1991). vol. 5.

WEISS, Wolfgang. "Glaube-Liebe-Hoffnung: Zu der *Trias* bei Paulus". *Zeitschriftfür die neutestamentliche Wissenschaft* 84 (1993): p. 197-217.

WELLS, Kyle. *Grace and agency in Paul and Second Temple Judaism: interpreting the transformation of the heart*. Novum Testamentum Supplement (Leiden: Brill, 2014). vol. 157.

WESTERHOLM, Stephen. *Understanding Matthew* (Grand Rapids: Baker, 2006).

WHITE, Adam. *Where is the wise man? Graeco-Roman education as a background to the divisions in 1 Corinthians 1-4*. Library of New Testament Studies (London, Reino Unido: T&T Clark 2015).

WHITE, Horace. *The Roman history of Appian of Alexandria* (London, Reino Unido: Macmillan, 1899). 2 vols.

Whitenton, Michael R. "After ΠΙΣΤΙΣ ΧΡΙΣΤΟΥ: neglected evidence from the apostolic fathers". *Journal of Theological Studies* 61 (2010): 82-109.

Wildberger, Hans. "Glauben, Erwägungen zu האמין ". In: *Hebräische Wortforschung: Festschrift für W: Baumgartner*. Vetus Testamentum Supplement (Leiden: Brill, 1967). vol. 16. p. 372-86.

Wilkins, Michael. *The concept of disciple in Matthew's Gospel as reflected in the use of the term* Mathētēs (Boston: Brill, 1988).

Williams, H. H. Drake. *The wisdom of the wise: the presence and function of Scripture within 1 Corinthians 1:18-3:23* (Boston: Brill, 2001).

Wilson, Marvin. *Our father Abraham* (Grand Rapids: Eerdmans, 1989).

Wilson, Walter T. *Healing in the Gospel of Matthew: reflections on methods and ministry* (Minneapolis: Fortress, 2014).

____. *The sentences of Pseudo-Phocylides* (Berlin: de Gruyter, 2005).

Witherington III, Ben. *Conflict and community in Corinth* (Grand Rapids: Eerdmans, 1995).

____. *Grace in Galatia: a commentary on Paul's Letter to the Galatians* (Grand Rapids: Eerdmans, 1998).

____. *Paul's Letter to the Philippians* (Grand Rapids: Eerdmans, 2011).

Wolter, Michael. *Paul: an outline of his theology* (Waco: Baylor University Press, 2015).

Wright, N. T. *The climax of the covenant* (Minneapolis: Fortress, 1993).

____. *Jesus and the victory of God* (Minneapolis: Fortress, 1996).

____. *Paul and his recent interpreters* (Minneapolis: Fortress, 2015).

____. *Paul and the faithfulness of God* (Minneapolis: Fortress, 2013). 2 vols.

____. *Paulo e a fidelidade de Deus* (São Paulo: Paulus, 2021).

Yeung, Maureen W. *Faith in Jesus and Paul* (Tübingen: Mohr Siebeck, 2002).

Yinger, Kent L. *Paul, Judaism, and judgment according to deeds*. Society for New Testament Studies Monograph (Cambridge: Cambridge University Press, 1999). vol. 105.

____. "Reformation redivivus: syngerism and the new perspective". *Journal of Theological Interpretation* 3 (2009): 89-106.

____. "Resenhas de *Paul and Judaism revisited*". *Bulletin for Biblical Research* 25 (2015): 580-2.

Zerbe, Gordon. "Believers as loyalists: the anatomy of Paul's language of *pistis*". In: *Citizen: Paul on peace and politics* (Winnipeg: CMU, 2012). p. 26-47.

Zetterholm, Magnus. *Approaches to Paul: a student's guide to recent research* (Minneapolis: Fortress, 2009).

ÍNDICE DE PASSAGENS BÍBLICAS E OUTROS TEXTOS ANTIGOS

ANTIGO TESTAMENTO

Gênesis
15:5 *72*
15:6 *49, 171, 187*

Êxodo
17:2 *20*

Levítico
11:33 *156*
15:12 *156*
18:5 *189, 200*

Deuteronômio
5:31 *72*
6:5 *107*
7:8 *33*
27:26 *179*
32:20 *67*

1Samuel
20:8 *74*
26:30 *67*

2Samuel
3:12 *75*

2Reis
12:16 *67*
23:3 *75*

1Crônicas
9:26 *67*
9:31 *67*

2Crônicas
31:12-18 *67*
34:12 *67*
34:31 *75*

Neemias
9:38/10:1 *31, 69*

Salmos
32:4, LXX *67*
115:2-8 *151*
116 *158*
116:10/115:1, LXX *159, 166*

Provérbios
14:22, LXX *67*
15:27, LXX *67*
15:28, LXX *67*

Isaías
2:18, LXX *154*
6:10 *98*
7:9, LXX *135*
10:11, LXX *154*
11:5 *199*
16:12, LXX *154*
19:1, LXX *154*
21:9, LXX *154*
25:1 *199*
28:16, LXX *135, 196*
29:14, LXX *134*
29:15 *156*
31:7, LXX *154*
33:18, LXX *134*
38:3 *20*
40:4 *90*
40:13 *135*
43:10, LXX *136*
45:9 *156*
46:6, LXX *154*
49:11 *90*
52:13, LXX *165*
52:14, LXX *165*
53:1 *56, 79, 98, 100, 135, 165, 223*
53:2,3, LXX *165*
54:10 *90, 99*

64:4 *135*
64:8 *156*

Jeremias
9:2, LXX *68*
9:3, LXX *70*
34:15 *80*

Lamentações
3:23 *199*

Ezequiel
18:21 *80*

Daniel
5:4, LXX *154*
5:23, LXX *154*
6:28, LXX *154*

Oseias
2:22 *22*

Habacuque
1:5-11 *198*
1:12 *198*
1:13 *198*
2:2,3 *199*
2:4 *19, 37, 56, 79, 179, 189, 195, 197-208, 219*

Novo Testamento

Mateus
1:21 *85*
1:27
6:30 *88*
7:7,8 *90*
8:5-13 *83*

8:8,9 *83*
8:13 *84, 86*
8:26 *82, 88*
9:2-8 *82-3, 85*
9:18-26 *82-3, 85*
9:21 *85*
9:22 *85*
9:27-31 *82-3, 86*
9:29 *86*
10:1 *93*
10:8 *93*
10:14-39 *93*
13:46 *87*
14:31 *88*
15:21-28 *82-3, 86*
16:8 *88*
16:16 *88*
16:17 *84*
16:20 *88*
17:8 *87*
17:14-21 *88*
17:20 *88-9, 93, 99*
21:18-22 *82, 88, 90*
21:21,22 *88, 90*
21:23-27 *90*
21:32 *29*
23:23 *26-7, 91-3, 224*
24:45 *188*

Marcos
1:15 *80, 223*
2:1-12 *82*
4:40 *82*
5:21-43 *82*
5:36 *223*
7:24-30 *82, 86*
9:23,24 *223*
9:29 *89*

11:20-26 *82*
11:23 *99*
14:58 *153*

Lucas
5:20 *94*
7:9 *94, 223*
7:50 *94, 222*
8:25 *94*
8:48 *94, 222*
11:42 *91-2*
12:42 *188*
17:5,6 *94*
17:9
18:8 *79, 95*
18:42 *94*
22:31,32 *94*
22:33 *95*

João
6:47 *97*
11:26 *97*
12:11 *97*
12:36 *98*
12:38 *79, 98, 223*
12:38-41 *98*
12:41 *98*
12:46 *98*
14:1 *97*
16:27 *97*
20:29 *223*

Atos
3:13-15 *201*
4:32 *188*
7:51-53 *201*
19:26 *153*

ÍNDICE DE PASSAGENS BÍBLICAS E OUTROS TEXTOS ANTIGOS

Romanos
1:5 *23, 104, 194, 217*
1:5,6 *46, 194*
1:8 *99, 104, 194, 202, 231*
1:12 *104, 194, 202*
1:15 *193-4*
1:16,17 *37, 193-7, 201-2, 204, 218*
1:17 *20, 36, 79, 197-200, 202-08, 219*
3:3 *22, 194*
3:21 *83*
3:22-26 *194, 210*
3:23 *210*
3:26 *210*
3:27 *194*
3:27,28 *196*
3:30 *194*
4:2-5 *224*
4:3 *195-223*
4:5 *23, 99, 202*
4:9 *194*
4:9,10 *196*
4:13 *184*
4:16-20 *194*
5:19 *211*
6:8 *50*
8:9-11 *197*
8:24 *142*
9:4 *31*
9:30-32 *195*
9:32 *224*
10:9 *50, 195*
10:9,10 *55*
11:27 *31*
15:16 *157*
16:19 *46*
16:26 *104, 194*

1Coríntios
1:9 *124*
1:10-17 *127*
1:18 *127, 129, 131, 197*
1:18—2:16 *124-5, 127*
1:19 *134*
1:20 *134*
1:21 *99, 123, 127, 130-1, 133-5*
2:2 *126*
2:4 *125, 129, 133*
2:4,5 *128-9*
2:5 *100, 123-4, 128-30, 133*
2:9 *135*
2:16 *128, 135*
3:5 *123*
3:13-15 *224*
4:2 *124*
4:17 *124*
7:25 *124*
10:13 *124*
11:25 *31*
12:7-11 *138*
12:9 *123-4, 137-8, 140*
13:2 *99, 137, 140-2*
13:7 *123, 141, 144*
13:12 *142*
13:13 *124, 131, 140-4*
14:22 *123, 188*
15:2 *123*
15:2-11 *218*
15:11 *218*
15:12 *123*
15:12-34 *130*
15:14 *124, 130*
15:17 *124, 130*
15:19 *131*
16:13 *99, 124, 231*

2Coríntios
1:8-10 *149*
2:12-17 *157*
2:14 *46*
3:6 *31*
3:14 *31*
4:1—5:10 *147, 151, 154, 166*
4:4 *55, 149, 155*
4:6 *46, 155, 231*
4:7-12 *155*
4:12 *155*
4:13 *55, 159-60, 166, 223*
4:13-15 *158*
4:16-18 *161*
4:18 *161*
5:1 *152, 162*
5:1-5 *162*
5:6-10 *163*
5:7 *25, 55, 100, 104, 142, 147, 154, 163-4, 214, 218*
5:13 *150*
6:16 *152-3*
10:15 *232*
11:5 *148*
11:13 *148*
11:16 *149*
12:11 *148*

Gálatas
1:23 *177, 183, 212, 218*
2:16 *19, 54, 173-4, 184-6, 210*

2:17 *186*
2:19 *186*
2:20 *186, 212, 227*
3:2 *184*
3:5 *184*
3:6 *110, 173, 187, 223*
3:7-14 *171*
3:7-22 *174*
3:8 *110, 187*
3:8,9 *187*
3:9 *24, 200*
3:10 *179, 184-5*
3:10,11 *200*
3:11,12 *178*
3:12 *174, 179, 185, 189*
3:14 *200*
3:15 *31*
3:19 *179*
3:19,20 *189, 219*
3:21 *180, 186, 189*
3:22 *100, 180, 182, 188*
3:23 *178-82, 218*
3:23-26 *212*
3:25 *178, 221*
3:26 *43*
4:24 *31*
5:6 *41, 109, 175, 191*
5:12 *152*
5:22,23 *22, 92*
6:9,10 *224*
6:10 *50*

Efésios
2:8,9 *19*
2:12 *31*

Filipenses
1:3-7 *117*
1:6 *228*
1:9 *112*
1:13,14 *112*
1:25 *112-3*
1:26 *113*
1:27 *50, 113, 228*
1:28 *111*
1:29 *111*
2:1,2 *112*
2:5-11 *211*
2:14 *112*
2:14-16 *116*
2:17 *104, 114, 116, 119, 232*
2:25 *104, 119*
2:27 *104*
3:3,4 *112*
3:9 *210, 228*
3:21 *162*
4:2 *112*

Colossenses
4:9 *188*

1Tessalonicenses
1:3 *23, 105, 119, 143, 191*
1:7 *232*
1:8 *99, 105, 231*
3:2 *109*
3:5-8 *110*
3:10 *232*
4:14 *50*
5:8 *104, 106, 108-9*
5:15-22 *224*

2Tessalonicenses
1:3 *232*
1:11 *191*

1Timóteo
4:6 *17*

Filemom
5 *23-4*

Hebreus
9:11 *153*
10:22,23 *200*
10:26 *200*
10:32-34 *200*
10:38,39 *200*
11:1 *25, 161*

Tiago
2:19 *17*
5:6 *202*
5:15 *218*

1Pedro
1:8 *163*
3:18 *202*
5:2 *188*

1João
2:1 *202*
2:29 *202*
3:7 *202*

Apocalipse
2:9 *118*
2:13 *118-9*
2:19 *119-20*
2:20 *119*

ÍNDICE DE PASSAGENS BÍBLICAS E OUTROS TEXTOS ANTIGOS

2:23,24 *119*
2:25 *119*
13:10 *119-20*

LIVROS DEUTEROCANÔNICOS

Judite
8:18 *153*

Sabedoria de Salomão
14:8 *153*
15:1-16 *164*
15:7 *157*
15:8 *157*
15:13 *157*
15:15-17 *157*

Eclesiástico
1:27 *69*
15:15 *58, 69*
22:23 *69*
27:16 *69*
45:4 *110*
46:15 *110*

Bel e o Dragão
4b-5 *154*
7 *157*

1Macabeus
2:59 *110*
10:27 *68*

2Macabeus
1:2 *188*

3Macabeus
3:3 *68*

4Macabeus
14:20 *68*
15:12 *110*
15:14 *110*
15:15 *69*
15:23 *68*
16:22 *68*

PSEUDEPIGRÁFICOS DO ANTIGO TESTAMENTO

2Baruque
57.2 *187*

1Enoque
38.2 *201*

Jubileus
24.11 *187*

Salmos de Salomão
14.1 *107-8*

Pseudo-Focílides
1.13 *70*
1.218 *101*

Testamento de Aser
7.7 *70*

Testamento de Levi
8.2 *70*

MANUSCRITOS, DO, MAR, MORTO

1QpHab
7.17—8.3 *199*

FILO
Interpretação alegórica
3.208 *71*

Da mudança de nomes
201 *72*

Dos querubins
85 *72*

Da confusão das línguas
31 *72*

Dos sonhos
1.68 *73*

Da embriaguez
40 *71*

Do Decálogo
15 *55*
172 *71*

Da vida de Abraão
268 *72*
273 *71*

Da vida de José
100 *55*
258 *71*

Da vida de Moisés
1.90 *55*
1.280 *73*

Da migração de Abraão
43 *72*

Quem é o herdeiro?
91 *72*
93 *72*

Josefo

Contra Ápion
1.72 *73*
2.18 *73*
2.42,43 *74*
2.163 *74*
2.165 *50, 76*
2.166 *76*
2.169 *74*
2.210 *50*

Antiguidades judaicas
6.228 *74*
7.24 *75*
7.107 *109*
10.63 *75*
13.349 *75*
14.186 *107*
15.87 *74*
15.134 *58*
15.366 *74*
15.368 *74*
17.1 *75*
17.53 *75*
17.78 *75*
17.146 *75*
19.289 *109*

Literatura, rabínica

b. Mak.
23b *200*

Obras greco-romanas

Apiano de Alexandria
Guerras mitridáticas
12.7.47 *108*

Cícero
Discussões, tusculanas
1.22.52 *156*

Dião Crisóstomo
Sobre a confiança sobre a desconfiança
73.3 *63*
73.7 *64*
73.9 *64*
74.5 *64*

Dionísio de Halicarnasso
Antiguidades romanas
11.11.15 *59*
11.34.5 *59*
11.49.4 *60*

Epiteto
Discursos
2.4 *66*

Platão
A república
7.533E—534A *67*

Plutarco
Diálogo sobre o amor
756AB *61*
763A *62*
763C *62*
767E *62*
768E *62*
769B *63*
770C *63*

Moralia
503B *102*
506C *102*

Xenofonte
Anábase
3.2.4 *115*
3.2.6 *115*
3.2.7 *115*
3.2.8 *115*
3.2.11 *115*
3.3.2 *116*
3.3.4 *116*

Papiros documentais

O. Did, 415 *64*
P. Bad, 2.35 *65*
P. Col., 4.64 *65*
P. Erasm., 1.1 *65*
P. Hib, II, 268 *65*
SB, 14.12172 *65*

ÍNDICE REMISSIVO

A

Abraão 19, 24, 38, 39, 43, 48, 56, 68, 71, 72, 99, 179, 180, 182, 187, 188, 194, 197, 200, 203, 210
Achtemeier, Elizabeth 208, 235
agência divina 5, 30, 33, 34, 36, 37, 53, 172, 173, 174, 175, 189, 190, 226, 227, 229, 230, 231
agência humana 5, 30, 33, 36, 37, 53, 172, 173, 174, 175, 189, 190, 191, 226, 227, 229, 230, 231
aliança 21, 28, 31, 32, 34, 56, 70, 77, 78, 178, 203, 223
Allison, D. C. 26, 80, 82, 240
amor 24, 111, 140
Aquino, Tomás de 41, 42, 57, 257

B

Baird, William 187, 235
Barclay, John M. G. 11, 30, 75, 76, 77, 148, 149, 150, 158, 170, 171, 172, 175, 180, 186, 235, 258
Barth, Karl 15, 23, 24, 25, 26, 46, 47, 61, 88, 193, 205, 206, 207, 228, 229, 236
Barth, Markus 23, 25
Barton, Stephen 11, 94, 137, 236, 246
Bassler, Jouette 169, 211, 236, 241
Bates, Matthew 11, 51, 52, 233, 236
Bauer, David 13, 92, 236, 240
Beale, Gregory 49, 120, 152, 154, 204, 236, 255
Beavis, Mary Ann 82, 237
Becker, Siegbert 44, 237
Beker, J. C. 149, 157, 158, 237
Best, Ernest 106, 237
Blumenthal, David 34, 237

Boer, Martinus de 174
Boespflug, Mark 16, 237
Boring, M. Eugene 110, 119, 120, 200, 237
Bornkamm, Günther 48, 238
Bridges, Linda McKinnish 156, 238
Brown, Alexandra 97, 132, 133, 238
Brown, Raymond 96
Bruce, F. F. 180, 183, 187, 238, 250
Brueggemann, Walter 21, 230, 231, 238
Bultmann, Rudolf 36, 46, 47, 48, 99, 170, 238
Bush, Frederic William 33, 249

C

Calvino, João 5, 42, 45, 206, 225, 239
Campbell, Douglas 73, 103, 104, 109, 160, 203, 239
Campbell, William S. 67
Carlson, Richard 203, 239

Carson, D. A. 77, 92, 204, 239, 255, 256
Catchpole, David 95, 239
Chester, Stephen 45, 239
Clendenen, Ray 205, 208, 240
Collins, Raymond F. 129, 240
confiança 21, 29, 49, 62, 65, 72, 91, 97, 144, 204, 207, 221
corpo 130, 156, 157, 162
Cousar, Charles 136, 137, 240
Cox, Steven 140, 240
Cristo-relação 6, 7, 9, 44, 56, 78, 179, 181, 183, 185, 186, 189, 190, 191, 213, 214, 219, 224, 225, 230

D

Das, Andrew 185
Davies, W. D. 26, 80, 82, 240
Deissmann, Adolf 38, 48, 49, 240
deSilva, David 110, 148, 149, 185, 240
Donahue, John 95, 241
Dunn, James D. G. 5, 11, 20, 56, 83, 109, 125, 139, 148, 155, 156, 169, 170, 174, 176, 177, 178, 181, 182, 183, 184, 185, 207, 219, 235, 241, 243, 246

E

epistemologia 55, 81, 84, 99, 122, 132, 137, 145, 151, 166, 218
esperança 6, 40, 41, 53, 72, 74, 93, 104, 105, 106, 108, 110, 117, 118, 123, 131, 140, 142, 143, 144, 150, 153, 158, 160, 161, 162, 163, 164, 168, 210, 233
Espírito 140

F

fé
  como conhecimento 42, 47
  como convicção 61, 72, 73, 140
  como opinião 16
  passiva 18, 31, 169
  que busca 83
  que cura 85, 89, 94
Fee, Gordon D. 112, 113, 129, 139, 204, 242, 258
Feldman, Louis 242
Findlay, G. G. 169, 170, 242
Finney, Mark 125, 126, 242
Fitzmyer, Joseph 48, 49, 95, 207, 242
Fosdick, Harry Emerson 101, 242
France, R. T. 27, 80, 81, 82, 86, 89, 91, 92, 242

Furnish, Victor 100, 126, 156, 163, 168, 243

G

Garland, David 25, 92, 138, 139, 141, 148, 239, 243
Georgi, Dieter 114, 243
Gorman, Michael 11, 51, 120, 243
Gundry, Robert 91, 244
Guthrie, George 148, 149, 244

H

Hagner, Donald 83, 87, 89, 91, 244
Harrington, Daniel 88, 89, 199, 245
Hawthorne, Gerald 84, 87, 245
Hay, David 139, 161, 245, 248
Hays, Richard B. 28, 129, 130, 137, 138, 139, 141, 143, 178, 188, 201, 202, 211, 226, 227, 232, 245
Heliso, Desto 199, 202, 246
Helmbold, W. C. 61, 62, 101, 102, 253, 254
Hiebert, Theodore 198, 246
honra 33, 61, 62, 125, 126, 158, 165, 167, 190, 196
Hooker, Morna D. 111, 176, 177, 180, 213, 219, 246

Hopper, David H. 122, 123, 247
Horsley, Richard 114, 120, 127, 239, 243, 247
Houghton, Myron 142, 143, 247
Hubbard, David Allan 33, 249

I

idolatria 6, 22, 147, 150, 151, 152, 154, 162, 164, 225

J

Jervis, L. Ann 111, 247
Jesus e Paulo 100
Johnson, Luke Timothy 17, 18, 96, 106, 196, 201, 247
justiça 18, 26, 39, 40, 42, 43, 45, 46, 47, 63, 67, 70, 72, 91, 94, 95, 96, 103, 110, 123, 127, 130, 141, 152, 169, 175, 186, 190, 194, 197, 198, 199, 202, 204, 205, 207, 214, 225, 229

K

Kaiser, Walter 19, 247
Käsemann, Ernst 47, 48, 49, 247
Keck, Leander 49, 50, 138, 168, 180, 188, 196, 198, 201, 245, 246, 248, 254

Keener, Craig 129, 149, 202, 248
Kingsbury, Jack Dean 81, 248
Kraftchick, Steven 161, 248
Kraus, Wolfgang 202, 203, 248

L

Lampe, Peter 128, 249
Lane, William 201, 249
LaSor, William S. 33, 249
lealdade 9, 10, 17, 20, 22, 23, 26, 29, 40, 51, 52, 58, 59, 63, 67, 69, 70, 71, 73, 74, 75, 92, 94, 102, 104, 105, 106, 108, 109, 113, 114, 115, 116, 117, 118, 119, 120, 124, 144, 184, 188, 195, 210, 211, 217, 221
Lindsay, Dennis R. 73, 250
Lohse, Bernhard 44, 250
Longenecker, Richard 22, 23, 183, 194, 206, 207, 250
Louw, J. P. 35, 133, 163, 250
Lutero, Martinho 5, 9, 18, 36, 38, 42, 43, 44, 45, 46, 57, 122, 123, 169, 205, 224, 225, 226, 229, 251
Luz, Ulrich 26, 88, 251

M

Mannermaa, Tuomo 45, 251
Martyn, J. Louis 173, 174, 191, 200, 229, 230, 251
Matera, Frank 81, 251
McGrath, Alister 18, 251
Meier, John 88, 90, 252
Moltmann, Jürgen 84, 85, 252
Moo, Douglas 23, 49, 171, 180, 186, 204, 252
Morgan, Richard 143
Morgan, Teresa 52, 97
Moxnes, Halvor 196, 197, 252
Murphy-O'Connor, Jerome 148, 152, 156, 159, 160, 161, 252

N

Nash, Scott 129, 130, 253
Nida, Eugene 35, 133, 163, 250
nomismo aliancístico 9, 36, 76, 77, 175, 176, 177, 179, 190, 192, 219
nova perspectiva sobre Paulo 170, 175

O

Oakes, Peter 29, 114, 179, 181, 184, 253
obediência 25, 43, 46, 53, 104

obras 26, 47, 49, 119,
172, 174, 186,
223
O'Day, Gail R. 138, 253
Osborne, Grant 19, 87,
244, 253
Ota, Shuji 212, 213,
214, 253

P

Perkins, Pheme 88,
129, 253
Perrin, Norman 220,
253
pistismo aliancístico
6, 9, 175, 177, 179,
183, 190, 192, 219

R

Reumann, John 113,
254
revelação 25, 46, 98,
122, 136, 137, 141,
144, 180, 186, 204,
207, 218, 223

S

sabedoria 122, 127,
129, 133, 139
Sampley, Paul 138, 205,
254

Sanders, E. P. 77, 175,
176, 179, 255
Schlatter, Adolf 46, 255
Schreiner, Thomas 11,
49, 183, 255
Seifrid, Mark 197, 203,
204, 255, 256
Senior, Donald 90, 91,
255
sofrimento e fraqueza
111, 149, 158, 161,
196
Spicq, Ceslas 66, 107,
142, 156, 256
Spilsbury, Paul 76, 77,
256
Sprinkle, Preston 172,
173, 209, 210, 212,
242, 247, 256
Stanton, Graham 197,
256

T

Tennyson, Alfred 146
Thiselton, Anthony
107, 124, 125, 140,
143, 144, 216, 257
Thompson, James 32,
110, 253, 257
Tilling, Chris 44
Torrance, T. F. 20, 46,
236, 257

Trebilco, Paul 24, 232,
257

W

Watson, Francis 170,
177, 190, 229, 258
Watts, Rikki 204, 205,
258
Weaver, Dorothy Jean
95, 96, 258
Weima, Jeffrey 193,
258
Weinfeld, Moshe 108,
258
Weiss, Wolfgang 142,
258
Westerholm, Stephen
92, 149, 248, 258
White, Adam 126
White, Horace 108
Witherington, Ben 106,
113, 138, 183, 247,
259
Wolter, Michael 50, 51,
259
Wright, N. T. 50, 80, 81,
170, 171, 189, 204,
258, 259

Y

Yinger, Kent 11, 171,
172, 173, 190, 259

Este livro foi impresso pela Vozes
para a Thomas Nelson Brasil.
A fonte usada no miolo é Cambria.
O papel do miolo é avena 70g/m².